BEIHEFTE ZUR
ZEITSCHRIFT FÜR ROMANISCHE PHILOLOGIE

BEGRÜNDET VON GUSTAV GRÖBER
FORTGEFÜHRT VON WALTHER VON WARTBURG
HERAUSGEGEBEN VON KURT BALDINGER

Band 142

JETTA MARGARETA ZAHN

—

Aspekte
der nationalen Werbesprache
in Mexiko

MAX NIEMEYER VERLAG TÜBINGEN

1974

ISBN 3 484 52047-7

INHALTSVERZEICHNIS

VI

ARBEITSMETHODE UND FRAGESTELLUNG DER ARBEIT

1. Unsere Untersuchung im Rahmen der Arbeiten über Reklamesprache

Der Reklamesprache wurden im Verlauf der letzten Jahre bereits mehrere Arbeiten gewidmet. Ein großer Teil dieser Arbeiten beschränkt sich auf einzelne Aspekte, weniger häufig sind umfassende Studien auf synchronischer und diachronischer Ebene. Die Beschränkung liegt dabei entweder in der Auswahl des Materials oder in dem speziellen Blickpunkt des Autors: René Humery untersucht das Vokabular von sprachpuristischem Standpunkt aus[1], Claude Quins Hauptinteresse gilt den ökonomischen Auswirkungen der Reklamesprache[2], Marcel Cohen nähert sich der Reklamesprache aus soziologischer Sicht[3], und Lapesa postuliert eine Untersuchung über den Zusammenhang von Reklamesprache und Allgemeinsprache[4] ebenso wie Giese:

> Von den Sondersprachen der jüngsten Zeit kommt der Sprache der Technik und der Sprache der Reklame eine besondere Bedeutung zu, da sie einerseits infolge der modernen Entwicklung immer mehr auch zu Bestandteilen der Gemeinsprachen werden, andererseits häufig Bildungen aufweisen, die dem historisch überlieferten Sprachcharakter zuwider laufen, wie etwa die in den romanischen Neubildungen immer weiter um sich greifende Kombination von Substantiv plus Substantiv[5].

Marcel Galliot beschränkt sich bei seiner Arbeit auf die geschriebene Sprache und vorzugsweise auf ihre spezielle Thematik[6], wohingegen Jean Bieri versucht, der Materie auch mit phonetischen und graphischen Gesichtspunkten habhaft zu werden[7]. Jean Praninskas will durch seine Untersuchung, in der er „patterns and processes" der Reklamenamen zusammenstellt, der in Krise geratenen

---

1 R. Humery, Essai de linguistique industrielle, Mercure de France 157, 1922.
2 C. Quin, La publicité: information ou conditionnement? Problèmes Economiques 999, 1967.
3 M. Cohen, Pour une sociologie du langage, Paris 1956.
4 R. Lapesa, La lengua española desde hace 40 años, Revista de Occidente 8–9, 1963.
5 Besprechung von: Jean Bieri, Ein Beitrag zur Sprache der französichen Reklame, Winterthur 1952, in: RF 66, 1955, S. 452.
6 M. Galliot, Essai sur la langue de la réclame contemporaine, Toulouse 1955.
7 J. Bieri, Ein Beitrag zur Sprache der französichen Reklame, Winterthur 1952.

Werbesprache in Nordamerika ein neues Gerüst geben[8], und Edward Borsoi, der sich in seiner Arbeit an Praninskas anlehnt, widmet sich der kommerziellen Bezeichnung im lateinamerikanischen Raum[9]. Mansur Guérios wiederum will der Untersuchung der industriellen Bezeichnung in dem Gesamtzusammenhang der Onomastik als „Onionímia ou onomástica industrial" einen Platz geben[10].

Wo steht in dem Zusammenhang dieser reklamesprachlichen Untersuchungen unsere Arbeit? Wir versuchen einerseits, der Diskussion um die Äußerung des mexikanischen Nationalcharakters von linguistischer Seite her neue Gesichtspunkte zukommen zu lassen (das ist der Sinn unserer Beschränkung auf nationale Äußerungen in der Reklamesprache Mexikos)[11] und andererseits wollen wir diese Äußerungen in dem Gesamtrahmen der Reklamesprache sehen, also allgemeine Regeln für die Reklamesprache in Mexiko finden.

2. Fragestellung und Materialsammlung

Das Quellenstudium führte uns in erster Linie zu den kommerziellen Bezeichnungen in dem Sinne, wie sie Praninskas unter der Bezeichnung „trade name" zusammenfaßt:

> We learned that the term trade name is a somewhat generic one, which is used to refer to any name created for the specific purpose of furthering trade. Thus a trade name may be a product name, a brand name, a „line" (a subcategory of brand) name or the name of a business establishment, a large or small, incorporated or unincorporated. All of these types occur in the corpus and indeed it would be impossible to sort them out entirely, and fruitless to try, since by the linguistic process of extension the name of a successful product often becomes the name of a whole line of similar or related products. Nor is the opposite phenomenon unknown. There are serveral instances on record of a corporation changing its name to the name of one of its successful products[12].

---

8 Jean Praninskas, Trade name creation, processes and patterns, Janua linguarum, Series practica 58, The Hague, Mouton 1968.

9 E. Borsoi, A linguistic analysis of trade names in American-Spanish, Dissertation an der University of Illinois 1967.

10 R. F. Mansur Guérios, Onionímia ou onomástica industrial, Estudos em homenagem a Cândido Jucá (filho), Miscelânea organizada por Raimundo Barbadinho Neto, Rio de Janeiro 1970. In der Besprechung von Baldinger (ZRP 86, Heft 5/5, 1970, S. 624–625) kommt auch unsere Arbeit zur Sprache.

11 Wir beschränken uns bei der Untersuchung absichtlich auf die rein formale Fragestellung: Wo und in welcher Weise äußert sich der Ausdruck der Nationalität in der mexikanischen Reklamesprache? Die Diskussion der Frage: „Was ist mexikanisch" ist bis heute nicht abgeschlossen: Octacio Paz, Samuel Ramos, Carlos Echánove, Frederik Turner, Luis Villoro u. a.

12 Jean Praninskas, S. 12.

2

In unseren Corpus wurden 1060 kommerzielle Bezeichnungen, die sich mit dem Nationalaffix -mex zusammensetzen, aufgenommen[13].

Historische Quellen lieferten:

a) Die Telefonbücher der mexikanischen Telefongesellschaft von Mexiko-Stadt; bis 1951 gab es zwei getrennte Telefonbücher der beiden Telefongesellschaften *Compañía Telefónica y Telegráfica* und *Empresa de Teléfonos Ericsson,* beide einzusehen in den Archiven der heutigen *Compañía Telefónica y Telegráfica Mexicana.*

b) Die *Gaceta de la Propriedad Industrial*, eine Veröffentlichung des Wirtschafts- und Handelsministeriums, welche die Namen aller eingeschriebenen Markennamen enthält.

In zweiter Instanz setzten wir unsere Materialsammlung fort auf der syntaktischen Ebene, da die Arbeit selbst eine solche Ausweitung des ursprünglich nur auf die lexikologische Ebene beschränkten Themas nahezulegen schien. Es wurden 845 Werbeslogans zusammengestellt, deren Inhalt sich auf die mexikanische Nationalität bezieht.

Historische Quellen lieferten die Zeitungen der Jahrhundertwende, des Beginns des Jahrhunderts und des Zeitpunkts der Nationalisierung des mexikanischen Erdöls (1938), die in der *Hemeroteca Nacional* eingesehen werden konnten.

Diese historischen Quellen — aus der Zeit von 1889 bis heute — wurden ergänzt durch schriftliche und mündliche Quellen aus der Zeit unseres Aufenthaltes in Mexiko-Stadt (1970—1972): Zeitungs- und Zeitschriftenannoncen, Plakataufschriften, Radio-, Fernseh- und Kinoanzeigen und -durchsagen, die Telefonbücher aus den Jahren 1970/71.

Die Auswertung des Materials setzte bei den kommerziellen Bezeichnungen eine Kenntnis der Etymologien voraus. Es wurden insgesamt 274 Rundschreiben an verschiedene Firmen abgeschickt (S. 5—6). 40 Adressaten beantworteten die Fragebogen. 43 Briefe wurden wegen Unzustellbarkeit (Adressat unbekannt oder umgezogen) auf postalischem Weg zurückgeschickt. 191 Briefe blieben unbeantwortet.

Um der noch nicht gelösten Fälle habhaft zu werden, wurde daraufhin mit 289 Firmen telefonisch Verbindung aufgenommen. Insgesamt wurden 404 Telefonate getätigt. Erfolgreich war die Nachfrage bei 107 Firmen. 31 Firmen haben die Telefonnummer geändert oder waren verschwunden. Bei 151 Firmen konnte keine telefonische Information erreicht werden.

---

13 Idee und Anregung zu dieser Arbeit stammen von Prof. Kurt Baldinger, der auch das erste Material – zwei Telefonbücher der Hauptstadt Mexikos aus den Jahren 1962/63 – zur Verfügung stellte. Die Auswertung dieses Materials wurde als Staatsexamensarbeit unter dem Titel „Die Wortbildung mit Hilfe des Nationalaffixes -mex in der mexikanischen Reklamesprache" 1967 der Universität Heidelberg vorgelegt.

Die Gesamtzahl unserer Quellen ergab ein eindeutiges Bild für das untersuchte Phänomen – später erschlossene Quellen und Belege aus dem mexikanischen und lateinamerikanischen Raum bestätigten uns die bereits gewonnenen Ergebnisse[14].

Fragten wir anfangs, wo sich das nationale Bewußtsein in der Reklamesprache äußert, so kamen wir anschließend zu folgender Frage: Gibt es innerhalb des von uns aufgestellten Materialbereichs bestimmte semantische Mechanismen, die jederzeit reproduzierbar sind? Wir kamen in diesem Zusammenhang auf Strukturmuster sowohl im syntaktischen als auch im lexikologischen Bereich.

Daran anschließend stand die Frage nach der Entstehung und dem Werdegang dieser Formen. Hierbei mußten neben linguistischen Gesichtspunkten wie etwa der Entstehung eines Suffixfeldes auf -x in Mexiko, auch kulturelle und politische Zusammenhänge miteinbezogen werden. Von Bedeutung war für die Lösung solcher Fragen unsere Arbeit in den Archiven der nationalen Erdölgesellschaft *Pemex* und des Handelsministeriums.

Allgemeine Fragen des Satzbaus und der Wortzusammensetzung innerhalb der Reklamesprache waren: Welches sind die syntaktischen und lexikologischen Merkmale der mexikanischen Reklamesprache? Wie sind der Werbeslogan und die kommerzielle Bezeichnung aufgebaut? Über Probleme der mexikanischen Reklamesprache arbeiteten wir in der Bibliothek des *Colegio de México* und im Studio der Werbeagentur Ferrer[15].

3.   Aufbau der Arbeit

Wir haben die Arbeit nach einem formalen Gesichtspunkt in zwei Teile getrennt: Die Manifestation des mexikanischen Nationalbewußtseins in dem Werbeslogan und in der kommerziellen Bezeichnung. Es handelt sich um zwei Einzelmonographien. Der Aufbau der beiden Monographien wird dabei aber weitgehend parallel gestaltet, um einen leichteren Überblick und eine vergleichende Sehweise zu ermöglichen: Zuerst wird die nationale Äußerung isoliert betrachtet, dann wird der Kontext beziehungsweise das Basislexem untersucht, um in einem letzten Kapitel dann den gesamten Satz beziehungsweise den Gesamtnamen sowohl aus synchronischer als auch aus diachronischer Sicht zu untersuchen. Beide Monographien bilden eine Einheit – sie können nur zusammen eine Antwort auf unsere Fragen geben.

---

14 Die Belege werden im Anschluß an den Textteil in einem dokumentarischen Teil wiedergegeben.
15 Ein Interview mit Eulalio Ferrer über die Reklamesprache in Mexiko erscheint unverändert im Anhang.

EL COLEGIO DE MEXICO

Centro de Estudios Lingüísticos
y Literarios
Guanajuato 125

México 7, D. F.

28 de junio de 1971.

SRES.
México, D. F.

Estimados señores:

La presente tiene por objeto solicitar su atención sobre un trabajo de investigación científica que estoy realizando, con el patrocinio de El Colegio de México, sobre el origen y la influencia del sufijo ,,mex'' en el lenguaje comercial mexicano.

Dado que su firma incluye en su razón social el sufijo ,,mex'', les solicito tengan la amabilidad de proporcionarme los datos siguientes:

1. De qué palabras se compone el nombre de la firma
   a) De qué nombre o apellidos de fundadores

   . . . .

   b) De qué nombres o apellidos de socios

   . . . .

   c) De qué producto o productos principales

   . . . .

   d) De qué lemas comerciales

   . . . .

   e) Otras razones

   . . . .

2. Desde cuándo existe este nombre

   . . . .

3. Cómo se llamó la empresa antes

   . . . .

5

4. A qué rama comercial está dedicada la empresa

. . . .

5. Motivo por el cual se escogió dicho nombre
   a) Deseo de hacer resaltar el producto

. . . .

   b) Inspiración en empresas muy conocidas que utilizan tal formación

. . . .

   c) Sonoridad de la palabra

. . . .

   d) Para subrayar que se trata de un producto mexicano con tales y tales características

. . . .

   e) Otras razones

. . . .

Su aportación informativa en esta encuesta que estoy realizando será de inestimable valor para completar y dar forma a este trabajo cultural.

Les agradecería me devolvieran la presente, con los datos solicitados incluídos en los espacios debajo de cada pregunta, a mi nombre y a la dirección indicada en el encabezado de este cuestionario.

Les quedo muy agradecida por la atención que les merezca mi solicitud y les saludo muy atentamente.

Lic. Jetta M. Zahn

Danksagung

An dieser Stelle möchte ich meinen Dank all denjenigen aussprechen, die durch Anregung, Ratschlag und Unterstützung diese Arbeit erst möglich gemacht haben.

II. MANIFESTATION DES MEXIKANISCHEN NATIONALBEWUSST-SEINS IN DER REKLAMESPRACHE

A SYNTAKTISCHE EBENE: WERBESLOGANS, DIE SICH AUF MEXIKO BEZIEHEN

1. Der Slogan in der Reklamesprache[1]

Galliot bezeichnet den Werbeslogan als „la pierre angulaire de l'annonce"[2], und tatsächlich begegnen wir dem Satz, der den Markenartikel erläutern, ihn attraktiv machen und ihn gleichzeitig im Gedächtnis des Lesers beziehungs-weise Hörers festhaken soll, auf Schritt und Tritt in der täglichen Konfron-tation mit der kommerziellen Werbung. Er begegnet uns auf der Einpackung einer Ware, auf dem Einpackpapier einer Firma, auf deren Geschäftspapier, in Form von Zeitungsannoncen, auf Häuserwänden, auf am Straßenrand auf-gestellten überdimensionalen Plakaten, wir finden ihn auf den Prospekten, die uns ins Haus kommen, wir lesen ihn auf vorbeifahrenden Lieferwagen, wir hören ihn in der Werbung im Radio oder hören und lesen ihn simultan im kommerziellen Teil des Kino- und Fernsehprogramms.

Wenn Ferrer in seinem Buch „El lenguaje de la publicidad en México"[3] ausschließlich den Werbeslogan berücksichtigt, so wird die Wichtigkeit des-selben für die Reklamesprache dem Leser wohl deutlich; aber trotzdem wird ihm klar werden, daß die Reklamesprache noch viele andere Aspekte hat — und als Teil eines Ganzen soll der Werbeslogan in dieser Arbeit auch unter-sucht werden.

---

1 Wir verwenden das Wort „Reklamesprache" statt der Bezeichnung „Werbesprache", die gewöhnlich von den Fachleuten bevorzugt wird, da es in der deutschen Umgangs-sprache geläufiger ist. Im Spanischen haben wir nur eine Bezeichnung: „el lenguaje publicitario". Wir sprechen dagegen von „Werbeslogan", d. h. dem kommerziellen Slogan, im Gegensatz zum politischen Slogan. In dem den Anfangskapiteln folgen-den Text wird nur noch das Wort „Slogan" verwendet, und dieses bezieht sich dann immer auf den Werbeslogan.
2 Marcel Galliot, Essai sur la langue de la réclame contemporaine, Toulouse 1955, S. 518.
3 Eulalio Ferrer, El lenguaje de la publicidad en México, México 1966.

1.1 Die Entstehung des Werbeslogans in Mexiko

Im Spanischen haben wir drei Wörter, die als Bezeichnung für den kommerziellen Slogan in Frage kommen:

— consigna (publicitaria): dieses Wort ist nicht sehr häufig im Bereich der Reklamesprache — es beschränkt sich meist auf den politischen Bereich,
— lema (publicitario): dieses Wort entspricht unserem deutschen „Merksatz" und wird mehr als in der Reklamesprache im Sinne von „Devise" für Vereine gebraucht,
— slogan: dieses aus dem Englischen (Amerikanischen) kommende Wort ist schlechthin zum Allgemeinwort in der Reklamesprache geworden, oft allerdings in der spanischen Variante „eslogan".

Was die Entstehung des Werbeslogans in Mexiko betrifft, so bewegen wir uns noch auf hypothetischem Gebiet. Man nimmt oft an, daß die Straßenverkäufer mit ihren Rufen bei dem Werbeslogan Pate standen. In unserem Falle hieße das ein Zurückgehen auf den „pregón", einen Vorläufer des Werbeslogans in Mexiko — so zumindest interpretiert Ferrer die noch heute geläufigen Wendungen der Straßenverkäufer:

> Ates de Morelia
> Alfajor de Colima
> Quesillos de Oaxaca[4]

Sicher ist auf alle Fälle, daß der Slogan älter ist als sein Name. Wenn Galliot für die Entwicklung und Ausbreitung des Slogans im Französischen die Gastwirtschaftsaushängeschilder und Wappendevisen verantwortlich macht (leider ohne Belege)[5], so ist das für Mexiko in keiner Weise relevant — beide haben keine Tradition in Mexiko.

Ferrer verweist in diesem Zusammenhang auf die mexikanische Folkloretradition (s. Interview) und spricht von einem für Guadalajara, Hauptstadt des Staates Jalisco, typischen „corrido" in Versen, der ausschließlich der kommerziellen Anzeige diente. Im Jahre 1938 wurde denn auch in dieser Stadt die erste mexikanische Werbeagentur gegründet: „Compañía Versificadora Comercial" in der Avenida Colón 354. Einige Beispiele für die Arbeit dieser ersten mexikanischen Werbeagentur:

> Un peso vale un pareado,
> Una cuarteta, dos pesos;
> La espinela cinco pesos,
> Y el modelo regalado.

---

4 Ferrer, S. 33.
5 Galliot, S. 521.

Oder eine Anzeige für Billardkugeln:

> Chivas de marfil sin cola,
> propias para carambola.

Oder eine Werbung für Uhren:

> Si de cumplido se jacta,
> Llegue siempre a la hora exacta[6].

Tatsächlich enthalten mehrere Anzeigen, die wir in der Zeitung der Jahrhundertwende *El Imparcial* fanden, solche versifizierte Bildgeschichten oder „historietas". Diese wurden vor allem von der Betten- und Matratzenfabrik „Mestas y Compañía" unter dem Titel *La nueva Industria* in ihren Anzeigen verwendet:

11.1.1900:
> Te ofrezco que en nuestro hogar
> Jamás tendremos rencilla.
> Pues cama voy a comprar
> De las de Monterilla.

14.2.1910:
> ¿Qué te ha gustado Zenón?
> ¡Chara, el Teatro Principal!
> Es que no has visto, simplón,
> Un catre con su colchón
> Metálico Nacional[7].

16.2.1910:
> Admiro tu distinción;
> Pero te falta, Ramón,
> Para ser ‚chic' lo esencial:
> De Mestas un buen colchón
> Metálico Nacional.

24.2.1910:
> Habla Usted con Don Pascual,
> ¿Me oye Usted? Es esencial
> Que me envíe, sin dilación,
> Sr. Mestas, un colchón
> Métálico Nacional.

28.2.1910:
> ¡No te pongas tan formal!
> Es cierto, bella Asunción.
> Pues que sea tu amor cabal:
> Compra a Mestas un colchón
> Metálico Nacional.

---

6 Ferrer bezieht sich seinerseits in diesen Angaben auf eine Veröffentlichung von Carmen G. del Río, El folklore en la propaganda comercial, Anuario de la Sociedad Folklórica de México, 1941. Dieser Text war uns leider nicht zugänglich.

7 Zusammen mit diesem Vers, der mit einem Charro und seiner Frau, der Chara, abgebildet ist, wird folgender Text gegeben: La gran fábrica de camas de latón y hierro estilo inglés y americano más baratas que las extranjeras.

Auch die Ölgesellschaft „El Aguila" bediente sich im Jahre 1910 einer populären Fabel, „El águila y el gallo", um für ihre Ölprodukte Propaganda zu machen:

> ¡Viva el águila!
> Nunca un ave de corral
> Vencerá al águila real
> Porque ésta, que es soberana,
> Tiene el cariño especial
> De la Nación Mexicana.[8]

Es ist also für den Werbeslogan in Mexiko eine populäre Abstammung anzunehmen: An erster Stelle steht wahrscheinlich der mündliche „pregón", später der „corrido" in teils mündlicher und dann zunehmend schriftlicher Form, dann die mit einer „historieta" versehene Anzeige und schließlich die rein kommerzielle Anzeige unserer Tage.

1.2   Der Werbeslogan und der Markenname

In den meisten Fällen erscheint der Markenname innerhalb oder im Zusammenhang mit dem Slogan:

11[8a]	Aeronaves de México: Feliz viaje . . . viaje feliz por Aeronaves de México
35	Banco del País: Confíe en México . . . y ahorre en el Banco del País
45	Colchones América: México duerme en colchones América
124	Calpini: México ve a Calpini para ver mejor
137	Carta Blanca: Goce la mexicana alegría con Carta Blanca bien fría
238	Diario de México: México tiene su diario: Diario de México
344	General Popo: México rueda sobre llantas General Popo
353	Haste: En México la hora exacta la marca Haste
413	La Ibero Mexicana: Haga frente al futuro con una póliza de seguro de vida de La Ibero Mexicana
471	Madero XXXXX: Como México no hay dos . . . como Madero XXXXX tampoco
492	Mexicana: México vuela por Mexicana
597	Pepsi Cola: México sabe distinguir . . . toma Pepsi
677	Sagarñac: En Francia, cognac . . . en México, Sagarñac
688	Sauza: Brinde a la mexicana . . . con tequila Sauza y botana

---

8 Vgl. das Kapitel über die Entstehung des Mex-Slogans (4.1.1).
8a Die Numerierung der Slogans bezieht sich auf die alphabetische Anordnung im Register.

10

692:    Sauza: México tiene lo suyo ... el tequila ... y tequila Sauza es
        su tequila

Zuweilen wird der Markenname auch erst in Funktion des Slogans erfunden.
So kommentiert Galliot:

> Ce soucis pourra aller parfois jusqu'à subordonner à la possibilité de
> faire une devise réussie une désignation aussi importante que le nom de
> marque lui-même – c'est-à-dire à fabriquer le nom de marque en fonction
> des possibilités qu'il offrira au rédacteur du slogan. C'est du moins l'impres-
> sion que laissent des formules de ce genre:
> Je tiens à GETIEN. Toutes ravies de RAVIE. Un seul chapeau . . . mais un
> SOOLS[9].

In anderen Fällen drücken Markenname und Slogan dieselbe Idee aus – in
unserem Falle die Idee der Nationalität:

10   Aeroméxico: La nueva realidad de aviación en México
54   Armamex: Las armas más finas hechas en México
69   Automex: Responde a la confianza de México y de usted
86   Bancomex: En todo México se paga firmando
188   Comsolmex: Productos que enriquecen la tierra de México
194   Cordemex: Presencia de México en Latinoamérica
394   Kimex: Colaborando con la mujer mexicana
550   Nitro Mex: Sirviendo a México en su esencia vital
591   Pemex: Al servicio de la patria
592   Pemex: Al servicio de México
593   Pemex: El petróleo – una riqueza del pueblo mexicano
723   Somex: El progreso de México
724   Somex: Con dinero mexicano, invertido por mexicanos, se ha hecho
      posible el progreso industrial de nuestro país

Andere Namen, die, wie *Mexicana de Aviación,* das Wort *México* im Markennamen führen, aber keine Wortzusammensetzungen sind:

> 87, 88, 89, 90, 91, 92, 93, 94, 167, 180, 184, 206, 207, 216, 243,
> 238, 239, 244, 245, 274, 318, 331, 347, 413, 444, 492, 493, 494,
> 495, 496, 497, 498, 499, 500, 501, 502, 503, 504, 505, 506, 598,
> 615, 636, 648, 747, 748.

Wie eng der Zusammenhang zwischen der Namensgebung eines Artikels und

---

9 Galliot, S. 523.
   Aus unserer Liste der national motivierten Slogans („Mex-Slogans") wären in diesem
   Zusammenhang zu erwähnen:
   33   Algusto: Al gusto mexicano
   653   Rey: Rey de la calidad mexicana en buen pan

der Erfindung eines dazugehörigen Slogans sein kann, beweist der Fall „El Aguila": die nationale Ölgesellschaft „El Aguila" schuf im Jahre 1910 die ersten wirklich nationalen Slogans, und ein Jahr später brachte dieselbe Ölgesellschaft das erste Produkt auf den Markt, das vermutlich *México* in seinem Namen als Suffix enthält: „Bitumex"[10].

1.3 Der national motivierte Werbeslogan

Die vorliegende Studie umfaßt insgesamt 845 Slogans. 661 Slogans wurden der Materialsammlung Ferrers entnommen[11]. Den Zeitungen zu Beginn des Jahrhunderts, die in der *Hemeroteca Nacional* eingesehen werden konnten, entstammen 22 Slogans[12] und während der Zeit der Arbeit an der Dissertation konnten 162 Slogans zusammengestellt werden.

Stellen wir uns die Frage: in welchem Verhältnis steht der national motivierte zu dem nicht national motivierten Slogan?

Antwort darauf gibt die Ferrer-Sammlung, die insgesamt 4614 Slogans enthält, von denen wir die oben erwähnten 661 national motivierten Slogans heraussuchten.

Außer *México* wurden folgende Wörter ähnlichen semantischen Inhalts bei dieser Auswahl zugelassen:

>   el mexicano – la mexicana
>   la mexicanidad
>   la nación
>   la República
>   el país
>   el pueblo
>   la patria

sowie die Adjektive:

>   mexicano/a

---

10 Vgl. 4.1.1 der Werbeslogans und 7.1.1 der komerziellen Bezeichnungen.
11 Das Buch Ferrers umfaßt ein kurzes Vorwort und eine umfassende Liste von Slogans, die sowohl alphabetisch als auch nach Branchen geordnet sind. Das Material wurde laut mündlicher Aussage des Verfassers in der Zeit von 1935–1965 zusammengetragen. Vgl. unsere Rezension in NRFH. t. XXII, 1973, num. 1, S. 131–132.
12 Es wurden folgende Zeitungen konsultiert:
   El Imparcial, Tageszeitung, die von 1897 bis 1914 erschien, *El Universal,* Tageszeitung, die von 1849 bis 1855, 1888 bis 1901 und wieder ab 1916 erscheint, *Excelsior,* Tageszeitung, die seit 1917 erscheint.

nacional
nuestro/a

Ferrer kommt in seiner Aufstellung zu 835 Wiederholungen der Nationalbezeichnung in der Gesamtsumme von den 4614 Slogans. Er addiert zu den
566 Wiederholungen des Wortes *México* die auch von uns berücksichtigten
Nationalbezeichnungen, in die er allerdings zusätzlich geographische Bezeichnungen wie Yucatán, Jalisco oder Städtenamen wie Hermosillo, León und
Acapulco einschließt.

México steht damit an der ersten Stelle von einer Reihe von 14 Wörtern,
die in den Slogans am häufigsten wiederholt werden:

México	(835 Mal)
más	(656 Mal)
calidad	(534 Mal)
mejor	(500 Mal)
ser	(254 Mal)
servicio	(247 Mal)
todo	(176 Mal)
bueno	(166 Mal)
fino	(122 Mal)
prestigio	(105 Mal)
mundo	(103 Mal)
hacer	(102 Mal)
gusto	(100 Mal)
elegancia	(100 Mal)

Gleichzeitig präsentiert Ferrer eine Tabelle der Hauptmotivationen für seine
4614 Slogans, „tendencias motivacionales", und faßt diese in sechs Gruppen
zusammen:

superioridad	29 %
vanidad	23 %
prestigio	21 %
bienestar	21 %
gusto	9 %
sexo[13]	5 %

Wie auch immer Ferrer zu diesen statistischen Ergebnissen über die Haupt-

---

13 In Mexiko werden erotische Motive selten in der schriftlichen Reklamesprache verwen-
   det. Eine Ausnahme bildet die Reklame für Mapleton-Hemden:
   – Camisas Mapleton – dan personalidad y elegancia. Por eso „amor" se escribe con
     M de Mapleton (*Excelsior* 20. 6. 1972)
   – Los que aman de verdad . . . aman sus camisas Mapleton (*Excelsior* 31. 5. 1972).

13

motivationen kam[14], sicher ist, daß der nationale Appell, der einen so hohen Prozentsatz in der mexikanischen Reklamesprache ausmacht, entscheidend an diesen 29% der „superioridad" beteiligt ist:

> superioridad: extensa gama que ha comprendido desde las apelaciones que se refieren al espíritu de supremacía, de grandeza, de triunfo, de ganar en todo, hasta los que pregonan lo nacional, lo mexicano[15].

1.4 Der kommerzielle Slogan und der politische Slogan

Galliot versichert, daß die Reklamesprache, die Sprache der Politiker und die der Journalisten sowohl in ihrer Zielsetzung als auch in ihren stilistischen Mitteln sich sehr ähnlich sind:

> L'annonce – l'article de journal – le discours éléctoral ou politique – tous trois n'ont-ils pas le même but: convaincre le lecteur (ou électeur), lui faire accepter un point de vue qui, à l'origine, n'est pas le sien, lui faire – on oserait l'expression si l'on était mauvaise langue – lui faire „prendre des vessies pour des lanternes"[16].

Nach Galliot bedienen sich alle drei Gattungen des sogenannten „Telegrammstils", das heißt:

a) Verwendung des elliptischen Satzes, d. h. eine Verkürzung des Satzes meist unter Wegfall kleinerer Wörter wie Präpositionen, Artikel und in vielen Fällen des Verbes.

b) Auswahl des Vokabulars zum Zwecke der Intensivierung („des mots pleins et chargés de valeur suggestif")[17].

c) Akkumulation nominaler Wendungen, die besonders einprägsam sind (z. B. Verwendung der „mots-blocs").

d) Verwendung des Komparativs und des Superlativs.

Dieser Stil hat, laut Galliot, wiederum Einfluß auf die Allgemeinsprache, vor allem im syntaktischen Bereich[18]. Inwieweit die Reklamesprache, die politische Sprache und die Zeitungssprache aber wirklich übereinstimmen und worin sie sich unterscheiden, bleibt uns Galliot zu beweisen schuldig. Vor allem

---

14 In seiner Arbeit wird nichts über die Art der Auswertung ausgesagt. In dem Interview vom 14. 4. 1972 (s. Anhang) spricht Ferrer von einer „psychosoziologischen Studie".
15 Ferrer, S. 43.
16 Galliot, S. 554.
17 Galliot, S. 441.
18 Galliot, S. 554.
Galliot spricht allerdings sehr vorsichtig von „une influence certaine, mais limitée".

14

müßte er für eine solche Studie nicht nur Slogans, sondern vielmehr fortlaufende Reklametexte hinzuziehen, die ja ihrerseits erst eine adäquate Vergleichsbasis gäben[19].

Was uns betrifft, so beschränken wir uns nur auf einen Teil dieses ganzen Komplexes: auf den Vergleich des kommerziellen und des politischen Slogans in Mexiko.

Schon die ersten Slogans, die sich auf Mexiko beziehen und zu Beginn des Jahrhunderts plötzlich auftauchen, lassen uns vermuten, daß eine enge Beziehung zwischen Reklamesprache und politischem Geschehen besteht[20].

Während unserer Reisen durch Mexiko in den letzten zwei Jahren kopierten wir politische Slogans von Häuserwänden, die thematisch und formal eine große Ähnlichkeit mit den von uns gesammelten kommerziellen Slogans nationalen Inhalts aufweisen:

Pienso en México, porque es mi patria.
Todos con México, con Echeverría.

Aber auch nicht national motiverte Slogans sind im politischen und im kommerziellen Slogan sehr ähnlich formuliert:

politischer Slogan: Construir es progreso.
Werbeslogan: 723 Somex: El progreso de México.

politischer Slogan: Adelante con LEA[21]
Werbeslogan 797 VW: Un paso adelante en el desarrollo industrial de México.

politischer Slogan: Un cambio de generación, LEA.
Werbeslogan: 750 Teleindustria: A pasos acelerados y firmes México construye su futuro. Teleindustria construye para México.

209 Cruz Azul: El México moderno se construye con Cruz Azul

790 VW: El carro del futuro de México[22].

---

19 Galliots Untersuchung erstreckt sich nur auf Slogans und Markennamen. Außerdem gibt er keinerlei Belege aus politischen Reden oder Zeitungsartikeln an. Eine gesonderte Studie müßte hier Klarheit schaffen.
20 Vergleiche das Kapitel über die Entstehung der Mex-Slogans (4.1.1) sowie das über die Entstehung der Mex-Markennamen (7.1.1).
21 LEA = Luis Echeverría Alvarez, seit 1970 gewählter Staatspräsident Mexikos.
In der Reklamesprache ist es sehr häufig, daß Markennamen sich aus den Anfangsbuchstaben verschiedener Wörter zusammensetzen (s. Kapitel über die Mex-Markennamen: 6.1.2.4).
22 Vergleiche den Kommentar über das Reklamevokabular der letzten zwei Jahre (4.1.2) und speziell zu der Werbung des Volkswagenwerks in Mexiko das Interview mit Ferrer im Anhang.

Und wenn wir auf einer Häuserwand in Yucatán lesen

Unidad nacional con Echeverría,

so entspricht das dem kommerziellen Slogan

840   XLM: La hora nacional es lazo de unión entre todos los mexicanos.

Motivationen wie Nationalität und Fortschritt sind Leitmotive in den Reden der Regierungszeit des Präsidenten Luis Echeverría Alvarez. Die politische Realität des augenblicklichen Mexikos spiegelt sich also in der Reklamesprache wider[23].

Und wollte man eine These formulieren, so könnte man wohl sagen: Einfluß der Reklamesprache auf den politischen Slogan im formalen Bereich (v. a. Syntax[24]) und Einfluß des politischen Slogans in der Reklamesprache auf semantisch-lexikologischem Gebiet.

2.   Mexiko als Assoziationswort

2.1   Das Verhältnis von Substantiv und Adjektiv

Das auffallendste Phänomen bei dem Studium der Slogans[25] ist die Überzahl der Substantive — in unserem Falle des Substantivs *México* im Verhältnis zum Auftreten des Nationaladjektivs.

Das Substantiv *México* liegt an der Spitze aller Nationalbezeichnungen: es erscheint 531 mal, während das Adjektiv *mexicano/a* nur 203 mal, also nicht einmal halb so oft, auftritt.

Vergleichen wir generell das Verhältnis von Substantiv und seiner Varianten (*México, pais, patria, pueblo, nación, República, mexicanidad, el mexicano/la mexicana*) und Adjektiv plus Varianten (*mexicano/a, nacional, nuestro*), so stehen 641 Substantiven 246 Adjektive gegenüber — das heißt, wir haben ein Zahlenverhältnis von nahezu 3 : 1. In vielen Fällen geht zudem das Na-

---

23 Eine vergleichende Studie über die Reklamesprache verschiedener Länder könnte sich diese Wechselbeziehung zum Thema stellen.

24 Vergleiche das Kapitel über den Satzbau (3.3).

25 Fortan tritt an die Stelle der Wendung „der national motivierte Slogan" die Bezeichnung „Mex-Slogan" oder schlechthin „Slogan", da wir im folgenden ausschließlich diesen untersuchen. Die Wendung „der national nicht motivierte Slogan" bleibt dagegen bestehen.

tionaladjektiv mit einem Substantiv zusammen und bildet mit diesem eine semantische Einheit[25a].

a) el hogar mexicano

186   Compañía Mexicana de Petróleo „El Aguila": El petróleo AURORA es el único llamado a alumbrar los hogares mexicanos – primero porque es nacional

189   Confidencias: El magazine del hogar mexicano

207   Crolls Mexicana: Mi misión es servir a los hogares mexicanos con la reconocida calidad internacional

256   El Aguilita: La veladora que el hogar mexicano necesita

376   Industrias Celsa: Conquista los hogares mexicanos

678   Salinas y Rocha: Sirviendo al hogar mexicano desde 1906

b) la familia mexicana

91   Banco Nacional de México: Al servicio de tres generaciones de la gran familia mexicana

144   Casa: Veintidós años de prestigio al servicio de las familias mexicanas

233   Del Valle: Un cine al servicio de la familia mexicana

580   Papagayo: El hogar de la familia mexicana en Acapulco

614   Prado Américas: El hotel de las familias mexicanas

631   Radio Centro: Complaciendo a la gran familia mexicana

683   Santa María: El vino favorito de la familia mexicana

687   Satélite: Un cine al servicio de la familia mexicana

763   Travieso: El calzado de la familia mexicana

c) el gusto mexicano

33   Algusto: Al gusto mexicano

179   Colosal: La cerveza del gusto mexicano

322   Fiesta: Ha echado raíces en el gusto mexicano

461   Lufthansa: Que planea sus tours para dar gusto al gusto mexicano

473   Madero XXXXX: Una tradición del buen gusto mexicano

511   Miraku: Hecho con el gusto y para el gusto mexicano

544   Nescafé: Consagrado por el gusto mexicano

d) la mujer mexicana

193   Coqueta: Las únicas diseñadas especialmente para la mujer mexicana

---

25a: Häufig findet sich die semantische Einheit auch in der nur substantivischen Form:
     280 El Pullman Elegante: Los muebles que embellecen *los hogares de México*
     665 Rodríguez: Los muebles que embellecen *los hogares de México*
     838 XHGC-TV Canal 5: La programación que entretiene y recrea a *los hogares de México*
     162 Cervecería Cuauhtémoc: Setenta años sirviendo *al buen gusto de México*

304   Eva: Diez años de experiencia al servicio de la mujer mexicana
394   Kimex: Colaborando con la mujer mexicana
589   Peinados y Belleza: La revista nacida para servir y honrar a la mujer
       mexicana
773   Vanity: Delicada presencia de la mujer mexicana

2.2   Gleichwertige Substantive und Adjektive

Wie in vorhergehenden Kapiteln schon erwähnt wurde, haben wir nicht nur
das Substantiv *México* beziehungsweise das Adjektiv *mexicano/a* in die
Listen aufgenommen, sondern alle Bezeichnungen, die auf die mexikanische
Nationalität anspielen und somit dieselbe Funktion innerhalb des Slogans erfüllen.

Als Varianten zu *México* wurden hinzugezogen:

a) la República

z. B.   95   Barbachano: La agencia más antigua de la República
         99   Berreteaga: La marca de mayor prestigio en la República desde
               1865
        112   Bretos: La fábrica de cortinas más importante de la República

b) el país

z. B.   37   Altos Hornos de México: Una gran industria para un gran país
        121   Cadena García Valseca: Cubre todo el país
        313   Favorita: La mejor loza fabricada en el país

c) la patria

z. B.   78   Banco Capitalizador de Ahorros: El ahorro hace patria
        315   Ferba: Una industria que enorgullece a la patria
        540   Nacional Financiera: Con los ahorros forjamos la grandeza
               de la patria

d) la nación

z. B.   318   Ferrocarriles Nacionales de México: Al servicio de la nación
        845   Zócalo: El diario de la nación
        530   Monterrey: Como mexicanos sabemos cuáles son las necesida-
               des eléctricas del país y sus problemas. Hemos cooperado activa-
               mente a la electrificación de nuestra nación

e) el pueblo

z. B.   336   Futuro: Semanario al servicio del pueblo
        611   Potosí: Un periódico al servicio del pueblo
        675   Saeta: El periódico que dice lo que el pueblo siente

18

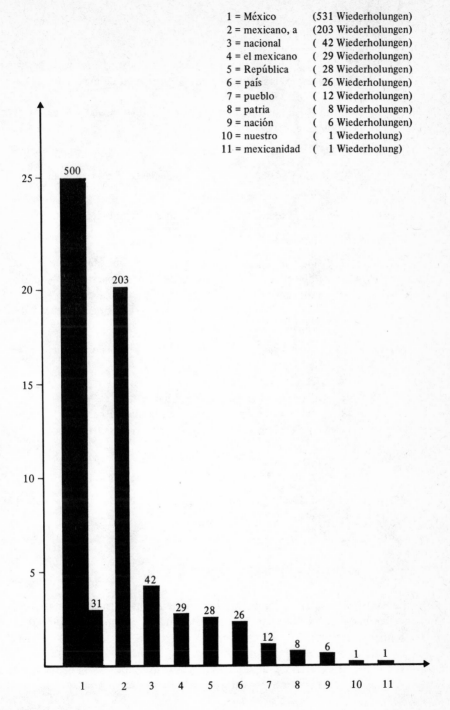

1 = México   (531 Wiederholungen)
2 = mexicano, a   (203 Wiederholungen)
3 = nacional   (42 Wiederholungen)
4 = el mexicano   (29 Wiederholungen)
5 = República   (28 Wiederholungen)
6 = país   (26 Wiederholungen)
7 = pueblo   (12 Wiederholungen)
8 = patria   (8 Wiederholungen)
9 = nación   (6 Wiederholungen)
10 = nuestro   (1 Wiederholung)
11 = mexicanidad   (1 Wiederholung)

Und zusätzlich die beiden Substantive

f) el mexicano

z. B. 428 La Talpense: Una institución de mexicanos al servicio de usted
448 450 Líneas Aéreas Unidas: Una organización de mexicanos al servicio de México
466 Luis Romo: Una organización de mexicanos al servicio de las artes gráficas

g) la mexicanidad

z. B. 629 Radio Cadena Nacional: La esencia de la mexicanidad en la radiodifusión

Nicht hinzugezogen wurden Städtenamen, mit Ausnahme der Stadt Mexiko:

la ciudad de México[26]

z. B. 76 Bamer: El más distinguido en la ciudad de México
384 Jardín Amazonas: El más moderno y refinado en la ciudad de México
403 La casa de los Idolos: El restaurante más original y bello de la ciudad de México

Als Varianten zu dem Adjektiv *mexicano/a* wurden aufgenommen:

a) nacional

z. B. 44 América: El acumulador nacional
48 Américo: Una voz al servicio de la música nacional
59 Así es mi tierra: El programa de mayor esencia nacional

b) nuestro/a

z. B. 14 Aeronaves de México: Orgullosamente nuestra

Wir haben eine Skala von Nationalbezeichnungen, die wir graphisch (S. 19) darzustellen versuchen.

2.3 Kontrastierende Substantive und Adjektive

Genauso wie man ein semantisches Feld der Nationalitätsbezeichnungen aufstellen kann, so gibt es auch ein kontrastierendes Feld, mit dem *México* konfrontiert wird:

---

26 Diese Bezeichnung ist vor allem im Hotel- und Restaurantbereich zu finden. *La ciudad de México* zählt statistisch mit unter der Bezeichnung *México*.

20

a) mundo
b) internacional
c) andere Nationalitätsbezeichnungen
d) Städtenamen

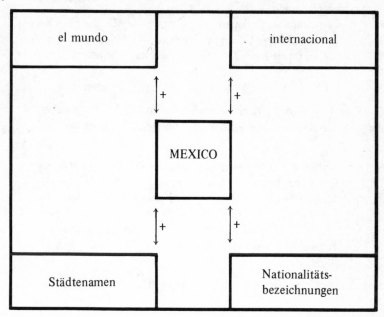

a)   El mundo

El mundo wird oft der Nationalitätsbezeichnung hinzugefügt zur Unterstrei-
chung der mexikanischen Qualität: *México y el mundo.* Die Kontrastwirkung
tritt dabei in den Hintergrund zugunsten einer rein kumulativen Funktion.

—

208   Crucero: El semanario de actualidad mexicana y mundial
363   Hoover: La lavadora de más venta en el mundo y en México también
435   Lacroix: La primera y única sidra rosada en México y en el mundo
496   Mexicana: Conozca México y el mundo ... gratis
498   Mexicano: La actualidad de México y del mundo
607   Política: Quince días de México y del mundo
710   Siemens: Se han ahorrado empresarios mexicanos y de cualquier
         parte del mundo al hablar con Siemens.

In einigen Fällen handelt es sich um eine positive Eigenschaft, die Mexiko in
der Welt bekannt macht — also wieder nicht im eigentlich kontrastierenden
Sinne:

61	Asociación Nacional de Fabricantes de Cerveza: En el mundo tiene fama la cerveza mexicana
138	Carta Blanca: Hizo famosa la cerveza mexicana en el mundo entero
181	Comercio Mundial: Al servicio de la expansión comercial de México en el mundo
460	Los Panchos: Embajadores musicales de México en el mundo
752	Tenorio Tours: Un servicio mexicano alrededor del mundo
830	XEW: Desde hace 29 años, México habla al mundo con la voz de XEW
836	XEX: La voz de México para los oídos del mundo

In vielen Fällen wird jedoch *mundo* dem Wort *México* gegenübergestellt, d.h. die mexikanische Qualität wird an der übrigen Welt gemessen:

—	
661	Robert's: Fabrica el mejor traje del mundo para México
135	Carer: En México la mundialmente famosa ropa interior
225	Chinan Tea Co.: Un té nacional como el mejor del mundo
251	Eaten Yale de México: Le cargan todo un prestigio mundial en monta-cargas — le cargan el orgullo de ser fabricado totalmente en México
577	Pahuatlán de Altura: No es el mejor del mundo, pero sí el más puro de México

Nur in einem einzigen Fall scheint *México* überlegen zu sein:

| — | |
| 62 | Asociación Nacional de Fabricantes de Cerveza: México produce la mejor cerveza del mundo |

b)   internacional

internacional ist der Maßstab, an dem das mexikanische Produkt gemessen wird:

207	Crolls Mexicana: Mi misión es servir a los hogares mexicanos con la reconocida calidad internacional
526	Monique: La interpretación mexicana de la moda internacional
671	Royal Label: El mejor whisky mexicano a nivel internacional

c)   nicht mexikanische Nationalitätsadjektive

Während die Wörter *mundo* und *internacional* zum Teil kumulativ und zum Teil komparativ verwendet werden, haben die nicht mexikanischen Nationalitätsbezeichnungen eine andere Funktion. Sie treten vor allem in dem Bereich der Hotels, Restaurants und Luxuskonsumgüter auf und unterstreichen dann das „Exotische", das „Anderssein" und damit die besondere Qualität und Kategorie des jeweiligen Unternehmens oder Produktes.

I) Restaurants[27]:

260   El Casino: Un rincón de Alemania en México
275   El Parador: Un rincón de España en México
431   La Veranda de Italia: El mejor restaurante italiano en México
490   Meurice: El restaurante suizo de México
554   Normandie: El restaurante francés de México
736   Sylvain: La más antigua salchichonería francesa[28] de México

II) Weinreklame[29]:

100   Biancamano: El mejor vermouth italiano hecho en México
219   Chauvenet: Los vinos óptimos de México y de Francia
316   Ferblanc: En Francia es champagne . . . en México es Ferblanc
512   Miramar: Sabor de Italia en México
519   Miura: Hecho en México con el sabor de España
677   Sagarñac: En Francia, cognac, . . . en México, Sagarñac
806   White Horse: Embotellado en Escocia . . . preferido en México

III) Hotels und Nachtclubs:

705   Semiramis: Un oasis de Arabia en el corazón de México
741   Tecali: Lo mejor en México y América Latina
766   Tropical Maya: Lo mejor en México y América

IV) Bekleidungsindustrie:

324   Filtex: Calidad inglesa a precio nacional
389   Jozac's: La mejor camisa de América hecha en México
480   Manchester: Impone la moda europea en México

V) Zeitschriften:

560   Nosotros: El magazine de México para Latinoamérica

VI) Radio und Fernsehkanäle:

811   XEBG: El alma de México en las dos Californias

---

27 Nur ein einziges Restaurant gibt sich nicht national, es gehört deswegen im Grunde zu dem vorhergehenden Kapitel: 432 Manolo: En el corazón del México cosmopolita.
28 „Salchichonería" ist die Bezeichnung für Feinkostgeschäft. Dieser Slogan wurde in die Liste der Restaurants eingefügt wegen der Branchennähe und der Gleichheit der Funktion des Kontrastwortes.
29 Der mexikanische Weinanbau ist noch sehr jung – das erklärt das große Angebot an ausländischen Weinen.

832   XEW: La voz de la América Latina desde México
833   XEW TV Canal 2: Voz e imagen de América Latina desde México

In einigen Fällen werden wir informiert über Kapitalbeteiligung oder kulturelle Zusammenhänge einer Organisation:

167   Citizen de México: una industria mexicano-japonesa con capital
       nacional mayoritario
558   Norte: La revista hispano-mexicana

Und schließlich handelt es sich auch um den Ausdruck einer Zusammenarbeit:

309   Excelsior: Con oberos mexicanos, con máquinas americanas y pieles
       alemanas se fabrica el mejor calzado del mundo que se llama Excelsior
572   Osram: La más avanzada técnica alemana junto con la habilidad
       del obrero mexicano

c)   Städtenamen

Auch hier haben wir die Zweiteilung — einerseits Information und andererseits das Herausheben des „Exotischen":

—   Luftfahrtgesellschaft

674   Sabena: En Bélgica el flamenco no es zapateado, es Rubens ... dice
       el Sr. Ríos de México. Y por eso vuela a Bruselas por Sabena.

—   Nachtclub

800   Waikiki: París y Broadway en México

2.4   Begleitendes Wortfeld

Wir haben gesehen, daß *México* von einer Reihe von kontrastierenden
Wörtern — wie *mundo* und *internacional* — umgeben ist. Diese haben,
mit wenigen Ausnahmen, die Funktion, innerhalb des Slogans einen Gegen-
pol zu bilden, der für das Wort *México* wertsteigernd ist. Unser Interesse
wird somit nicht von Mexiko weggelenkt, sondern wir werden im Gegenteil
durch das Gegensatzwort darauf hingelenkt. Deshalb nannten wir diese Wörter „kontrastierend", obwohl ihre Funktion innerhalb des Satzes eher kumulativ als kontrastierend ist.
    Anders verhält es sich mit dem begleitenden Wortfeld, welches das Sub-
stantiv und die anderen Nationalbezeichnungen umgibt und sie auf dem
Weg der Assoziation eine Wertsteigerung erreichen läßt. Es handelt sich um
die Substantive

       la tradición

el prestigio
la calidad
el progreso
el gusto

sowie in geringerem Maße:

el futuro
la confianza
el desarrollo

Diese Wörter gehen in den weitaus meisten Fällen mit der Nationalbezeichnung zusammen: sowohl *México* als auch das jeweilige Assoziationswort haben die Funktion, die Emotion des potentiellen Käufers zu erwecken, ihn affektiv zu überzeugen[30].

Vergleichen wir diesen Bestand mit dem, den Galliot in seinem Kapitel „Psychologie de la Réclame"[31] anführt, so springt ein erheblicher Unterschied zwischen der mexikanischen und der französischen Reklamesprache in die Augen:

Den französischen Käufer bestimmen zum Kauf Qualitäten wie: vitesse, économie, solidité, durée, rapidité, moindre éffort, comfort, sécurité[32].

Obwohl in Mexiko die Qualität auch gefragt ist (24 Beispiele), so spielt doch eine ebenso große Rolle der *orgullo* (25 Beispiele). An gleicher Stelle steht der Fortschritt, *progreso* (25 Beispiele), und an vierter Stelle das Ansehen, *prestigio*, mit 19 Beispielen, gefolgt von der Tradition, *tradición*, mit 15 und dem Geschmack, *gusto*, mit 12 Beispielen. Mit großem Abstand folgen: *futuro* (6 Beispiele), *confianza* (3 Beispiele) und schließlich *desarrollo* (3 Beispiele)[33].

a) orgullo (vgl. auch enorgullecer S. 30 und orgullosamente S. 40).

6   Acapulco: Orgullo de la marina comercial mexicana
127   Canadá: Orgullo de la industria mexicana
198   Cordón Real: Orgullo de México
247   Donde: Un orgullo industrial para el sureste de México
251   Eaton Yale: Le cargan el orgullo de ser fabricado totalmente en México
306   Evaristo I: Orgullo de México
328   Flagasa:¡Orgullo nacional!

---

30 Vergleiche in der Zusammenfassung des Textteils unseren Hinweis auf ähnliche Strukturen bei der Zusammensetzung des Mex-Markennamens: Llanta-*Mex:* Information und *Emotion.*
31 Galliot, S. 3–194.
32 Galliot, S. 29–41.
33 Es bietet sich an, von diesem Wortinventar her eine Charakterologie des mexikanischen Käufers zu konstruieren.

In fünf Fällen wird *orgullo* sogar dierekt auf Mexiko bezogen: *orgullosamente mexicano* oder *orgullosamente nuestro*[34].

b)   progreso

---

34 Beispiele in dem Kapitel „Das Satzgebilde als Kontext" (3.4.2).

In der Zeit von 1970 bis 1972[35]:

176   Coca Cola: Presente en el progreso de México
205   Crédito Hipotecario: Ha facilitado a largo plazo créditos canalizados esencialmente hacía el progreso de México
217   Cursos Económicos: Conozca más para engrandecer a México, para impulsar el progreso nacional
343   General Electric: 75 años unido al progreso de México
531   Monterrey: Es camino de progreso en nuestro país
709   Siemens: Es progreso de México
723   Somex: El progreso de México
724   Somex: Con dinero mexicano, invertido por mexicanos, se ha hecho posible el progreso industrial de nuestro país

c)   calidad

55   Asbestolit: Haga que México progrese . . . exija calidad Asbestolit
67   Austral: La calidad que gusta a México
139   Carta Blanca: La única cerveza mexicana de calidad premiada y certificada
169   Clarafan: El papel transparente de más alta calidad que se fabrica en México
196   Cordón Real: De máxima calidad . . . y mexicano
213   Cueto Hermanos: Calidad única en México
307   Evaristo I: Triunfo de la calidad mexicana
319   Fhasa: Calidad y progreso en México
436   Lamsa: Acero de calidad para la industria de México
442   Lerdo Chiquito: Tradición mexicana en muebles de calidad
451   Linsa: Arte mexicano con calidad mexicana
483   Manzanita del Prado: Refrescante calidad mexicana
542   Naves: Calzados mexicanos de calidad única
551   Noche Buena: Calidad tradicional de México
567   Omega: Una tradición de calidad mexicana
582   Pascual: Calidad y sabor de la tierra mexicana
653   Rey: Rey de la calidad mexicana en buen pan
656   Rinbros: La mejor calidad en ropa interior 100% mexicana
737   Talon: Los cierres de más alta calidad en México
760   Tolteca: El cemento de calidad de México desde hace 50 años
842   Zacatecas: Son productos mexicanos de calidad

---

35 Da wir eine Umschichtung des Vokabulars innerhalb der letzten Jahre festzustellen glauben (4.1.2) führen wir die letzten zwei Jahre getrennt an. Die Beispiele für *orgullo* stammen alle aus der Zeit vor 1970.

In der Zeit von 1970–1972:

101   Blanco: Nuestra meta desde hace más de 20 años: hacer llegar al pueblo de México nuestras mercancías con máxima calidad al mínimo precio

207   Crolls: Mi misión es servir a los hogares mexicanos con la reconocida calidad internacional

698   Sauza: La bebida que representa a México en el mundo es el tequila ... y Sauza es el tequila que simboliza la tradicional calidad de la más auténtica bebida mexicana

d)   prestigio

1   Abastecedores Generales: Maquinaria de prestigio para prestigio de México

99   Berreteaga: La marca de mayor prestigio en la República desde 1865

144   Casa: 22 años de prestigio al servicio de las familias mexicanas

146   Casa Madero: En vinos de mesa, el máximo prestigio de México

214   Cueto Hermanos: La casa de mayor prestigio en la República

236   Delicados: Los cigarros mexicanos de mayor prestigio por su tabaco

259   El Capitolio: El prestigio de Zenith para el placer de México

361   Hiladuras Lourdes: Un prestigio mexicano

441   Leon Weill: Una firma de prestigio que todo México conoce

539   Nacional de Drogas: Un nombre de prestigio en México

573   Otis: Un prestigio mundial al servicio de México

579   Pando: Los productos que dan prestigio a México

617   Producciones Barbachano Ponce: Orgullo y prestigio del nuevo cine nacional

638   Radson: La marca nacional de prestigio

664   Rod-Mar: Los plásticos mexicanos de prestigio

703   Reader's Digest: La revista de mayor prestigio y circulación en México

841   XX: Un prestigio de México desde hace más de medio siglo

In der Zeit von 1970–1972:

251   Eaton Yale: Le cargan todo un prestigio mundial en montacargas

489   Marsol: La marca nacional de más prestigio

e)   tradición

8   Acosta e Hijo: Una tradición mexicana de joyeros desde 1903

27   Alameda: Tradicional ambiente mexicano

28   Alamo: Digna de su tradición y del sol mexicano

31   Alcázar: Una institución tradicional en México

72   Avalos: Tradición del vidrio soplado en México

276   El Patio: El centro social de más tradición en México

28

337   Galerías Ordáz: Una tradición mexicana
433   La Victoria: Tradición mexicana de excelencia en casimires
442   Lerdo Chiquito: Tradición mexicana en muebles de calidad
473   Madero XXXXX: Una tradición del buen gusto mexicano
567   Omega: Una tradición de calidad mexicana
645   Regis: Una tradición mexicana en el servicio fotográfico

In der Zeit von 1970–1972:

494   Mexicana: Vuele a Guadalajara, moderna capital de Jalisco, el estado
         más rico en tradiciones de México
599   Phoenix: Las fuertes tradiciones que tenemos en común le harán
         sentirse como en su propia casa

f)   gusto

211   Cuervo: Es presencia, gusto y sabor de México desde 1800
586   Pavignani Cecciarelli: Elegancia y buen gusto en el vestir de México
754   Terrasola: Un vino mexicano de buen gusto

In der Zeit von 1970–1972:

464   Lufthansa: „Los centros de Europa" es un tour planeado total-
         mente al gusto del viajero mexicano

Bei 8 Beispielen ist das Wort *gusto* verbunden mit *México* oder, häufiger, mit dem Adjektiv *mexicano*: *el gusto mexicano*[36].

g)   futuro

413   La Ibero Mexicana: Haga frente al futuro con una póliza de seguro
         de vida de la Ibero Mexicana
790   VW: El carro del futuro de México

In der Zeit von 1970–1972:

 93   Banco Nacional de México: Con fe en México hacemos presente
         el futuro
 94   Banco Nacional de México: En el Banco Nacional de México tenemos
         plena confianza en el futuro del país
331   Fondo Industrial Mexicano: La inversión en el Fondo Industrial
         Mexicano es una inversión para el mexicano de hoy: ese hombre o
         esa mujer que con su energía, capacidad y esfuerzo están creando
         el México del futuro
750   Teleindustria: A pasos acelerados y firmes México construye su
         futuro. Teleindustria construye para México

---

36 Vergleiche das Kapitel über „Das Verhältnis von Substantiv und Adjektiv" (2.1)
   mit Beispielen.

h)   confianza

69   Automex: Responde a la confianza de México y de usted
320   Fiat: Responde a la confianza de México

In der Zeit von 1970–1972:

94   Banco Nacional de México: En el Banco Nacional de México tene-
      mos plena confianza en el futuro del país

i)   desarrollo

89   Banco Nacional de Comercio Exterior: Atiende el desarrollo del
      comercio exterior de México
241   Dina Flexible: Expresión del desarrollo industrial de México

In der Zeit von 1970–1972:

668   Romo: Organización mexicana que contribuye al desarrollo integral
      de México desde 1935

In zehn Fällen erscheint in einem Slogan nicht nur die Nationalbezeichnung
zusammen mit einem Assoziationswort, sondern gleich mit zwei, was seine
Reklamefunktion außerordentlich verstärkt:

1   Abastecedores Generales: Maquinaria de prestigio para prestigio de
      México
55   Asbestolit: Haga que México progrese . . . exija calidad
319   Fhasa: Calidad y progreso para México
442   Lerdo Chiquito: Tradición mexicana en muebles de calidad
461   Lufthansa: Que planea sus tours para dar gusto al gusto mexicano
473   Madero XXXXX: Una tradición del buen gusto mexicano
511   Miraku: Hecho con el gusto y para el gusto mexicano
567   Omega: Una tradición de calidad mexicana
617   Producciones Barbachano Ponce: Orgullo y prestigio del nuevo cine
      nacional

Wie wir an einem Beispiel (55) sehen, gehören zu den Assoziationswörtern
nicht nur Substantive, sondern ebenfalls Verben und Adjektive, die in demselben semantischen Bereich liegen und in vielen Fällen derselben Wortfami-
lie angehören. Das Substantiv überwiegt allerdings bei weitem[37].

a)   enorgullecer (vgl. orgullo S. 25 und orgullosamente S. 40):

206   Cristales Mexicanos: Una calidad que enorgullece a México
235   Delher: Una producto que enorgullece a México
315   Ferba: Una industria que enorgullece a la patria

---

37 Über das Überwiegen der Substantive in der Reklamesprache, vergleiche 2.1.

347   Girón de México: Artículos que enorgullecen a México

b)   prestigiar (vgl. prestigio S. 28)

122   Cadena García Valesca: Prestigia a México en el mundo de los periódicos

c)   distinguir (vgl. distinguido S. 32)

4   Abrigos Finos: Distinguen a México

d)   gustar (vgl. gusto S. 29)

67   Austral: La calidad que gusta a México
98   Berreteaga: Gusta a México desde hace casi un siglo

Und, vor allem in den Jahren 1970–1972, die dynamischen Verben wie

e)   producir

22   Aeronaves: Produzca para México e invierta en México, exportando por Aeronaves[38]
36   Altos Hornos de México: Produce y México progresa
102   Blasón: El más fino brandy que México produce
109   Bonampak: El mejor ron que México produce
325   Filtex: Es lo más fino que México produce
348   Gloria: La mejor mantequilla que se produce en México
499   Mexicanos: Los primeros en producir cemento Portland en México
569   Ornelas: Los mejores que México produce
640   Rancho Blanco: El mejor tequila que se produce en la República
660   Rivatex: Es lo más fino que se produce en México
719   Soconusco: La mejor cocoa que se produce en México
770   Urdiñola: El mejor licor que se produce en México

f)   progresar (vgl. progreso S. 26)

36   Altos Hornos de México: Produce y México progresa
55   Asbestolit: Haga que México progrese . . . exija calidad
110   Bonos del Ahorro Nacional: Usted gana y México progresa
326   Financiera de Ahorros: Usted gana y México progresa

g)   exportar (ausschließlich in den Jahren 1970–1972)

549   Newark: México exporta – en Sudamérica acaban de estrenar nuestras resinas acrílicas y nuestros polímeros
566   Olivetti: México exporta

---

38 Dieser Slogan aus dem Jahre 1971 ist typisch für die Tendenz dieser letzten Jahre (producir, invertir, exportar – drei dynamische Verben!). Vergleiche den Kommentar zur Geschichte des Mex-Slogans (4.1.2).

650   Renault: Renault y Diesel Nacional, de acuerdo con lo que México
        requiere, exportan 100 Renault y 5 camiones Dina a la hermana
        República de Panamá
795   VW: México exporta VW a Centroamérica

h)   construir (ausschließlich in den Jahren 1970–1972)

209   Cruz Azul: El México moderno se construye con cementos Cruz
        Azul
750   Teleindustria: A pasos acelerados y firmes México construye su
        futuro. Teleindustria construye para México

Und einige Beispiele für Adjektive als Assoziationswörter:

a)   tradicional (vgl. tradición S. 28)

229   De Dios: La farmacia tradicional de México
493   Mexicana: Ambiente de gran ambiente, presente en la tradicional
        hospitalidad mexicana de Mexicana
551   Noche Buena: Calidad tradicional de México
590   Pelikan: Ya es mexicana la alta precisión de las tradicionales plumas
604   Plagol: El tradicional insecticida doméstico de México

b)   distinguido

226   Chipp's: El restaurante más distinguido de México
232   De Soto Arma: El más distinguido de México
392   Karachi: El ambiente más distinguido de México

Fassen wir das Ergebnis graphisch zusammen, so ergibt sich ein, die Nationalbezeichnung umgebendes Feld (s. S. 33).

Zusammenfassung

Wir haben gesehen, daß unter allen Wörtern, die sich auf die mexikanische
Nationalität beziehen, das Substantiv *México* an erster Stelle steht, gefolgt
von dem Adjektiv *mexicano/a* und einer Reihe von Wörtern, die semantisch
denselben Stellenwert haben.

Weiter wurde gezeigt, daß mehrere Substantive und Adjektive, die in dem
semantischen Feld mit *México* kontrastieren, in dem Slogan so eingesetzt
werden, daß eine Wertsteigerung des Nationalitätsbegriffs erreicht wird.

Wir stellten ein lexikalisches Feld auf, in dem alle Wörter erscheinen, die
sich um das Wort *México* gruppieren und diesem einen positiven Assozia-
tionswert geben.

Was wird durch diese Mittel erreicht?

1) Die Nationalbezeichnung evoziert bei dem Käufer ein Nationalgefühl, das
   ihn positiv stimmt für das Verkaufsprodukt.

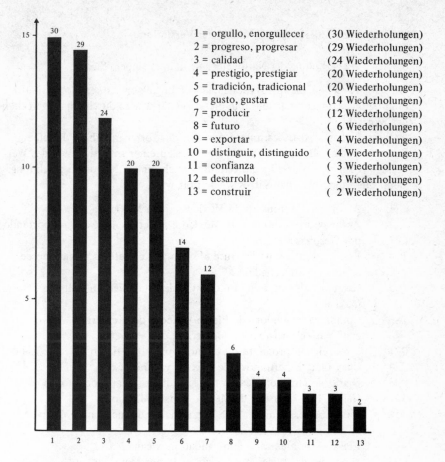

1 = orgullo, enorgullecer	(30 Wiederholungen)
2 = progreso, progresar	(29 Wiederholungen)
3 = calidad	(24 Wiederholungen)
4 = prestigio, prestigiar	(20 Wiederholungen)
5 = tradición, tradicional	(20 Wiederholungen)
6 = gusto, gustar	(14 Wiederholungen)
7 = producir	(12 Wiederholungen)
8 = futuro	(6 Wiederholungen)
9 = exportar	(4 Wiederholungen)
10 = distinguir, distinguido	(4 Wiederholungen)
11 = confianza	(3 Wiederholungen)
12 = desarrollo	(3 Wiederholungen)
13 = construir	(2 Wiederholungen)

2) Um diesen Komplex gruppieren sich andere Wörter, die diesen Effekt unterstreichen, indem sie
   a) eine wertsteigernde Rivalität aufstellen (mundo etc.)
   b) positive Werte assoziieren (prestigio, orgullo etc.)

Das nationale Produkt wird somit umgeben von Werten wie Qualität, Geschmack, Prestige und Fortschritt und dem Käufer wird gleichzeitig suggeriert, daß das nationale Produkt so gut, wenn nicht besser als ein ausländisches ist.

3. Das Satzgebilde als Kontext

Wir haben bisher den Kontext nur unter dem semantischen Gesichtspunkt seines Verhältnisses zu dem Bezugswort *México* in unsere Untersuchung miteinbezogen. Die folgenden Kapitel beschäftigen sich mit dem Kontext als syntaktischer Struktur.

3.1 Die Wiederholung als Mittel der Verstärkung

3.1.1 Wiederholung der Nationalbezeichnung in einem Slogan

Wir haben gesehen, daß die Nationalbezeichnung einen starken affektiven Reiz innerhalb des Slogans darstellt und dieser verstärkt wird durch ein entsprechendes Wortfeld.

Wir sahen auch, daß bestimmte Assoziationswörter innerhalb desselben Slogans wiederholt werden (S. 30) und dies zu einer Intensivierung des Werbeslogans beiträgt. Dasselbe gilt natürlich auch für die Nationalbezeichnung, wenn diese innerhalb des Satzes wiederholt wird.

21	Aeronaves: Aeronaves de México – para México
22	Aeronaves: Produzca para México e invierta en México, exportando por Aeronaves
114	Budget Rent-a-Car: Disfrute México por carretera. México posee bellezas insospechadas
155	Catalina: México tiene todo – Catalina también en brillante colorido mexicano
183	Compañía Fundidora de Fierro y Acero de Monterrey: Acero mexicano para el progreso de México
321	Fibracel: Un producto mexicano y para benefico de los mexicanos
224	Chevrolet: El automóvil de México y para México
238	Diario de México: México tiene su diario: Diario de México
338	Galgo: Una industria de México y para México
450	Líneas Aéreas Unidas: Una organización de mexicanos al servicio de México
451	Linsa: Arte mexicano con calidad mexicana
492	Mexicana de Aviación: México vuela por Mexicana
509	Minsa: Producto mexicano para México
585	Patria: México para los mexicanos
636	Radio Programas de México: Sirviendo a México, con las mejores emisoras de México
648	Remolques Trailmobile de México: Hecho en México para los caminos de México
676	Saeta: La bicicleta de México y para México
724	Somex: Con dinero mexicano, invertido por mexicanos se ha hecho posible el progreso industrial de nuestro país
747	Teléfonos de México: ¡De mexicanos, para los mexicanos!
750	Teleindustria: A pasos acelerados y firmes México construye su futuro. Teleindustria construye para México
823	XEMP: La música de México . . . para México

Und in wirksamer Weise wiederholt sich die Nationalbezeichnung dreimal:

34

18   Aeronaves de México: Crea en México, apoye a México, invierta
        en México
493   Mexicana de Aviación: Ambiente de gran ambiente presente en la
        tradicional hospitalidad mexicana de Mexicana — Vuele a Guadala-
        jara, moderna capital de Jalisco, el estado más rico en tradiciones
        de México[39]

3.1.2   Wiederholung syntaktischer Elemente in einem Slogan

Obwohl die Wiederholung, wie wir sahen, ein bewußtes reklamewirksames
Mittel ist, ist sie außer in den erwähnten Fällen nicht so häufig wie man annehmen sollte bei den noch verbleibenden Sätzen.
    Es werden verschiedene syntaktische Elemente wiederholt:

a) Wiederholung des Substantivs

    z.B. 801 Walker: Las huellas de México, son huellas Walker

b) Wiederholung eines Adjektivs

    z.B.   37 Altos Hornos de México: Una gran industria para un gran país
           81 Banco de Comercio: Un banco moderno al servicio de un
                México moderno

c) Wiederholung eines Verbs

    z.B. 124 Calpini: México ve a Calpini para ver mejor

d) Wiederholung durch Umstellung des Satzes

    z.B.   11 Aeronaves de México: Feliz viaje — viaje feliz

3.2   Die Satzverkürzung durch Wegfall des Verbs
        als Mittel der Konzentration

Lesen wir zum Beispiel den Beginn der Slogans, die der Ferrer-Liste entnommen wurden, so enthalten von den ersten 10 Slogans allein 6 Slogans kein
Verb:

1. Abastecedores Generales: Maquinaria de prestigio para prestigio de México
2. ABC: Atalaya de México
3. Acapulco: Mariscos de todos los mares de México

---

39 Dieser Slogan ist eingentlich ein „Begleittext", d. h. er steht zwischen dem Slogan
   (1 Satz) und dem fortlaufenden Werbetext (mehrere zusammenhängende Sätze).
   Vergleiche 4.2.2.

6. Acapulco: Orgullo de la marina comercial mexicana
8. Acosta e Hijo: Una tradición mexicana de joyeros desde 1903
9. Acueducto: El bar más refinadamente sofisticado de México

Die traditionelle spanische Syntax, bei der das Verb Angelpunkt ist, tritt in der Reklamesprache in den Hintergrund zugunsten der Nominalkonstruktion, deren Basis wiederum das Substantiv ist[40]. Dies entspricht auch den Ergebnissen, die Ferrer für eine der Haupttendenzen der mexikanischen Reklamesprache ansieht. Zusätzlich zu den traditionellen Substantiven finden sich viele von Adjektiven oder von Verben abgeleitete Substantive (*Madrugar es sano*), was laut Ferrer eine Gesamtsumme von 68 % Substantiven, 17 % Verben und 16 % Adjektiven ergibt[41]. Und Galliot weist darauf hin, daß auch im Französischen „kleine" Wörter wie Artikel, Präpositionen und Personalpronomen, oft aber auch das Verb zugunsten eines reklamewirksamen „Telegrammstils" wegfallen[42].

3.3 Die Stellung des Adjektivs – ein Mittel der Emphase

3.3.1 Emphatische Vorstellung vor das Substantiv

Oft benützt die Reklamesprache das Mittel der emphatischen Adjektivvorstellung, um dem Substantiv einen besonderen, meist affektiven Charakter zu geben[43].

102 Blasón: El más fino brandy que México produce
125 Canadá: El auténtico calzado mexicano que sí supera al importado
137 Carta Blanca: Goce la mexicana alegría con Carta Blanca bien fría

Mit Vorliebe werden vorgestellte Adjektive benutzt wie *gran* und *mejor*

---

40 B. Sandig, Syntaktische Typologie der Schlagzeile. Möglichkeiten und Grenzen der Sprachökonomie im Zeitungsdeutsch, München 1971. Sandig bestätigt, speziell in dem Kapitel über Ersparungsmöglichkeiten im Verbalsatz (S. 71--90), unsere Ergebnisse.
41 Ferrer, S. 38.
42 Galliot, S. 371–448, Kapitel über „La Rédaction Publicitaire". Zu ähnlichen Ergebnissen kommt Hronová, La langue de la réclame. Etudes Romanes de BRNO, vol. V, 1971, S. 110. „Dans la phrase nominale, il n'y a que les mots les plus significatifs—substantifs et adjectifs: Beaux raisins, grand cognac, Cognac Bisquit (IP 68). Voici une statistique de notre matériel publicitaire: substantifs 32,54 %, adjectifs 12,57 %, pronoms 10,34 %, numéraux 2,06 %, verbes 9,57 %, adverbes 3,28 %, articles 12,84 %, autres mots 16,80 %".
43 Oft werden auch zwei Adjektive verwendet: z. B.
  27 Alameda: Tradicional ambiente mexicano
  332 Fontana Rosa: Fabuloso centro nocturno en el México fabuloso

— gran

30	Alamo: La gran marca mexicana de vinos de mesa
37	Altos Hornos: Una gran industria para un gran país
118	Bull: Una gran empresa al servicio de México
149	Casasano: El gran ron de México
271	El Heraldo: Gran diario del centro de México
287	El Universal: El gran diario de México

— mejor

100	Biancamano: El mejor vermouth italiano hecho en México
109	Bonampak: El mejor ron que México produce
156	Catarí: La mejor pizza de México
215	Cumbres de San Marcos: Las mejores conservas de México
290	Eclipse: El mejor calzado hecho en México

3.3.2 Verwendung des Superlativs

Der Superlativ erscheint in etwa einem Viertel aller gesammelten Slogans.
Gewöhnlich wird der absolute Superlativ (riquísimo) vermieden zugunsten
des relativen Superlativs[44]

9	Acueducto: El bar más refinadamente sofisticado de México
13	Aeronaves: La red aérea más extensa del país
29	Alamo: El más noble de los vinos generosos de México
51	Angelo's: El ambiente más distinguido de México
53	Antoine: El más elegante y distinguido de México
54	Armamex: Las armas más finas hechas en México

Der Komperativ ist dagegen ausgesprochen selten:

15	Aeronaves: Siempre se vuela mejor por Aeronaves de México

---

44 In der alphabetischen Ferrerliste (nur Mex-Slogans) erscheinen unter den Buchstaben A–C 162 Slogans, und nicht weniger als 43 davon enthalten einen Superlativ:
9, 13, 29, 38, 51, 53, 54, 59, 60, 62, 70, 71, 76, 77, 95, 97, 100, 102, 108, 109,
112, 116, 117, 130, 133, 134, 139, 143, 145, 146, 147, 151, 156, 169, 172, 173,
178, 190, 199, 202, 203, 215, 226.
(Die Nummern entsprechen unserer alphabetischen Liste aller Mex-Slogans).

3.4 Der Aufbau des Satzes

3.4.1 Der Satzbeginn

Der Standardtyp für unsere Slogans sieht wie folgt aus:

El	coche	más bello	de México

Artikel / Substantiv / Superlativ / Nationalbezeichnung

Dieser Satztyp wird variiert durch verschiedene Satzanfänge

a) bestimmter Artikel

   z. B.   9   Acueducto: El bar más refinadamente sofisticado de México

b) unbestimmter Artikel

   z. B.   8   Acosta e Hijo: Una tradición mexicana de joyeros desde 1903

c) ohne Artikel

   z. B.   27   Alameda: Tradicional ambiente mexicano

d) mit einem Verb (relativ selten)

   z. B.   305   Evaristo I: Da fama a México y categoría a quien lo consume[45]

e) mit Präposition (selten)

   z. B.   353   Haste: En México la hora exacta la marca Haste[46]

f) mit Adjektiv

   z. B.   332   Fontana Rosa: Fabuloso centro nocturno en el México fabuloso

---

45 Weitere Beispiele:
   312   F. Armida y Co.: Sirviendo a México desde hace 55 años
   320   Fiat: Responde a la confianza de México
   419   La Paz: Vistiendo a México desde 1890.
46 Nur relativ selten finden sich emphatische Wortumstellungen in einem Slogan wie
   in diesem Beispiel, dessen normale Stellung folgende wäre:
   Haste marca la hora exacta en México
   Sicher ist, daß dieses stilistische Mittel in der Zeitungssprache, d. h. in den Titeln,
   sehr häufig ist, z. B. ein Zeitungstitel vom 20. 6. 1972 in *Excelsior:*
   Política Abierta y Franca Ofreció el Presidente a los Mexicanos Residentes en EU,
   en su Visita a San Antonio
   In der normalen Wortstellung:
   El Presidente ofreció en su visita a San Antonio una política abierta y franca a los
   mexicanos residentes en EU.

g) mit Possessivpronomen

z. B.   327   Firmal: Su trajeta mexicana de crédito

3.4.2   Festgefügte Sätze

Sprachen wir zuvor von einem Standardtypus des Mex-Slogans, so existieren ebenfalls festgefügte, nicht variable Wendungen, die die Satzkonstruktion bestimmen.

– al servicio de

Die wohl hervorstechendste Wendung ist *al servicio de* – eine Wendung, die in den 30iger bis 60iger Jahren sehr häufig war, sich dann wohl abgenutzt hat und in den letzten Jahren sehr stark in den Hintergrund getreten ist (in den Jahren 1970–72 fanden wir nur 4 Beispiele!)[47]:

24   Aerovías Reforma: Al servicio de México
48   Américo: Una voz al servicio de la música nacional
63   Aspectos: Una publicación al servicio de México
74   Baja California: Al servicio del pueblo
81   Banco de Comercio: Un banco moderno al servicio de un México moderno[48]

– hecho en México[49]

100   Biancamano: El mejor vermouth italiano hecho en México

---

47 Ob diese Formel vor allem in Mexiko verwendet wird und dann vielleicht ein linguistischer Restbestand aus der Kolonialzeit ist, wäre zu prüfen. Sicher ist, daß nur in Mexiko die Formel „su servidor" noch in der Umgangssprache verwendet wird. In diesem Zusammenhang müßte auch die Verwendung des Verbs *servir* in der Reklamesprache untersucht werden.
z. B. 75 Bajío: Para servir al progreso de México
Das Verb *servir* erscheint häufig in unseren Slogans: 75, 21, 48, 82, 113, 162, 312, 339, 406, 437, 550, 589, 628, 636, 678, 681, 702, 783, 784, 207, u. a.
48 Liste der Slogans, in denen die Wendung „al servicio de" auftritt: 24, 48, 57, 63, 74, 81, 68, 69, 90, 91, 118, 144, 154, 181, 184, 192, 204, 233, 242, 261, 274, 278, 285, 291, 302, 304, 318, 336, 365, 366, 367, 373, 375, 377, 378, 380, 381, 396, 399, 422, 428, 446, 447, 450, 466, 535, 573, 598, 605, 611, 645, 687, 708, 721, 743, 752, 767, 769. In den Jahren 1970–72: 330, 591, 592, 744.
49 Die Wendung „hecho en México" wurde nicht in die Listen aufgenommen mit Ausnahme des Slogans Nr. 223, bei dem dieser Satz in Form eines echten Slogans auf dem Plakat wiedergegeben wurde. Ansonsten glauben wir, daß diese Wendung für die nationalen Tendenzen in der Reklamesprache nicht relevant ist (s. auch *Made in W. Germany.*). Wir sprechen hier besser von einem Etikett und nicht von einem Slogan. Dieses Etikett scheint außerdem v. a. für den Verkauf im Ausland bestimmt zu sein.

104	Bobadilla 103: Hecho en México, pero . . . muy bien hecho en México
223	Cheverny: Hecho en México
804	West Point: Hecha en Monterrey para orgullo de México

– orgullosamente mexicano (vgl. orgullo S. 25 und enorgullecer S. 30)

14	Aeronaves de México: Orgullosamente nuestra
524	Modelo: Una empresa orgullosamente mexicana
533	Moto Islo: ¡Orgullosamente mexicana!
731	Steele: Orgullosamente mexicanos

3.4.3 Der Imperativ

Der Imperativ ist im mexikanischen Spanisch sehr selten; er wird meist umschrieben mit Formeln wie

¿podría usted . . . ?
¿quisiera usted . . . ?

Dementsprechend selten sind die Beispiele für Imperative in der Reklamesprache[50]:

55	Asbestolit: Haga que México progrese . . . exija calidad Asbestolit
85	Banco del País: Confíe en México . . . y ahorre en el Banco del País
137	Carta Blanca: Goce la mexicana alegría con Carta Blanca bien fría
413	La Ibero Mexicana: Haga frente al futuro con una póliza de seguro de vida de la Ibero Mexicana

3.4.4 Der Reim

Der Reim ist selten in der mexikanischen Reklamesprache[51]. Dementsprechend finden wir auch nur wenige Beispiele unter den Mex-Slogans:

61	Asociación Nacional de Fabricantes de Cerveza:
	En el mundo tiene fama
	La cerveza mexicana

---

50 Im Französischen dagegen scheint das Imperativ häufiger aufzutreten: „Nous avons trouvé l'impératif dans 160 cas ce qui représente 16 % de nos exemples". (Hronová, S. 108).

51 Diese Tatsache überrascht vor allem in Anbetracht einer möglichen Herkunft des Slogans aus der Folkloredichtung (1.1). Hronová (S. 112) stellt für das Französische dasselbe fest: „Dans notre matériel, nous avons découvert une dizaine d'exemples de textes versifiés, ce qui représente 1 %, donc pas beaucoup".

137   Carta Blanca:
        Goce la mexicana alegría
        Con Carta Blanca bien fría
472   Madero XXXXX:
        México entero
        Prefiere Madero
688   Sauza:
        Brinde a la mexicana . . .
        Con tequila Sauza y botana

Der Reim findet sich bei den Mex-Slogans ausschließlich in der Branche der Getränkeindustrie.

3.5   Beispiele appellstarker Slogans

Hier sollen aus der Vielzahl der sich auf Mexiko beziehenden Werbeslogans diejenigen wiedergegeben werden, die den Nationalappell in räumlich konzentriertester Form enthalten (3–4 Wörter). Bei unseren Vorträgen in Mexiko[51a] waren es vor allem diese Slogans, die von den mexikanischen Hörern als appellstark von den anderen unterschieden wurden[51b].

47   América: México duerme en colchones América
142   Carta Blanca: Goce la mexicana alegría con Carta Blanca bien fría
196   Cordón Real: De máxima calidad . . . y mexicano
245   DM Nacional: Una organización de mexicanos
292   Enrique II: Un brandy mexicano . . . lo mejor
310   Excelsior: El gran mundo del periodismo acepta sólo a un mexicano
408   La Cumbre: ¡Qué delicia mexicana!
410   La Fortaleza: Conservas sanas y mexicanas
386   Jarritos: Mexicanos como usted
387   Jarritos: Mexicanos y exquisitos
470   Madero XXXXX: ¡Auténticamente mexicano!
471   Madero XXXXX: Como México no hay dos . . . como Madero
        XXXXX tampoco
570   Oro: ¡Juguetes 100% mexicanos!
606   Población: ¡Por México . . . siempre!

51a Vorträge an der Universität Jalapa (21. 7. 1972) und an dem *Colegio de México* (27. 11. 1972).
51b Wir erwähnen in einem anderen Zusammenhang, daß die Durchschnittsanzahl der in den Mex-Slogans vorkommenden Wörter bei sechs bis acht liegt (S. 63). Interessant ist hierzu der Kommentar Ferrers über den Zusammenhang von Suggestivkraft und der Anzahl der in einem Slogan vorkommenden Wörter (s. Interview im Anhang).

657   Río Grande: Donde todo México . . . compra
670   Royal: ¡Es mexicano . . . y punto!
720   Soconusco: Prefiérala por mexicana
747   Teléfonos de México: De mexicanos, para los mexicanos
771   Usher: El caramelo más mexicano
322   Fiesta: Ha echado raíces en el gusto mexicano
388   Jarritos: Mexicanos y refrescantes
695   Sauza: El paladar de México

Zusammenfassung

Wichtig für einen guten Slogan ist, daß er „ankommt" bei dem eventuellen Käufer. Welche Motivationen muß der Werbetexter berücksichtigen, wenn er einen Slogan erfindet?

Übernehmen wir das Dreieck Ferrers[52], so kommen wir direkt zu den drei Hauptfunktionen, die ein guter Slogan erfüllen muß: *comunicar – contagiar – convencer,* nennt sie Ferrer. Das heißt, der Slogan muß an erster Stelle mitteilen, um welches Produkt oder um welche Marke es sich handelt (*comunicar*); nachdem er diese Forderung der Information erfüllt hat, muß er den Käufer „ansprechen", d. h. ihn für das Produkt empfänglich machen (*contagiar*), und an dritter Stelle folgt die Instruktion, warum der Käufer gerade eben dieses Produkt kaufen soll und kein anderes (*convencer*).

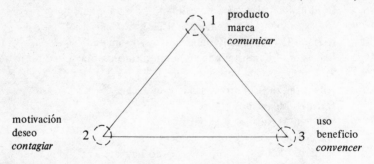

Betrachten wir dieses Dreieck und versuchen wir, unsere Mex-Slogans hier einzuordnen, so ergibt sich folgende Konsequenz für den Stellenwert der Nationalbezeichnung:

Die Anspielungen auf die mexikanische Nationalität – zusätzlich ebenfalls alles, was direkt mit diesem Wort zusammenhängt wie Kontrastwörter und Assoziationswörter – erfüllen die Funktion Nr. 2 innerhalb des gesamten Slogans. Sie geben dem Slogan den affektiv-emotionalen Gehalt, ohne den

---

52 Ferrer, S. 19–26.

der Slogan bei dem Käufer nicht „ankommt". Sie erfüllen also für den Slogan eine äußerst wichtige Funktion – sie stellen die 80%, die Ferrer für den Faktor Nr. 2 – motivación, deseo – ansetzt, dar: in vielen Fällen sind sie sogar der Angelpunkt des ganzen Slogans:

386   Jarritos: Mexicanos como usted
670   Royal: ¡Es mexicano . . . y punto!
695   Sauza: El paladar de México

4.   Der vollständige Slogan – Diachronie und Synchronie

4.1   Diachronische Aspekte

4.1.1   Entstehung der ersten national motivierten Slogans

Wie wir bereits in dem Kapitel „Der kommerzielle Slogan und der politische Slogan"[53] erwähnten, besteht nicht nur auf formalem Gebiet eine enge Beziehung zwischen dem politischen Geschehen und der Reklamesprache. Wir haben gesehen, daß die Reklamesprache im stilistischen Bereich Einfluß auf die politischen Slogans, die Politik aber wiederum einen ebenso großen Einfluß auf die Reklamesprache auf semantischem Gebiet hat.

Die Reklamesprache also als Ausdruck der jeweiligen Zeitepoche? Und die nationalen Aspekte der Reklamesprache also als Niederschlag einer bestimmten politischen Zeitepoche?

Um die Jahrhundertwende regt sich als Reaktion gegen das Porfiriat, d. h. die Regierungszeit des Generals Porfirio Díaz, das ausländische Investitionen begünstigt und auch auf kulturellem Gebiet dem Einfluß des Auslandes, vor allem Frankreichs, offensteht, eine eindeutig nationale Bewegung.

Während die Reklamesprache noch fast ausschließlich unter dem ausländischen Einfluß steht (amerikanische, englische, französische und deutsche Firmen annoncieren für ihre Produkte[54]), findet die neue Richtung ihren Ausdruck in Artikeln, die für eine nationale und zentral gelenkte Regierung werben:

a) für eine nationale Industrie

„Los negocios mexicanos, tradicionalismo y espíritu de empresa", erschienen in der Tageszeitung *El Imparcial* vom 14. 2. 1900 (s. S. 44–45).

---

53 Vergleiche Einleitung der Arbeit (1.4).
54 Vergleiche das Parallelkapitel über die Entstehung des nationalen Markennamens (7.1.1) und das Kapitel über das Entstehen eines Suffixfeldes auf -x in Mexiko (5.3.2).

LOS NEGOCIOS MEXICANOS

TRADICIONALISMO Y ESPIRITU DE EMPRESA

'Ahora que adelantamos y que más aún, tenemos el positivo deseo de adelantar, gustamos de las comparaciones, que si en tales ó cuales circunstancias son odiosas, según el viejo proloquio, en otras suelen ser sobrado útiles, porque merced á ello nos damos cuenta más exacta de los bienes realizados, de nuestra mayor ó menor energía para realizarlos, en relación con otras colectividades que disponen de los mismos elementos que tenemos á mano, y de nuestra mayor ó menor aptitud para alcanzar los fines que nos proponemos.

Instintivamente, cuando de incremento político, social ó moral se trata, volvemos los ojos hacia aquellos países que siendo hermanos del nuestro por la raza, al nuestro afines por los elementos de que pueden echar mano, al nuestro análogos aun por los defectos hereditarios, nos proporcionan un acertado parangón, nos estimulan si han realizado adelantos superiores al nuestro, nos aleccionan dejándonos ver los medios de que se han valido, y nos humillan instintivamente con la palpable elocuencia de fines logrados más ampliamente que los que nosotros nos propusiéramos.

Esta conducta no deja de tener sus inconvenientes, sin embargo, porque cuando un país se propone un modelo debe proponerse un modelo superior.

En el caso concreto de México, diremos que los mexicanos no nos sentimos sugeridos sino de una manera indirec-ta por los progresos que desde su independencia á la parte han logrado, por ejemplo, los Estados Unidos. Tan convencidos estamos—malamente en nuestro concepto—de la desemejanza de la raza sajona con la nuestra, que apenas si intentamos emular á los "primos." "Ellos son ellos" y "nosotros somos nosotros." Los americanos pueden á diario agigantar su población, su industria, su comercio, su perfección legislativa, su admirable equilibrio social y moral, sus recursos educativos.....para eso son sajones! Nosotros—que entre paréntesis somos mucho más viejos que ellos,— no podemos llegar á tanto. Hijos de una raza que hemos convenido en que es degenerada, inerme, débil, no debemos aspirar á tales milagros sino dentro de un tiempo indefinido, incalculable de una manera precisa, de un tiempo que ha de venir... cuando Dios quiera! (que querrí lo más tarde posible), y así nos consolamos sin aguijonear nuestra indolencia, nuestra santa indolencia, nuestra divina indolencia, que es ya una institución que tiene por cimientos tres siglos de "laisser faire," tres siglos de creencia en que no se mueve la hoja del árbol sin la voluntad de Dios; tres siglos de milagro oficial, digámoslo así, del cual no podemos salirnos del todo, á pesar de la sacudida que intentan darnos los hombres de progreso que están en el poder.

Fijémonos en un hecho determinado: el empleo de nuestros capitales. ¿Por qué en México se construye de preferencia á cualquiera otro negocio? ¿Porque las casas dan un buen rédito? No, señor, puesto que ni siquiera procuramos construirlas de manera que rinden los Amejores resultados posibles, y este inconveniente ya lo hemos acusado muchas veces en en EL IMPARCIAL. Aquí construimos de preferencia por hábito tradicional, por timidez, por negligencia, por horror á agitar y espolear nuestras energías en empresas de más fruto, pero de más audacia; por heredismo colonial, por pasividad rentística, porque no podemos salir del todo del clásico "negocio de la viuda," del legendario usufructo familiar.

Es cierto, los yanquis rayan por todas partes su país con las paralelas de acero, lanzan al mar centenares de vapores crean cien industrias diarias, ensayan todos los procedimientos que pueden ser productores de riquezas, pero son yanquis, es decir, raza privilegiada, raza superior á la nuestra, de otra esencia, extra-humana, de otro barro, de otra naturaleza. Nosotros nos contentamos con una ironica admiración llena de platonismo ó nos decimos con ingenuidades de colegiala, que somos aún muy niños para empresas tamañas, y esperamos que el porvenir nos destete.....

Y esto es absurdo; es absurdo ese título de "más fuerte" dado á priori á una nación, por otra nación que tiene sangre en las venas, que puede corregir los inveterados vicios de su carácter, que puede sacudir la horrible tutela de su viejo y anémico sentido común. Razonemos, no según prejuicios hereditarios ni según leyes de arcaica moralidad, que no pueden ser leyes, pues que lo propio de las laves es no poder ser corregidas, porque con unos y otros no se va á parte alguna. Razonemos según las leyes dinámicas que son absolutas, y de acuerdo con ellas convengamos en que los estados de fuerza de un pueblo, son absolutamente variables. Todos los días vemos en el mundo un país viejo que se sobrepone á uno joven, merced á la intensidad de su esfuerzo. Hoy por hoy. no hay en la tierra razas inútiles en las cuales estén agotadas toda virtud y toda savia. No hay más que razas que quieren luchar y razas retardatarias que se encierran y confinan en su esfera tradicional.

La raza latina, no es más vieja que la sajona, ni menos fuerte que ella. Es una raza llena aún de vigores y á la cual ha encadenado como una tela de araña bien tupida puede encadenar á un gigante, la red sutil de un tradicionalismo inútil. El tradicionalismo: "voilá l'ennemi!" Por qué hemos de contentarnos en México con el triste papel de imitadores perennes y anémicos de los vicios extranjeros y no de las extranjeras virtudes? Ha llegado el tiempo en que se predique á la nación este gran principio: "Es preciso creer en sí mismo" para lograr algo en la vida. El país se abre á todos los esfuerzos-leales y vigorosos como un gran campo lleno de humus benéficos y dispuesto á devolver el ciento por uno.

Basta ya de empresas tímidas, de viejos prejuicios acerca del empleo del capital, de vacilaciones dolorosas, de amores tradicionales al dinero basado en sillares berroqueños ó haciendas feudales. No hay negocio malo cuando se tiene constancia para llevarlo á cabo y una dosis suficiente de audacia para no amilanarse ante las dificultades. ¿Queremos un país todo nuestro? Pues tengamos empresas nuestras. ¿Queremos empresas nuestras? Pues abdiquemos del tradicionalismo.

„Instintivamente, cuando de incremento político, social o moral se trata, volvemos los ojos hacia aquellos países que siendo hermanos del nuestro por la raza, al nuestro afines por los elementos de que pueden echar mano, al nuestro análogos aún por los defectos hereditarios, nos proporcionan acertado parangón, nos estimulan si han realizado adelantos superiores al nuestro, nos aleccionan dejándonos ver los medios de que se han valido, y nos humillan instintivamente con la palpable elocuencia de fines logrados más ampliamente que los que nosotros nos propusiéramos".

Nach dem Vergleich zwischen den USA und Mexiko kommt der Verfasser zu dem Ergebnis, daß in Mexiko nichts geschieht, da der Mexikaner, obwohl älter in der Geschichte, dem Nachbarn alles und sich nichts zutraut. Er vergleicht die beiden Rassen:

„La raza latina no es más vieja que la sajona[55], ni menos fuerte que ella. Es una raza llena aún de vigores y a la cual ha encadenado, como una tela de araña bien tupida puede encadenar a un gigante, la red sutil de un tradicionalismo inútil".

Der Verfasser ermuntert dann seine Landsleute, sich auf sich selbst zu besinnen, dem Traditionalismus den Rücken zu kehren und einen nationalen Unternehmungsgeist zu entwickeln.

„¿Queremos un país todo nuestro? Pues, tengamos empresas nuestras. ¿Queremos empresas nuestras? Pues, abdiquemos del tradicionalismo".

b) für eine zentral gelenkte Industrie
„El regionalismo – contra la industria nacional", erschienen in der Tageszeitung *El Imparcial* vom 2.3.1900 (s.S. 47–48).

„Es objeto de comentarios entre los industriales la guerra que en cierto Estado se hace a los productos de otros Estados, restaurando bajo formas nuevas la antigua política de proteccionismo interior, tan nociva a los adelantos de la industria nacional, como contraria a las libertades que otorga la Constitución".

und später

„Por fuertes que sean los lazos de unión entre los Estados . . . las fuerzas disolventes con (son) poderosas, y para contrariarlas, es necesario una gran suma de tendencias, de leyes y de intereses unificadores, sin los cuales se pierde la noción y el deseo de unión nacional, en competencias regionales".

---

55 Zuerst sagt der Verfasser: „Nosotros – que entre paréntesis somos mucho más viejos que ellos – no podemos llegar a tanto". Mit „viejo" verweist er wohl auf die Geschichte und Tradition Mexikos im Gegensatz zu den USA.
Später schreibt der Verfasser: „La raza latina no es más vieja que la sajona" wohl um zu beweisen, daß die Kräfte des mexikanischen Volkes trotz aller Tradition bei weitem noch nicht verbraucht sind.

EL REGIONALISMO

Contra la industria nacional

Es objeto de comentarios entre los industriales la guerra que en cierto Estado se hace á los productos de otros Estados, restaurando bajo formas nuevas la antigua política de proteccionismo interior, tan nociva á los adelantos de la industria nacional, como contraria á las libertades que orga la Constitución. De hecho se ha formado un cordón prohibitivo que excluye la competencia entre productores mexicanos dentro del territorio de la República. Teniendo los efectos de esa competencia, una fábrica de cerveza ha obtenido de las autoridades locales la promulgación de ciertas disposiciones en cuya virtud queda á su arbitrio el imponer gravámenes interiores, enteramente prohibitivos, á los productos similares de otros Estados. Entre esas disposiciones figura una que faculta á la autoridad para imponer cuotas de $10 á $500 á los depósitos y expendios de cerveza. Ya se comprende que siendo el objeto del impuesto arbitrario, aplicarlo en beneficio de la industria local, las autoridades fijarán cuotas prohibitivas á los expendedores y agentes de las fábricas que se quiere excluir.

Esta restauración de los tributos, por más que sea un hecho aislado entre mil que se ajustan á los preceptos de la Constitución y á nuestra política liberal, alarma justamente á las empresas de buena fe que se atienen al mérito de sus productos para lanzarlos á la lucha de una libre concurrencia mercantil. Aunque hay en nuestras instituciones armas suficientes para romper esas ligas de productores, es un deber para la prensa señalar estos actos que obstruyen el camino de nuestro progreso económico.

∽

Cuando se fundó la Federación de los Estados Unidos, los autores de la Constitución ya sabían á qué atenerse sobre las dificultades que en cada entidad se oponen al desarrollo industrial de los Estados. Sus esfuerzos más vigorosos tendieron á crear una legislación cuyos preceptos impedían la formación de .ligas, fiscales entre un grupo de Estados y la Federación contra los demás Estados, como hubiera sucedido si los impuestos pudieran ser desiguales ó gravar sólo artículos de un Estado. Necesario era que los impuestos fueran uniformes en la Unión. que no hubiese privilegios para una región en detrimento de las otras, que no se favoreciese á uno ó varios puertos estableciendo circuitos forzosos de comercio, en fin, que las relaciones mercantiles de la Federación con las naciones extranjeras no constituyeran carga para unos Estados y beneficio privilegiado para otros. Consecuencia de estas disposiciones ha sido, en cuanta federación respetable se conoce, la prohibición de que las entidades dicten disposiciones cuyo efecto sea destruir la unidad de situación en las relaciones mercantiles internacionales ó crear sistemas de trabas recíprocas. Story

47

pinta ese estado de guerra: "Hemos visto que los Estados, lejos de proceder con unidad de acción y como una nación respecto á los países extranjeros, se aislaban y se oponían dificultades. De este modo llegamos á un malestar que destruía la Unión. La historia nos da las mismas enseñanzas. En Suiza, donde el vínculo federal era muy débil, se ha ordenado que los Cantones no impongan derechos á las mercancías de tránsito, y en Alemania una ley prohibía que los príncipes soberanos cobrasen peajes sin el consentimiento del Emperador ó de la Dieta. Sin la facultad de que el Gobierno federal reglamente el comercio interior, la reglamentación del comercio extranjero sería ineficaz é ilusoria."

Por fuertes que sean los lazos de unión entre los Estados y aunque éstos no hayan existido antes como colectividades del todo independientes, agrupadas después por intereses comunes en un gobierno federal, que es el caso de la nación vecina, las fuerzas disolvntes con poderosas, y para contrariarlas, es necesario una gran suma de tendencias, de leyes y de intereses unificadores, sin los cuales se pierde la noción y el deseo de unión nacional, en competencias regionales.

~o~.

En los últimos años, nuestras conquisas más fructuosas han consistido en la substración de fuerzas centrípetas á los Estados. La historia de sus tendencias á la disolución nos los muestra, en perpetua labor, tenaz y acaso inconsciente, contra los grandes beneficios de una estrecha solidaridad. En año de escasez los hemos visto decretando gravosísimos derechos de exportación á los cereales y en algunos de ellos prohibiéndola de un modo imperativo; los hemos visto contener el movimiento industrial con la imposición de contribuciones mineras exhorbitantes; y por último, cuando el país cruzó la última crisis, muchos de ellos opusieron serias resistencias al gobierno para mejorar las condiciones hacendarias, amagadas de graves riesgos por una situación que se salvó gracias á la gran suma de previsión, sensatez, energía y acierto del Jefe del Estado y á la confianza que en él depositó la nación, elevando sus miras sobre las tendencias mezquinas de los grupos regionalistas.

La obra está consolidada y se ha visto el éxito colosal de la política de equilibrio que ha impuesto al país un estado de solidaridad entre las entidades de la federación, afirmándolo con leyes y con actos. La desaparición de las alcabalas, las grandes vías de comunicación, las industrias que crean relaciones entre los Estados remotos, son lazos que no pueden romperse ya. En buena hora consumen algunos retarcatarios, algunas tentativas de regresión á los tiempos en que las hostilidades de campanario eran ley obligatoria y signo de un estado económico rudimentario; hoy la nación se levanta en el seno de una civilización que ha aprovechado, para edificar sus fábricas, los escombros del regionalismo desacreditado.

La constitución, la política de nuestros gobernantes, los intereses generales, la voluntad unánime del pueblo, hacen inútiles esas tentativas, y quien afronte la responsabilidad de levantar barreras á la industria de un Estado, no conseguirá sino un éxito momentáneo que no puede soportar mucho tiempo nuestro estado social.

LA INDUSTRIA EXTRANJERA
Y la mexicana

"MEZCLADORA DE JABON"

En nuestro número del domingo pasado, y en los artículos del "suplemento," que tienen por objeto dar cuenta de las industrias extranjeras que pueden implantarse entre nosotros, publicamos uno referente á la fabricación de jabón para tocador, que tan gran consumo tiene en todas partes.

Con motivo de ese artículo, fuimos invitados á convencernos, por nuestra propia vista, de que en México ya está perfectamente montada la maquinaria, mejor, ó por lo menos igual, á la que nos referíamos con anterioridad, siendo de advertir, que no de ahora, sino desde hace varios años, está en explotación, y con sus productos, se surten muchas casas de la República.

¿Cómo es—preguntamos al señor Novaro, conocido fabricante de perfumería—que no teníamos conocimiento de esta nueva industria?

La razón es clara—contestó.—No sé por qué hay aquí la costumbre de despreciar los productos de la industria que se elabora en México, en tanto que se paga bien todo lo que nos llega del extranjero. Por eso verá usted que, por ejemplo, los productos de los talleres de Bonetería del Hospicio de Pobres, tienen etiquetas francesas, y lo mismo nos vemos precisados á hacer todos los industriales que aquí residimos: mis jabones y mis perfumes, contra mi voluntad, por que quisiera que se apreciara el adelanto del país en todos esos ramos de actividad, llevan siempre etiqueta en idioma extranjero, por más que la mercancía es tan mexicana como usted y las máquinas, mejores que las que se suelen presentar como modelo.

Efectivamente, la "mezcladora de jabón," cuyo grabado publicamos, y las demás máquinas que vimos en la casa del señor Novaro, y de las cuales nos ocuparemos en otra ocasión, nada tienen que envidiar á las extranjeras.

De paso, haremos notar que aunque en esta ocasión no es nuestro propósito ocuparnos detenidamente de la fábrica del activo industrial, señor Novaro, en su laboratorio y talleres vimos que reina envidiable orden entre los muchos obreros de ambos sexos que allí tienen trabajo.

La máquina que representa el grabado, fabrica 200 docenas al día, con un trabajo de 10 horas.

Wenn wir dieses neue Konzept auf die Industrie und den Einzelhändler übertragen, so verstehen wir auch die Klage eines Seifen- und Parfümherstellers, der seine Ware nur unter ausländischem Namen verkaufen kann, da die nationalen Produkte, die unter mexikanischem Namen laufen, für den mexikanischen Käufer unattraktiv sind:

„La industria extranjera y la mexicana", erschienen in der Tageszeitung *El Imparcial* vom 11. 2. 1900 (s. S. 49).

„¿Cómo es – preguntamos al señor Novar, conocido fabricante de perfumería – que no teníamos conocimiento de esta nueva industria? La razón es clara – contestó – no sé por qué hay aquí la costumbre de despreciar los productos de la industria que se elabora en el país, en tanto que se paga bien todo lo que nos llega del extranjero. Por eso verá usted que, por ejemplo, los productos de los talleres de Bonetería del Hospicio de Pobres, tienen etiquetas francesas, y lo mismo nos vemos precisados a hacer todos los industriales que aquí residimos: mis jabones y mis perfumes, contra mi voluntad, porque quisiera que se apreciara el adelanto del país en todos esos ramos de actividad, llevan siempre etiqueta en idioma extranjero, por más que la mercancía es tan mexicana como usted y las máquinas, mejores que las que se suelen presentar como modelo"[56].

Der stark nationale Ton dieses Artikels fällt auf. Einen Niederschlag dieser Tendenzen im Bereich der Reklamesprache finden wir denn auch schon in demselben Jahr, 1900: die Bierfabrik Moctezuma weist in ihrer Anzeige darauf hin, daß ihr Bier das beste des Landes ist (*El Imparcial* vom 18. 2. 1900 (s. S. 51).

Und in einer Anzeige, zusammen mit einer Bildgeschichte[57], erscheint von derselben Bierfabrik folgender Werbesatz:

„La mejor cerveza de la República es la de Moctezuma-Orizaba" (*El Imparcial* vom 10. 1. 1900) (s. S. 52).

Es dauert allerdings noch ein Jahr, bis diese nationale Tendenz in der Reklamesprache voll zum Ausdruck kommt: die nationale Ölgesellschaft „El Aguila", die 1909 noch annoncierte:

„Nuestro sin Rival Petróleo; el mejor de los mejores". (*El Imparcial* vom 5. 1. 1909) (s. S. 54).

wirbt genau ein Jahr später, zusammen mit einer Fabel[58], für ihre Produkte (s. S. 53).

---

56 Dieser Artikel ist ebenfalls wichtig für das Kapitel „Die Entstehung des nationalen Markennamens" (7.1.1).
57 Vergleiche das Kapitel über die Entstehung des Slogans in Mexiko (1.1).
58 Vergleiche das Kapitel über die Entstehung des Slogans in Mexiko (1.1).

=Cerveceria Moctezuma S. A.=

Orizaba, Veracruz

Esta Fábrica ha sido agraciada con el Primer Premio y Medalla de Oro en el Concurso Industrial celebrado el mes pasado en la Ciudad de León, Guanajuato.

La mejor Cerveza en el país; es de excelentísimo gusto y de absoluta pureza, fabricada de los mejores materiales y con el mayor esmero, garantizada, sin ingredientes nocivos a la salud.

—"NUNCA DEJA DE GUSTAR"—

MARCAS

"Moctezuma-Superior"   (Cerveza clara)
"X. X. X."   al estilo de Baviera   (Cerveza oscura)
"X. X."   "   "   (Cerveza oscura)
"Pilsner El Sol"   "   "   clara)
      "   "

De venta en todas las Cantinas, Restaurants y Tiendas de Abarrotes

Agencias en todos los Estados de la República.~~~Agencia para el Distrito Federal en Mexico: PUENTE DE CARRETONES NUM. 1044 (Plazuela del Risco)

EMILIO SHEFSKY, Agente General.

CAPITAL SOCIAL:
$ 6.500,000

EL BUEN TONO, S. A.
MEXICO.

Segunda Colección No. 6 3
DIRECTOR GENERAL:
E. PUGIBET

Lulú Wilson, la elegante miss, está muy preocupada, porque ha cumplido los cuarenta sin que nadie le haya dicho «lindos ojos tienes» y empieza á abrigar serios temores de quedarse para vestir santos.

A fuerza de machacarse el cacúmen, cree encontrar una idea salvadora é invita á todas las señoritas de New-York, que sientan vocación por el matrimonio, á que concurran á lo que ella llama «El Congreso de disponibles.

Reunidas en gran número las congresistas, Lulú, después de poner de manifiesto lo perjudicial de ciertas añejas costumbres, propone que se rompa con ellas y que para lo sucesivo, sea la mujer la iniciadora en cuestión de amores.

La idea es acogida con entusiasmo, y una vieja miss, que hace medio siglo suspira por el «álamo,» opina que tal idea debe ponerse en práctica solamente cuando el preferido sea un fumador de cigarros del Buen Tono, S. A.

Aprobada la adición por unanimidad, cada miss se marchó por su lado al mismo tiempo que Cantarrana el fenómeno, salía de su casa saboreando un riquísimo cigarro Alfonso XIII.

El buen hombre, convencido de que le había tocado batir el record de la fealdad, en lo que menos pensaba era en amores. ¡Júzguese su sorpresa al ver que Lulú le daba alcance y se le declaraba con la mayor fogosidad!

¿Qué había de hacer el fenómeno sino dar el sí? y lo dió con toda su alma, incontinenti se firmó el contrato, comprometiéndose el novio á entregar á su futura todos los «Registros 12» que tuviera en casa.

Una vez que los hubo bendecido el pastor, los flamantes esposos después de tomar un vaso de Cerveza Moctezuma, montaron en su auto y muy gozosos emprendieron el viaje de bodas.

Ahora no hay en New-York matrimonio más dichoso que el de Cantarrana, y como no hay hombre que no fume Alfonso XIII, las pretendientas andan atareadísimas en la difícil maniobra de declararse á sus futuros.

El Final del Matasiete

NUM. VIII.

Nunca un ave de corral
vencerá al águila real
porque ésta, que es soberana,
tiene el cariño especial
de la Nación Mexicana.

(De la Fábula "El Aguila y El Gallo.")

La fábula completa de 28 quintillas, en lujoso folleto, se distribuirá GRATIS al público en los siguientes establecimientos: RETES Y BIANCHI, callejón del Espíritu Santo 6. "EL ANUNCIADOR COMERCIAL," Av. del 5 de Mayo 37. IMPRENTA DE LEON SANCHEZ, Cerrada de la Misericordia 11. Casa MARCIAL IBARRA, 2a. Pila Seca 5. IMPRENTA DE GALAS, Regina 2. BOTICA MORELOS, 2a. de Lecumberri No. 2, como también en nuestras oficinas, Avenida Juárez 92, y en todos los expendios donde se venda nuestro Petróleo "AURORA," marca "EL AGUILA."

Cía. Mexicana de Petróleo "El Aguila," S. A.

Hier wird ganz bewußt der nationale Käufer angesprochen. Einen Tag später annonciert dieselbe Ölgesellschaft wieder für ihre Produkte – dieses Mal zusammen mit einer Karte von Mexiko, einem Charro[59] und der Abbildung des mexikanischen Wappenschildes (*El Imparcial* vom 6. 1. 1900) (s. S. 55)[60].

---

59 Vergleiche die erste Annonce von *Pemex* 1939, kurz nach der Neuschöpfung dieses Namens (1938) – ebenfalls mit Charro (S. 120).

60 Der Adler hat für Mexiko eine besondere Bedeutung: Nach einer Nahuatllegende sollte auf Befehl ihres Gottes der Wohnsitz der *Mexicas* dort gegründet werden, wo der Nomadenstamm einen eine Schlange verzehrenden und auf einem Nopal sitzenden Adler anträfe. Derselben Legende nach soll diese Prophezeiung auch eingetroffen sein – dort wo sich die heutige Hauptstadt befindet. Der Adler ist in der beschriebenen Position auf dem mexikanischen Wappen abgebildet.

54

Die Ölgesellschaft fügt dieses Mal dem Text einen Slogan bei, den die Gesellschaft dann im folgenden über Jahre hinweg beibehält:

„Si no es del Aguila no es nacional"

Ende desselben Monats, zusammen mit einem Charro, auf dessen Schulter ein Adler sitzt und zu dessen Füßen neben einem Nopal der Blick auf die Stadt Mexiko sichtbar wird, erscheint von derselben Ölgesellschaft eine weitere Anzeige (s. S. 57).

Am 13. 2. 1910 setzt dieselbe Ölgesellschaft ihre Werbekampagne fort — sie veröffentlicht eine Anzeige unter dem Titel „Difamadores de México", in der sie die amerikanische Ölgesellschaft „Standard Oil Co." beschuldigt, eine Verleumdungskampagne gegen Mexiko und die Mexikaner zu führen. Gleichzeitig wird natürlich empfohlen, nicht die ausländischen Produkte, sondern die vorzüglichen nationalen Erzeugnisse zu kaufen (*El Imparcial* vom 13. 1. 1910) (s. S. 58).

Was kann man diesen Dokumenten entnehmen?

a) Offensichtlich steht der Niederschlag des nationalen Gefühls in der Reklamesprache im Zusammenhang mit dem politischen Geschehen um die Jahrhundertwende und kommt definitiv zum Ausbruch mit dem Beginn der mexikanischen Revolution (1910–1917),

b) zum Durchbruch kommt diese Tendenz in der Reklamesprache — obwohl schon vorbereitet durch die Anzeigen der Bierfabrik Moctezuma — aufgrund der nationalen Reklame der mexikanischen Ölgesellschaft „El Aguila"[61].

Verfolgen wir die Spur weiter, so kommen wir zu dem Jahr 1938 als dem Jahr der Nationalisierung des Erdöls durch Lázaro Cárdenas. Fausto Fernández Ponte bezeichnet in einem im *Excelsior* erschienenen Artikel die Enteignung des Erdöls als letzten Akt der mexikanischen Revolution[63].

Dieser für Mexiko historisch wichtige Schritt führt sowohl zu positiven als auch zu negativ-warnenden Reaktionen in der Presse:

---

61 Am 27. 3. 1938, aus Anlaß der Nationalisierung des Petroleums, veröffentlicht *Excelsior* einen Artikel „La Historia del Petróleo en México". Wir erfahren darin, daß die Chronisten Fray Bernardino de Sahagún und Fray Francisco Ximénez über den Gebrauch des „chapopote" (Teer) im vorspanischen Mexiko berichteten. Er wurde damals „chapuputli", d. h. guter Geruch, genannt und von den Eingeborenen als Medikament oder als Zahnpaste verwendet.
Ximénez: „Cómpranlo las damas mexicanas para maxcarlo o traerlo en la boca porque limpia y conforta los dientes".
Ximénez präzisiert später, daß allerdings nur unverheiratete Frauen das Recht hatten, öffentlich den „chapopote" zu kauen.
63 Diorama de la Cultura, *Excelsior* vom 13. 4. 1971.

57

'LOS DIFAMADORES DE MEXICO'

El gran escritor americano Alfred Henry Lewis, en un artículo titulado "Los Difamadores de México," publicado en el Cosmopolitan Magazine, acusa á la Standard Oil Co., ó al sea "trust" petrolífero norteamericano, de ser el autor anónimo de los viles como infundados ataques que contra México y los Mexicanos, se vienen haciendo en ciertas publicaciones de nuestra vecina República.

¿Que dicen á eso los mexicanos que con su óbolo, han estado sosteniendo por largos años á la Compañía que representa en México los intereses del Monopolio difamador?

No hay necesidad de patrocinar artículos inferiores extranjeros.

Demanden Uds. en toda la República los inmejorables Productos Nacionales: Petróleos "EXCELSIOR" y "AURORA" y la sin rival gasolina "NAFTOLINA," de la

Cía. Mexicana de Petróleo "El Aguila," S. A.

---

a) positive Reaktion im Inland: Eine ganzseitige Anzeige der „Distribuidora Mexicana S. A." in *Excelsior* vom 21. 3. 1938 (s. S. 59).

„Distribuidora Mexicana respalda la línea de conducta seguida por nuestro gobierno en el caso de las „Compañías Petroleras" y que tiende a la realización de la independencia económica de México, por la cual ésta ‚organización de mexicanos' ha luchado desde la iniciación de sus actividades, lo mismo con sus actos y su producción, que con la propaganda hecha en su órgano de publicidad ‚Sistemas y Equipos', y en toda la prensa de México".

DISTRIBUIDORA MEXICANA, S. A.

RESPALDA LA LINEA DE CONDUCTA SEGUIDA POR NUESTRO GOBIERNO, EN EL CASO DE LAS "COMPAÑIAS PETROLERAS", Y QUE TIENDE A LA REALIZACION DE LA INDEPENDENCIA ECONOMICA DE MEXICO, POR LA CUAL ESTA "ORGANIZACION DE MEXICANOS" HA LUCHADO DESDE LA INICIA-CION DE SUS ACTIVIDADES, LO MISMO CON SUS AC-TOS Y SU PRODUCCION. QUE CON LA PROPAGANDA HECHA EN SU ORGANO DE PUBLICIDAD "SISTE-MAS Y EQUIPOS", Y EN TODA LA PRENSA DE ME-XICO.

DESEAMOS QUE LAS MEDIDAS ADOPTADAS POR EL GOBIERNO DEL SEÑOR GENERAL CARDENAS, TENGAN UN COMPLETO EXITO, EN BENEFICIO DEL PUEBLO MEXICANO, QUE, ESTAMOS SEGUROS LO APOYA ENTUSIASTA Y UNANIMEMENTE EN EL PRESENTE CASO.

Ausschnitt

---

b) negative Reaktionen im Ausland, die dann mit einem Artikel in *Excelsior* beantwortet werden: mit der Ermahnung an das Volk, in dieser schwieri-gen Situation zum Präsidenten zu stehen:

„La utilidad de la angustia nacional" in *Excelsior* vom 31.3.1938 (s. S. 60).

59

EXCELSIOR
Página Editorial

La Utilidad de la Angustia Nacional

NUNCA nos hemos caracterizado por nuestra *unión mexicana*. Por determinadas razones antiguas y complejas, que tienen sus raíces en nuestras vicisitudes políticas a través del tiempo, los habitantes de la República no formamos una masa, un bloque, algo firme e inseparable que pudiera conceptuarse como la base indispensable de la nacionalidad. En más de una ocasión hemos puesto de manifiesto esta falta de comunidad de pensamientos y de sentimientos.

Tenemos otro punto flaco. Ciertos sectores nacionales, lesionados en sus intereses, no abrigarán simpatías por algunos regímenes, y esto, a lo largo del tiempo, ha producido un fenómeno que sería nada más curioso, si no entrañara mayores responsabilidades de orden ético y político. Consiste este fenómeno en nuestra falta de fe en nosotros mismos. ¿Cómo?, exclamarían en todos los pueblos de la tierra en que el patriotismo no es una palabra hueca. No es posible que se cometa semejante herejía. Y, sin embargo, es la verdad. Antes buscábamos todo lo producido en el extranjero y hacíamos a un lado lo producido en México. Nuestra industrialización actual—y el valor de los artículos extranjeros—nos ha hecho rectificar en este punto y otorgar la protección de nuestro consumo a los industriales nacionales. Y no podemos arrepentirnos. Son muchos los artículos fabricados en el país que tienen franca aceptación, ya no diremos aquí, sino en los Estados Unidos y en Europa.

Todavía, no obstante este éxito, permanece latente ese sentimiento que nos lleva, sin análisis, a considerar como superior lo que proviene de otras partes, y esto, también, en el lado humano del asunto. No vamos a negar superioridad de cultura y de preparación técnica; pero hay que convenir en que algunos extranjeros, que acá han podido desarrollar sus aptitudes mejor que en sus países de origen, no tienen otras miras, mientras permanecen entre nosotros, que aprovechar cuanto pueden para retirarse lo más pronto posible a "descansar de la tremenda aventura".

* * *

Pero debemos concretar nuestro punto de vista. No cabe duda que hemos pasado, y aún estamos pasando, por un estado de angustia más menos generalizado. Nos referimos de plano angustia que sobrecoge a todos los que tienen algo que perder o que, por lo menos, sienten venir las consecuencias de una depresión económica. Nos apresuramos a reconocer, por lo demás, que tienen absoluta razón. A nadie le gusta perder lo que ha obtenido, en más de un caso, a fuerza del trabajo honrado y tenaz de muchos años. Tales personas, por lo demás, perciben mejor que otras lo que acarrea una situación de escasez general. Donde no hay harina, todo es mohína. Y es la verdad. Las etapas de sacrificio colectivo amargan el ánimo y son malas consejeras.

Pero es indiscutible que la situación angustiosa presenta la oportunidad, cuando se hace obra de convencimiento con hechos patentes, de unir lo que no estaba unido y de apretar lazos que eran más aparentes que reales. De una situación comprometida puede venir una cohesión más firme y duradera. El egoísmo y el escepticismo suelen quedarse en segundo término y se da el caso de que la nacionalidad salga más pura y más fuerte de la prueba del fuego.

Hay, pues, que hacer algo en ese sentido.

Lo principal, lo que da resultado, no es la declamación patriotera; sino los actos de los personajes más visibles. Que haya sinceridad arriba y que las iniciativas que de arriba vengan correspondan a esa sinceridad, y se verá cómo responde el pueblo a lo que en tal forma se le presente y se le proponga. No habrá esas vacilaciones y esos titubeos que tan mal resultado han dado en pasos semejantes.

Uno de los párrafos del Manifiesto del Jefe del Departamento Central, publicado ayer, dice a la letra: "Al nacer del conocimiento público lo anterior (se refiere a la obligación que se reparte entre autoridades y particulares para encauzar y dirigir el movimiento hacia la liberación económica del país), creyendo interpretar con toda limpieza el sentimiento y fervor que agita al conglomerado de México en estos instantes de prueba histórica para el país, expreso mi más inquebrantable fe en el futuro de la patria, si el pueblo de México logra mantenerse en perfecta y consciente cohesión en torno del señor Presidente de la República, fiel intérprete de nuestras necesidades y de nuestros derechos, pudiendo asegurar que en esta forma daremos el tonificante espectáculo a todo el mundo, de estar robusteciendo nuestra nacionalidad hasta vincularla sobre bases de una economía inspirada en la más elocuente justicia colectiva."

En ello estriba el buen resultado de cualquiera situación política: en la fuerza de la unión sin distingos y sin prejuicios de ninguna índole. Así hemos visto salir triunfantes a muchos pueblos de situaciones mucho más difíciles que la nuestra.

Esta es *la utilidad de la angustia nacional* que percibimos en estos momentos. Si las autoridades saben comportarse en tal forma que el pueblo quede convencido de la buena fe con que se procede y si, en los manejos de las aportaciones efectivas, se transparenta la honorabilidad y la rectitud de propósitos, no se malogrará el impulso patriótico que ha recorrido la República. Y de este sentimiento colectivo debe resultar un afianzamiento de los principios democráticos dentro de nuestras fronteras y un mejor entendimiento con todos los pueblos de la tierra.

„De una situación comprometida puede venir una cohesión más firme y duradera. El egoismo y el escepticismo suelen quedarse en segunde término y se da el caso de que la nacionalidad salga más pura y más fuerte de la prueba del fuego".

In dem Jahr der Nationalisierung wird *Petróleos de México* zu *Pemex*[64]. Und in diesem Jahr haben wir allein in dem Monat März, dem Monat der Ölnationalisierung, 14 national motivierte Werbeslogans im *Excelsior*:

2. 3. 1938	Wampole: Más de 40 años de éxito en México
2. 3. 1938	Capitalizador, Banco de Ahorros: El primer banco capitalizador fundado en México
8. 3. 1938	Ford: El único automóvil armado en México
9. 3. 1938	Editorial Pax: El libro que esperaba todo México
9. 3. 1938	La Liebre: Un surtido como no se había visto en México hasta ahora
10. 3. 1938	Sombreros: La cortesía mexicana exige pulcritud en el vestir[65]
13. 3. 1938	Proto: La maquinaria agrícola de fabricación mexicana Proto: „Fordson", el tractor ideal para México
13. 3. 1938	La Princesa: El mejor surtido de todo México
17. 3. 1938	Rubio: La mejor academia de México
18. 3. 1938	Remington: La Remington es la máquina de todas las empresas importantes de la República
18. 3. 1938	Flecha Roja: Al servicio de todo México
21. 3. 1938	Distribuidora Mexicana: Una organización de mexicanos
27. 3. 1938	Superllanta Oxo: Es un triunfo legítimo de México

4.1.2   Diachronischer Vergleich der drei Branchenlisten:

1900–1938   Hemeroteca (H)
1935–1965   Ferrer (F)
1970–1972   eigene Sammlung (Z)

In dem Branchenregister (S. 177 ff.) werden drei verschiedene Listen aufrechterhalten, um einen diachronischen Vergleich möglich zu machen:

a) 1900–1938 (H)

Diese Liste enthält das Material, das den Zeitschriften und Zeitungen der *Hemeroteca Nacional* entnommen wurde. In diesen ersten national motivierten Slogans finden wir schon alle Ansätze zu den Tendenzen, über die in den vorhergehenden Kapiteln gesprochen wurde (Konstruktion des Satzes, Verwendung des Superlatives u. a.). Die ersten Slogans zeigen einen

---

64 Vergleiche das Kapitel über die Entstehung eines „leaderword" (7.1.2).
65 Dieser Slogan, da er ohne Angabe des Anzeigenaufgebers ist, wurde nicht in unsere Liste aufgenommen.

Reichtum an Phantasie, der mit den Jahren zurückgeht: sie verwenden Bildgeschichten, Fabeln usw. Sie sind ausführlich, vordergründig – volkstümlich[65].
Bereits 1917 werden die Slogans kürzer, schlagkräftiger:

18. 3. 1917   Excelsior: Diario de la vida nacional
19. 3. 1917   Co. Automotriz Mexicana: Modelo 75 B – el coche más potente de precio bajo
28. 3. 1917   Chapulinita: El mejor tequila del mundo

Vergleichen wir diese Slogans mit denjenigen aus dem Jahre 1938, so ist zu dem späteren Zeitpunkt schon eine bewußtere und raffiniertere Werbung zu erkennen:

243   Distribuidora Mexicana: Una organización de mexicanos
735   Superllanta Oxo: Es un triunfo legítimo de México
253   Editorial Pax: El libro que esperaba todo México
802   Wampole: Más de 40 años de éxito en México

b) 1935–1965 (F)

Diese Liste enthält das Material, das dem Buch Ferrers entnommen wurde. In unserem Interview[66] unterstreicht Ferrer, daß er zwar 1935 angefangen habe, Slogans zu sammeln, daß die Mehrzahl der Slogans aber aus den Jahren 1945–1965 stammt. In seiner Publikation fehlt jede Quellenangabe, was die historische Interpretation erschwert. Formal sind die Slogans denen aus dem Jahr 1938 sehr ähnlich; bestimmte Substantive wie *calidad, prestigio, tradición* und *gusto* sind für diese Zeitspanne typisch und kehren in den Slogans häufig wieder[67].

Die Ferrerliste erlaubt uns vor allem auch, dessen statistische Ergebnisse zu übernehmen. Im Anschluß an jede Branche dieser Liste wird folgende Aufstellung übernommen:

GS: Gesamtsumme
bezieht sich auf die Gesamtsumme der Slogans, die unter dieser Branche laufen und von der nur die Mex-Slogans wiedergegeben werden. Wir erhalten somit ein klares Bild über das Zahlenverhältnis von Mex-Slogan und nicht national motivierten Slogan.

VW: Die 6 am häufigsten vorkommenden Wörter in den Slogans dieser Branche. Da der Markenname nicht zählt, können wir folgende Aufstellung machen[68]:

---

65 Beispiele in dem vorhergehenden Kapitel.
66 Das Interview ist im Anhang wiedergegeben.
67 Vergleiche das Kapitel über das begleitende Wortfeld (2.2).
68 Vergleiche die Zusammenfassung zu dem Kapitel über die Satzkonstruktion mit dem Ferrerschen Dreieck (S. 42).

a) Wörter der Motivation

b) Wörter der Anwendung

c) Füllwörter, meistens Adjektive bzw. Superlative, in wenigen Fällen das unscheinbare Verb *ser*.

DS: Durchschnittsanzahl der Wörter pro Slogan in dieser Branche. Ferrer kommt − statistisch − auf einen Durchschnitt von 5−6 Wörtern pro Slogan in fast allen Branchen. Wir haben den Eindruck, daß für die Slogans, die sich auf *México* beziehen, dieser Durchschnitt etwas höher liegt: 6−8 Wörter pro Slogan[69].

c) 1970−1972 (Z)

Es ist eindeutig, daß der nationale Appell in dieser Zeitspanne nicht abgenommen hat. Ob er stärker geworden ist, ist schwer zu überprüfen an der Quantität der Slogans, die in 17 Monaten gesammelt wurden[70].

Im Gegensatz zu der vorhergehenden Liste Ferrers treten in diesen Jahren die „statischen" Wertsubstantive wie *calidad, tradición* usw. in den Hintergrund und werden ersetzt durch ein „dynamisches" Vokabular: *progreso, futuro, desarollo, exportación* und eine leichte Wiederbelebung des Verbs, z.B. *progresar, crecer, crear, exportar*[71]. Diese Tendenz entspricht ihrerseits einem „Imagewechsel" in der politischen Sphäre des Landes. Im Dezember 1970 löste Luis Echeverría Alvarez den vorhergehenden Präsidenten Diaz Ordaz ab − damit war ein Wechsel hin zu einer dynamischeren Auffassung der politischen Aktivität verbunden, die sich auch in der Presse (Zeitungsartikel) feststellen läßt.

4.2 Synchronische Aspekte

4.2.1 Der fortlaufende, auf Mexiko bezogene Text in der Anzeige

Eine Anzeige ist nicht nur ein Markenname, ist nicht nur ein Slogan − sie

---

69 Die von uns subjektiv zusammengestellten Beispiele appellstarker Solgans (3.5) enthalten im Durchschnitt weniger als 6 Wörter pro Slogan, manchmal auch nur 3−4, z.B.: 695 Sauza: El paladar de México, 606 Población: Por México . . . ¡siempre!

70 Anfangs bestand nicht die Absicht, den Mex-Slogan in die Arbeit aufzunehmen. Dies ergab sich erst aus der Arbeit über die Mex-Markennamen, die eine Ausweitung des Themas nahelegte. Der ursprünglich vorgesehene Titel der Arbeit war: „Die Wortbildung mit Hilfe des Nationalaffixes -mex- in der mexikanischen Reklamesprache". − Eine weitere Begrenzung des Materials ergab sich aus der Tatsache, daß die Werbung im Fernsehen so gut wie nicht berücksichtigt wurde.

71 Beispiele in dem Kapitel über das begleitende Wortfeld (2.2), wo eine chronologische Teilung für die beiden Listen vorgenommen wurde.

ist meist auch Bild, oft auch Ton und zuweilen auch ein fortlaufender Text.

Sowohl Ton als auch Bild werden in dieser Arbeit nicht berücksichtigt[72]. Was als Abschluß des Gesamtkapitels „Mex-Slogan" aber noch kurz am Rande betrachtet werden soll, ist der fortlaufende Text verschiedener Anzeigen[73].

a) Blanco[74]

Blanco ha cuidado siempre ofrecerle al pueblo de *México* los precios más bajos del mercado en las cantidades que su „Presupuesto Familiar" o ud. mismo requiera. Mañana en los diarios de *México* exhibiremos nuestra línea de precios que aseveran con hechos lo que ha sido nuestra meta desde hace más de 20 años, hacer llegar al pueblo de *México* nuestras mercancías con máxima calidad al mínimo precio.

b) Tres Estrellas de Lance[75]

La verdad es que ... cuando lo hecho en *México* está bien hecho, el mundo lo reconoce. La Harina de Arroz 3 Estrellas de Lance, orgullosamente *mexicana,* ha sido premiada con medalla de oro, en el concurso mundial de productos alimenticios, patrocinado por el gobierno de Bélgica y celebrado en Holanda.

---

72 Zur graphischen Darstellung einer Anzeige:
Auffallend ist, daß trotz national betontem Text die graphische Darstellung weitgehend „unmexikanisch" ist. So finden sich etwa, mit Ausnahme einer Maggi-Reklame, welche die aus dem Fernsehen bekannte „India Maria" („die gute Hausangestellte" par excellence!) in ihre Reklame aufnimmt, in großer Zahl blonde und blauäugige Personen in den mexikanischen Anzeigen – im Gegensatz zu dem Hauptprozentsatz der mexikanischen Bevölkerung, die sich aus Indios, Weißen und Mestizen zusammensetzt.
Ein typisches Beispiel für diese Reklame stellt die Werbung der Bierfabrik „Superior" dar: sie spielt in ihren Slogans mit der Polysemie „rubia", was sowohl ein helles Bier als auch ein blondes Mädchen sein kann (auf der Anzeige wird beides abgebildet!): Superior: la rubia de categoría (Slogan von vor 10 Jahren) Superior: la rubia que todos quieren (heutiger Slogan).

73 Einige Slogans, die aus *einem* Text stammen, wurden in unseren Listen getrennt aufgeführt, da sie innerhalb des Textes als voneinander unabhängige Slogans auftreten:
16/17, 18/19, 93/94, 106/107, 114/115, 619/620, 710/711, 744/745, 794/795.
Es wurden als Slogans auch einige „Begleittexte" aufgenommen, d. h. Texte, die nicht unter die Norm eines Slogans (1 Satz) fallen und doch keinen fortlaufenden Text darstellen:
360 High Life: Presenta el mes de México. Conozca el arte de México y vea como ese amoroso concepto se aplica a la producción industrial de trajes.
Visite High Life ... y admire el arte de México
In drei Fällen wurden jedoch unter *einer* Nummer mehrere Slogans untergebracht, da sie voneinander abhängige Teile eines fortlaufenden Textes sind:
101   Blanco
765   Tres Estrellas de Lance
785   Viejo Vergel

74 *Excelsior* vom 13. 4. 71. (Kennzeichnung durch Kursivschrift von Verf.).

75 *Excelsior* vom 21. 7. 71. (Kennzeichnung durch Kursivschrift von Verf.).

Esta distinción, a la vez que nos honra, nos llena de profundo agradecimiento hacía el pueblo de *México,* porque durante más de 50 años también nos ha premiado con su preferencia.

Para nosotros, éste es el más valioso premio y el más poderoso aliciente para seguirnos superando en toda nuestra línea de productos, contribuyendo así con nuestro más consciente esfuerzo a una mejor alimentación de todos los *mexicanos.*

c) Viejo Vergel[76]:

Nací bajo los verdes y oros de las Buenas Tierras del Vergel. A su rica savia debo mi gusto de origen. Y a mi noble crianza, una esmerada educación entre los mejores paladares. La madurez de mi juventud se sintió halagada en su primera y más exigente aceptación: la de los concedores *mexicanos.* Triunfante en ella, viajé fuera de la patria. Y en París, la capital coñaquera del mundo, recibí honores que nunca antes se habían otorgado a un brandy *mexicano.*

Con el año de 1971 fui sometido a una nueva y decisiva prueba de preferencia. Pasar por ella, habiendo logrado una demanda sin antecedentes en la historia vitivinícola *mexicana,* es un éxito que colma mi satisfacción.

¡Muchas gracias a todos mis buenos amigos!

d) Sauza[77]:

Sauza no inventa titulos de *mexicanidad* . . . están en la raiz de su origen y son emblema orgulloso de su escudo.

Sauza no necesita compararse a ninguna bebida importada. ¡El tequila es la bebida nacional por excelencia, como producto genuino del clima y la tierra de *México* . . . ! ¡Y Sauza es su marca más representativa! ¡De ahí que, siendo Sauza el tequila de más calidad que el mundo importa de *México,* es también y sobre todo – el tequila que más importa a los *mexicanos!*

Wir sehen, daß in jedem dieser Fälle der Text bewußt aufgebaut ist im Sinne einer durchgehenden Tonalität, die von dem ersten Satz bis zu dem letzten Wort konsequent durchgeführt wird. Um das Wort *México* ist mit viel Geschick und manchmal auch Aufwand ein Text konstruiert, der die Vorzüge des angepriesenen Produkts (in den vier Fällen überwiegt die Nahrungsmittelindustrie!) hervorhebt, dabei aber immer national bezogen bleibt.

Diese Texte suggerieren schon beim Lesen des ersten Satzes ein bestimmtes „Ambiente", so daß es den Leser nicht überrascht, in der Fortführung des Textes immer wieder auf dasselbe Motiv zurückgeführt zu werden. Die Wiederholung als reklamewirksames Mittel wurde schon in dem Kapitel „Satzbau" (3.1.1) behandelt – es trifft auch auf den fortlaufenden Text zu[78].

---

76 *Excelsior* vom 1. 3. 72. (Kennzeichnung durch Kursivschrift von Verf.).

77 Dieser Text wurde erst nach Abschluß der Listen aufgenommen (*Siempre* 28. 5. 1972, Kennzeichnung durch Kursivschrift von Verf.).

78 Auf eine weitergehende stilistische Auswertung muß hier verzichtet werden. Sie wäre Thema einer Arbeit über Werbetexte im allgemeinen.

4.2.2 Synchronischer Vergleich der Branchenaufteilung

In welchen Branchenbereichen treten die Mex-Slogans am häufigsten auf?

a) Da wir drei Listen aus verschiedenen Zeitspannen haben und diese wiederum quantitativ angelegt sind, können wir diese Frage zuerst historisch beantworten:

I 1900–1938 (H)

1. autos   3. ropa
2. petroléos   4. bebidas

Die Autos und Autoartikel stehen in diesem ersten Drittel des Jahrhunderts an erster Stelle, da sie als Neuheit eine besondere Attraktion und somit ein bevorzugtes Absatzprodukt und ein wichtiges Propagandaobjekt darstellen.

Die Erdölgesellschaften in ihrem Kampf gegen die amerikanischen Trusts, der 1938 mit der Nationalisierung endete, spielten eine entscheidende Rolle in der nationalen Wirtschaft und gaben denn auch den entscheidenden Anstoß in der Entwicklung des nationalen Slogans (4.1.1).

Kleidung und Getränke als Luxuskonsumgüter, zusätzlich zum Auto, bedürfen besonders der nationalen Werbung, da die ausländische Konkurrenz in dieser Branche besonders stark ist[79].

II 1935–1965 (F)

1. periódicos
2. restaurantes
3. vinos y aguardientes de uva
4. radiodifusoras

In dieser Zeit bemerken wir ein Hervortreten des nationalen Slogans im Bereich der Kommunikationsmedien: Zeitungen und Radiosender erscheinen unter den vier am meisten vertretenen Branchen. Daneben erscheint allerdings auch wieder das Luxuskonsumgut: Restaurants und Weinfirmen appellieren an den national gesinnten Konsumenten:

268   El Farolito: Un rincón bohemio en México
174   Club 45: El cognac nacional por excelencia

III 1970–1972 (Z)

1. bebidas
2. líneas aéreas

---

79 Natürlich bedient sich dann auch gerade die ausländische Konkurrenz dieses reklamewirksamen Tricks und annonciert ihre Produkte als mexikanische Ware:
355 Ford: El único automóvil armado en México
Weitere Beispiele für ausländische Firmen, die unter mexikanischem Namen Propaganda machen:
803, 39, 162, 342, 396, 743, 176, 343, 441, 790.

3. automóviles
4. ropa

Die Getränke stehen dieses Mal an erster Stelle; ansonsten ist die Zusammenstellung ähnlich wie in der ersten Liste: Autos und Kleidungsartikel erscheinen unter den ersten vier am häufigsten vertretenen Branchen.

Neu ist lediglich die Branche „Luftfahrtgesellschaften", hier an zweiter Stelle, gemäß dem derzeitigen Trend zum Flugzeug als Verkehrsmittel und dem damit verbundenen zahlreichen Angebot von Charter- und Linienflügen innerhalb des Touristengeschäftes:

18   Aeronaves: Crea en México, apoye a México, invierta en México
461   Lufthansa: Que planea sus tours para dar gusto al gusto mexicano

b) Vergleichen wir generell das Verhältnis der Branchen zueinander:

Die Brancheneinteilung Ferrers läßt uns nur schlecht ein klares Bild erhalten, da z. B. die Getränke auf 9 verschiedene kleinere Branchen und die Branche Bekleidungsindustrie auf nicht weniger als 13 Klein- bzw. Unterbranchen verteilt wurden. Fassen wir diese Kleinbranchen zusammen[80] und ziehen das Material aus H und Z hinzu, so kommen wir zu folgendem Ergebnis:

I.   Luxusgegenstände und -konsumgüter;   Getränke
                                               Kleidung
                                               Autos

II. Private Unternehmen;   Banken
                                               Baufirmen
                                               Geschäftsunternehmen[81]

III. Informationszentren (v.a. 1935–65);   Zeitungen
                                               Zeitschriften
                                               Radiosender

IV. Tourismus (v.a. 1970–72);   Luftfahrtgesellschaften
                                               Restaurants
                                               Hotels
                                               Nachtclubs

---

80 Zusammenfassung der Ferrer-Unterbranchen:
   Kleidungsartikel: tiendas de ropa, casimires, calzado caballero, camisas, sastrería y trajes, ropa hombre, zapatería, estambres, hilos, ropa mujer, ropa hombre, calzado damas, ropa caballero.
   Getränke: vinos, cervezas, tequilas, cafés, tés, rones, refrescos, leche, licores, sidras.
81 Hier werden alle Geschäfte zusammengefaßt, die Möbel, Fernseher, Radiogeräte, Bettwäsche, Büroartikel usw. verkaufen: almacenes, muebles, aparatos de hogar, televisores, abarrotes, alfombras, blancos, oficina.

Graphische Darstellung:

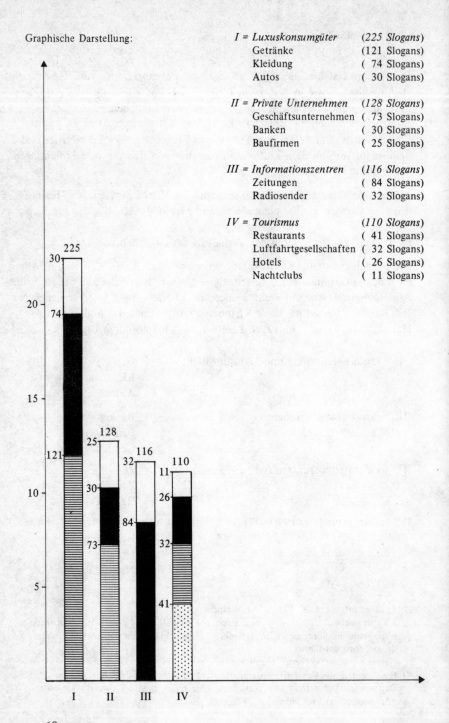

I = *Luxuskonsumgüter*   (*225 Slogans*)
Getränke   (121 Slogans)
Kleidung   (74 Slogans)
Autos   (30 Slogans)

II = *Private Unternehmen*   (*128 Slogans*)
Geschäftsunternehmen   (73 Slogans)
Banken   (30 Slogans)
Baufirmen   (25 Slogans)

III = *Informationszentren*   (*116 Slogans*)
Zeitungen   (84 Slogans)
Radiosender   (32 Slogans)

IV = *Tourismus*   (*110 Slogans*)
Restaurants   (41 Slogans)
Luftfahrtgesellschaften   (32 Slogans)
Hotels   (26 Slogans)
Nachtclubs   (11 Slogans)

B   LEXIKOLOGISCHE EBENE:
     KOMMERZIELLE BEZEICHNUNGEN, DIE MIT DEM AFFIX -MEX
     GEBILDET WERDEN

5.   Das Nationalaffix in der Reklamesprache

Haben wir in dem ersten Teil der Arbeit die Nationalbezeichnung innerhalb
eines Kontextes, dem Werbeslogan, betrachtet, so gilt der zweite Teil unserer
Arbeit der Nationalbezeichnung im Marken- und Firmennamen. Wir begeben
uns also von der syntaktischen Einheit des Satzes auf die lexikologische Ebene der kommerziellen Bezeichnung.

Borsoi untersucht in seiner Dissertation über die Markennamen in Lateinamerika[1] die Wortbildung aus phonologischer, morphologischer, syntaktischer
und semantischer Sicht. Eine der Fragen, die in diesem Zusammenhang unge-
löst bleiben, ist die Frage nach der nationalen Äußerung in den kommerziellen Bezeichnungen Lateinamerikas[2].

Dieser Gesichtspunkt, der das Thema unserer Arbeit darstellt, scheint vor
allem im lexikologischen Bereich die mexikanische Grenze zu überschreiten
und für Mittel- und Südamerika in gleicher Weise wichtig zu sein[3]. Die Ergebnisse unserer Arbeit sollten deshalb nicht isoliert, sondern im Zusammenhang einer lateinamerikanischen Entwicklung gesehen werden.

Ebenso wie auf der syntaktischen Ebene beschränken wir uns nicht ausschließlich auf die semantische Untersuchung, sondern betrachten zuerst die
Entstehung und die Erscheinungsformen des mexikanischen Nationalaffixes,
gehen dann zu Fragen des *signifiant* und des *signifié* des Basislexems über,
um in einem letzten Kapitel den Marken- und Firmennamen als lexikalische
Einheit zu analysieren.

5.1   Die doppelte Funktion des Nationalaffixes: Werbung und Information

Es scheint, daß das Nationalaffix zweierlei Funktionen zu erfüllen hat. An
erster Stelle steht die Werbefunktion, d. h. der Käufer soll auf die nationale
Herkunft des Produktes aufmerksam gemacht und dadurch zum Kauf bewegt
werden.

Die Werbeslogans aus den 30iger Jahren in Europa „achetez français" auf
der einen Seite des Kanals und „buy british" auf der anderen Seite kennzeichnen sehr gut, was wir damit meinen. Der Appell an die Kaufkraft der Nation

---

1 Edward E. Borsoi, A linguistic analysis of trade names in American-Spanish, Univ.
   of Illinois 1967.
2 Wenn auch Borsoi die Nationalaffixe am Rande erwähnt im Zusammenhang mit
   morphologischen (S. 58) und phonologischen (S. 75) Aspekten.
3 Vergleiche die Liste lateinamerikanischer Namen im Anhang (S. 137–141).

in Zeiten wirtschaftlicher Krisen ist ein reklamewirksames Mittel bei dem Aufbau einer neuen Industrie. Ob auf staatlicher Ebene oder gelenkt von Privatunternehmen, die nationale Werbung ist in jedem Fall ein willkommenes Mittel, die ausländische Konkurrenz zugunsten des nationalen Produktes aus dem Weg zu schlagen; so beträgt in Mexiko der Import noch heute 70% des wirtschaftlichen Gesamthaushaltes[4], wobei zudem ein hoher Prozentsatz der Unternehmen verstaatlicht ist oder unter direkter staatlicher Kontrolle steht:

> Les pétroles, l'éléctricité, sont nationalisés, ainsi que les chemins de fer et les transports aériens. Une importante partie de la production pharmaceutique dépend de l'industrie nationale chemico-pharmaceutique. En outre, par l'intermédiaire de la «Nacional Financiera», l'Etat a des participations majoritaires ou minoritaires dans nombreux secteurs (sidérurgie, mécanique, chimie, textile, cinéma). La moitié des investissements globaux sont d'origine publique, et l'Etat contrôle sérieusement le crédit pour le secteur privé[5].

Der enge Zusammenhang zwischen nationaler Wirtschaft und dem Gebrauch des Nationalaffixes in der Reklamesprache spiegelt sich wider in den Firmennamen der Import- und Exportunternehmen:

321	Eximpomex	= exportación e importación
458	Imex	= importación
465	Importmex	= importación
659	Meximex	= importadores y exportadores

Daß eventuell auch ausländische Firmen bei dem Entstehen des Nationalaffixes mitgewirkt haben könnten, ist nicht auszuschließen. In diesem Falle scheint dann allerdings zusätzlich zu der Ausnutzung der nationalen Werbekraft im Ausland der Informationscharakter der Reklamesprache eine Rolle zu spielen – das ausländische Unternehmen gibt durch den Gebrauch des mexikanischen Nationalaffixes den geographischen Sitz seiner Niederlassung an[6]:

15	Agamex	= schwedische Firma „Aga“
132	Bowmex	= amerikanische Firma „Bowser“
138	Brumex	= „Brunswick de México“
215	Contimex	= belgische Firma „Contimeter“
235	Crolls Mex	= amerikanische Firma „Crolls“
316	Ess-Mex	= „Essex Corporation“
468	Inamex	= „Insurance Company of North America“

---

4 P. Drouin, Le Mexique a réussi son „décollage“ économique, Le Monde Hebd. 22, 1967. Diese Daten hatten sich bei Abschluß der Arbeit nicht wesentlich geändert.
5 ibid.
6 Der Name unter Beibehaltung des Grundwortes, ändert sich dann je nach der geographischen Lage der Filiale, z.B. Conti*bras* (*Bras*ilien) statt Conti*mex* (*Mex*iko).

70

474	Inductomex	=	„Inductotherm Western Ltd."
506	Jamex	=	amerikanische Firma „Jahn"
517	Kalmex	=	„Kalamazoo of México"
542	Lawsco Mex	=	„Los Angeles Water Softener Co."
609	Mexalco	=	„American Locomotive Co."
844	Rafmex	=	„Raffelson"
888	Scheramex	=	„Scheringer Arzneimittelfabrik"
889	Schulmex	=	„Schultz"
902	Sharmex	=	„Shar of México"
940	Tadmex	=	„Tailer and De Bastian"

Natürlich gehen Werbefunktion und Informationsfunktion in der Reklamesprache und somit auch im semantischen Bereich des Nationalaffixes ineinander über, so daß in nahezu allen Fällen der Firmen- und Markenname die doppelte Aufgabe der Werbung und der Information übernimmt.

5.2.1 Lexem oder Affix

Il n'y a pas de limites sûres entre la composition et la dérivation. La dérivation n'est souvent qu'une étape récente de la composition[7].

Die Frage, ob Lexem oder Affix, läßt sich bei dem mexikanischen Nationalaffix nicht mit Leichtigkeit bestimmen. Wenn wir mit Praninskas[8] annehmen, daß neben den gewöhnlichen Affixen „kommerzielle" Affixe existieren, beziehungsweise wenn wir die Einteilung Migliorinis in Präfixe und Suffixe sowie in Präfixoide und Suffixoide übernehmen[9], so wäre -mex ein kommerzielles Affix oder ein Affixoid.

Die Frage ist, ob wir mit solchen neuen Bezeichnungen das Problem auch wirklich lösen.

Es erscheint uns wichtiger, wie Dubois und Nyrop, die historische Entwicklung bei der Frage der Definition miteinzubeziehen:

Le rapprochement entre lexèmes et suffixes est légitime si l'on passe d'un point de vue synchronique à un point de vue diachronique. Les suffixes sont souvent issus directement de lexèmes ... Le suffixe adverbial -ment est sorti du latin mens, mentis. A un moment donné de l'histoire ils ont existé deux mots dans deux syntagmes différents: un terme ment (e) qui suivait dans une succession obligée un adjectif et un autre terme mens, dont le champs lexical s'est restreint aujourd'hui à mental (issu d'un bas latin mentalis). Le lexème s'est donc progressivement grammaticalisé[10].

---

7 K. Nyrop, Grammaire historique de la langue française, Kopenhagen 1930.
8 Praninskas, S. 50.
9 B. Migliorini, The contribution of the individual to language, Oxford 1952.
10 J. Dubois, Etudes sur la dérivation suffixale en français moderne et contemporain, Paris 1962, S. 3.

Dem Affix *-mex* liegt ein Lexem *México* oder *mexicano/a* zugrunde, das sich erst im Laufe der Zeit in ein Affix verwandelt hat: *Petróleos Mexicanos* wurde zu *Pemex*[11].

In einigen Fällen werden in demselben Text beide Formen angeführt. Dies geschieht etwa in den Fällen, in denen die Nationalisierung eines Unternehmens bekannt gemacht wird — wie im erwähnten Falle *Pemex*[12] oder im Falle der kürzlich nationalisierten Tabakgesellschaft[13] *Tabamex*.

Participación Estatal Mayoritaria
24% de Acciones a los Campesinos y 24% al Sector Privado; Conducto Unico de Venta y Exportación
Por ANTONIO ANDRADE, reportero de EXCELSIOR

El gobierno puso fin al monopolio extranjero del tabaco del país al crear ayer Tabacos Mexicanos, S. A., empresa de participación estatal mayoritaria en la que los campesinos tendrán 24 por ciento de las acciones. Este organismo se encargará de la regularización, industrialización y comercialización de dicho producto.

En una reunión en Los Pinos y en la que participaron representantes de los productores, industriales, comerciantes y exportadores del tabaco, lo mismo que funcionarios, gobernadores y estudiantes, el Presidente Echeverría firmó el decreto que autoriza la creación de esa empresa y que fija los lineamientos con los que operará.

Tabamex será el único conducto, conforme a ese mandato presidencial, para vender el tabaco al exterior y para que las compañías cigarreras adquieran el que necesiten para sus manufacturas.

Esta es la primera empresa de participación estatal mayoritaria en la que los campesinos son socios, pero el sector privado no quedó marginado: tendrá 24 por ciento de participación en el capital.

In einigen Fällen scheint das neue Affix noch Charakterzüge des selbständigen Lexems zu tragen:

1. Im Vergleich mit anderen auf Zusammensetzung beruhenden Markennamen

    449 Ibermex   entstanden aus   *México*

        Ibertex   entstanden aus   *tex*til

---

11 E. Pulgram weist im Englischen auf die nominale Herkunft der adverbbildenden Suffixe -ly und -wise hin (A socio-linguistic view of innovation: -ly and -wise, Word 24, 1968, S. 380–391).

12 Vergleiche Anzeige der *Petroleos Mexicanos* in dem Telefonbuch der „Compañia Telefónica y Telegráfica" aus dem Jahre 1938 (S. 120).

13 *Excelsior* vom 6. November 1972. Vergleiche auch das Kapitel über den Zusammenhang von Nationalisierung und Entstehen des Nationalaffixes (7.1.2).

2. In den Suffixzusammensetzungen

608 Mexal	=	México und Suffix -al
685 Mexor	=	México und Suffix -or

3. In den Adjektivzusammensetzungen

13 Aeromex	=	aero-
265 Diamex	=	diafono
262 Determex	=	detergente

Nationalitätsadjektive

399 Germex	=	germano-
369 Francomex	=	franco-
450 Ibero-Mex	=	ibero-
439 Hispa-Mex	=	hispano-

4. In den selbständigen, lexikalisierten Bildungen

592 Mex	=	alfileres
594 Mex	=	bombas
599 Mex	=	jabones
596 Mex	=	plomerías
595 Mex	=	droguerías
593 Mex	=	ropas

Die Frage:

> si le suffixe se délimite ainsi avec sa valeur propre, de quel droit le considérons nous comme d'une nature différente du lexème? [14]

läßt sich also auch für das -mex Affix nicht genau lösen[15]. Aber wenn Nyrop das Suffix definiert als

> syllabes spéciales qu'on peut détacher des mots dans lesquels ils se trouvent pour les joindre à d'autres mots[16],

so gibt er mit dieser weitgefaßten Definition die Möglichkeit, -mex als Nationalaffix zu bezeichnen trotz einer gewissen Nähe zum Lexem, von dem es sich hauptsächlich durch seine werbetechnische Funktion und den wortbildenden Gebrauch unterscheidet.

5.2.2   Präfixe, Infixe und Suffixe

Das Nationalaffix -mex erscheint in dreierlei Form: als Präfix, als Infix und als Suffix[17].

---

14 Dubois, S. 3.
15 Borsoi schreibt vorsichtig über -mex: „it appears to have the value of an affix".
  (S. 75).
16 Nyrop, S. 35.
17 Es gibt, in seltenen Fällen, auch andere Abkürzungen des Wortes México:
  a) als Suffix -exico: 587 Metexico
  b) als Präfix Mexi-: Diese Präfixe kamen schon früh auf (erste Bildung 1919), hat-

Den größten Anteil an den „Mexbildungen" hat dabei das Suffix, was unter anderem der größeren Suggestivkraft des Suffixes zuzuschreiben ist[18].

Suffixe sind, im Gegensatz zu den Präfixen, in den Markennamen stark verbreitet. Während die Präfixe in Markennamen im allgemeinen noch eine semantische Bedeutung haben, sind die Suffixe in dieser Beziehung meist bedeutungslos ... Sie haben nur eine phonetisch-ästhetische Aufgabe zu erfüllen, welcher aber werbepsychologisch gesehen eine entscheidende Bedeutung zukommen kann[19].

In demselben Sinne äußert sich Guérios:

Muito mais freqüente saõ os oniónimos dotados de sufixos, os quais se juntam a qualquer palavra, e naõ têm sentido definido[20].

Haffter seinerseits versucht, in einem Schema den semantischen Unterschied zwischen Präfix und Suffix auf Kontrastpaare zurückzuführen[21].

préfixe	*suffixe*
analyse	catégorie
détermination	généralisation
précision	instinct
intellect	impression
savant	populaire

Diese Charakteristiken des Suffixes kommen den Bedürfnissen der Reklamesprache in hohem Maße entgegen, denn

l'argumentation publicitaire recherchera d'avantage à émouvoir qu' à informer[22].

Ist es vor allem der Affektivgehalt, der den häufigen Gebrauch des Nationalsuffixes in der Reklamesprache motiviert, so sind eine diachronische Erklä-

---

ten aber nicht soviel Erfolg wie die Abkürzung *Mex-*, welche ihrerseits die sillabische Struktur nicht berücksichtigt: Mé-xi-co. Über die Bildungen mit dem Präfix *Mexi-* vergleiche auch das Kapitel über *i* als Bindevokal S. 92.
645 Mexi, 648 Mexi-Bras, 649 Mexi-Cola, 650 Mexicolor, 651 Mexicrafts,
652 Mexicreto, 653 Mexi-Cue, 654 Mexifrance, 655 Mexi-Freeze, 657 Mexilux,
661 Meximont, 662 Mexi-Moto, 667 Mexipica, 668 Mexiplast.
c) als Infix -me-: Vergleiche den Kommentar über Infixbildungen (S. 76–78).
18 Wir fanden insgesamt 102 Präfixbildungen; in Anbetracht der geringen Anzahl von Infixen ist das Übermaß der Bildungen (Gesamtzahl 1060) eindeutig in dem Bereich der Suffixbildung zu suchen.
19 Bieri, S. 122.
20 Mansur Guérios, Onionímia ou onomástica industrial, Estudo em homenagem a Cândido Jucá, Rio de Janeiro 1970, S. 187.
21 Pierre Haffter, Contribution à l'étude de la suffixation, Zürich 1956, S. 8.
22 E. Pichon, La vitalité de la suffixation, FM 7, 1939, S. 7–14, S. 12.

rung aus der Entstehung der nachgestellten Apposition beziehungsweise des nachgestellten Adjektivs (*Petróleos Mexicanos* wird zu *Pemex*) oder ein Einfluß des Reklamesuffixes *-ex* weitere wesentliche Faktoren bei dem Überwiegen des Suffixes gegenüber dem Präfix oder dem Infix.

In einigen Fällen werden auch Suffix- und Präfixbildungen zur Dokumentation einer Zusammengehörigkeit der Produkte oder Firmen variiert, etwa im Falle von *Ger-Mex* und *Mex-Ger* sowie *Mex-Art* und *Art-Mex*, wobei im ersten Falle die Aktionäre beider Firmen, im zweiten Falle die Branche konstant bleiben[23].

a) Präfixbildungen

Die Präfixbildungen entstehen in der Mehrzahl nach demselben Zusammensetzungsprozeß wie die noch ausführlicher zu behandelnden suffixalen Ableitungen. Einige Beispiele:

605	Mex-Abril	=	editorial
607	Mexairco	=	lubricantes
608	Mexal	=	representantes
609	Mexalco	=	locomotoras
611	Mexam	=	productos químicos
615	Mex-América	=	laboratorios químicos
616	Mexamérica	=	agencia de turismo
617	Mexamigo	=	pieles
623	Mex Art	=	curiosidades
624	Mex-Asbestos	=	asbestos
633	Mex-Clareol	=	minas
635	Mexcolor	=	telas
636	Mex Curios	=	curiosidades
638	Mexfibra	=	fibras
641	Mex-Fru	=	bebidas de frutas
644	Mexhogar	=	artículos eléctricos para el hogar

Das Präfix geht im allgemeinen seltener als das Suffix eine Synthese mit dem Grundwort ein. In vielen Fällen erscheint es nur mit einem Suffix und in anderen Fällen ist es mit dem oft unveränderten Grundwort nur durch einen Bindestrich verbunden. Man kann also dem Präfix eine größere Selbständigkeit als dem Suffix zusprechen. Was Galliot für die französische Reklamesprache feststellt, scheint sich auch in der mexikanischen Werbesprache zu bestätigen:

---

23 Vergleiche das Kapitel über die möglichen Variationen der Namensgebung innerhalb derselben Branche (7.2.1).

Dans la langue de la réclame comme dans la langue ordinaire le suffixe est étroitement lié au radical, constituant avec lui un tout indisociable ... il ne va pas tout à fait de même pour le préfixe: celui-ci est nettement plus indépendant[24].

b) Infixbildungen

Die Nationalinfixe der mexikanischen Reklamesprache stehen enger mit dem Suffix als mit dem Präfix in Verbindung. Malkiel definiert das Infix:

segmento siempre átono y sin significado propio, entre el radical y el sufijo de ciertos derivados,

oder, noch allgemeiner:

interfijo que sigue al radical y antecede el sufijo significativo[25].

Das bedeutungstragende Suffix ist in unserem Fall häufig die Abkürzung von „Sociedad Anónima": *SA*

a) etymologische Schreibung

| 37 | Almexsa | = | aluminio |
| 346 | Filmexsa | = | productos cinematográficos |

b) phonetische Schreibung

48	Amexa	=	pinturas de automóviles
206	Comexa	=	automóviles
276	Dimexa	=	papelerías
379	Funmexa	=	fundidores
461	Imexa	=	automóviles
718	Motormexa	=	distribuidora de automóviles
823	Promexa	=	automóviles
893	Sermexa	=	varios

c) Wegfall des -x-Konsonanten

152	Camesa	=	cables
201	Comesa	=	cocinas
853	Remesa	=	remolques

Andere bedeutungstragende Suffixe sind:

a) Suffixe aus der chemischen Industrie

| 121 | Bimexilal | = | -al (mit Gleitkonsonant „l") |
| 382 | Gammexane | = | -ane |

24 Galliot, S. 281.
25 Y. Malkiel, Los interfijos hispánicos, Miscel. Martinet II, 1958, S. 107.

b) Wortverkürzungen

| 50 | Amexder | = | importadores (-*der* bleibt ungeklärt) |
| 922 | So-Mex-Pal | = | sombreros de palma |

c) Überschneiden zweier Lexeme

51	Amexica	=	productos químicos (América-México)
806	Pomexpo	=	arena para limpiar bujías (producto mexicano de exportación?)
824	Promexport	=	equipo eléctrico (producto mexicano de exportación?)

d) ein eigenständiges Lexem schließt sich an

963	Temexcolor	=	técnicos en colores
993	Transmexvalor	=	transformadores
994	Tras-Mex Line	=	transportación marítima

5.3 Die Entstehung des Nationalaffixes

Die Entstehung des mit dem Nationalaffix zusammengesetzten Markennamens läßt sich in dem Gesamtrahmen der Reklamesuffixe auf -x am besten verfolgen.

5.3.1 Reklamesuffixe auf -ex

Sicher ist, daß der Verbreitung des mexikanischen Nationalaffixes ein wesentlicher Faktor zu Hilfe kam: die Vorzugsrolle, die auf -x endende Suffixe in der Reklamesprache einnehmen, im speziellen das internationale Reklamesuffix -*ex*[26].

Bieri weist darauf hin, daß das Suffix -*ex* in einer Vielzahl von Ländern als Reklamesuffix ohne semantischen Wert auftaucht[27].

Amerika:	Kleenex
Deutschland:	Correx
England:	Vapex

---

26 Hronová erwähnt diese Suffixe im Zusammenhang mit der französischen Reklamesprache: „Nous voudrions attirer l'attention sur le fait qu'il y a en français plusieurs suffixes spécifiquement publicitaires: -o, -ax, -ix, -ex, -ox, -ux, -yl, -il". (S. 107).
27 Bieri, S. 122. Prof. Bodo Müller (Gespräch vom 9. 2. 1973) verwies uns in diesem Zusammenhang auf drei wesentliche Gründe für die weite Verbreitung von -*ex*:
a) Transferierbarkeit, d. h. es handelt sich um eine Kombination, die phonetisch und phonematisch in allen Ländern vorkommt.
b) Geringe Frequenz dieser Bildung in der Normalsprache: die ungewöhnliche Bildung erregt Aufmerksamkeit.
c) Visueller Reizwert des Graphems „x" (vgl. auch die Rolle der Doppelkonsonanz und des „y"-Graphems in der mexikanischen Reklamesprache S. 88).

Frankreich:	Sylex
Schweiz:	Dörrex
Spanien:	Rodex

und Galliot schreibt über die Suffixe auf -x im allgemeinen:

> Sans signification la plupart du temps, elles représentent vraiment le type de formation publicitaire dans toute sa pureté[28].

Gegenüber den Suffixen *-ix, -ox, -ux, -ax* nimmt *-ex* das weiteste Feld in der Reklamesprache ein, und wenn die Frage seiner Herkunft auch bis heute noch nicht eindeutig gelöst ist, so gibt es doch eine große Anzahl von möglichen Herleitungen: Humery reiht das seit etwa dreißig Jahren ständig an Verbreitung zunehmende Reklamesuffix *-ex* in die Zahl der lateinischen Suffixe auf -x ein[29], während Bieri darauf hinweist, daß alle diese Endungen heute in keiner romanischen Sprache mehr lebendig sind und sehr wahrscheinlich für die Reklame neu geschaffen wurden[30].

Die Zurückführung auf die Endung der lateinischen Multiplicativa wie simpl*ex*, dupl*ex*, tripl*ex* erscheint jedoch ebenso unbefriedigend[31] wie die von Galliot vorgeschlagene Zurückführung auf lateinisch cod*ex*[32] oder die von Giese unterstützte These des Einflusses von lateinisch ind*ex*, pod*ex* und dem des Pflanzannamens il*ex*:

> Der Ausgangspunkt ist doch wohl in jenen auch in der Volkssprache so geläufigen Latinismen wie codex, index und dem aus der Lateinschule übernommenen podex zu suchen, wobei diese Wörter dem Volk als besonders vornehm erscheinen. Hinzu kommen etwa französisch complexe, aus complexus, der geläufige Pflanzenname ilex[33].

Bieri schlägt seinerseits eine phonetische Erklärung vor, die er in der ausgesprochenen Sonorität des Suffixes begründet sieht:

> So liegt denn die Vermutung nahe, daß *-ex* ganz einfach seiner Sonorität wegen für die Reklame entdeckt worden ist. Das Suffix ist inhaltlich völlig bedeutungslos, an keine Überlieferung gebunden. Darum wird es auch ganz willkürlich verwendet – ohne Spezialisierung auf irgendwelche Produkte[34].

Diese phonetische Interpretation wird von anderer Seite zumindest in Frage

---

28 Galliot, S. 278.
29 Humery, S. 88.
30 Bieri, S. 126.
31 Guérios schreibt ebenfalls: „-ax, -ex, -ix, -ox: talvez tenham origem em vocábulos latinos como audax, duplex, cervix, ferox". (S. 191).
32 Galliot, S. 275.
33 Giese, Rezension zu Bieri, Ein Beitrag zur Sprache der französischen Reklame, RF 66, S. 452.
34 Bieri, S. 126.

gestellt durch den Hinweis, daß in vielen Fällen doch auch das lateinische *ex-* im Sinne von „heraus" zugrunde liegen könnte, etwa bei Cutex, Ridex, Kleenex, Colorex. Ein Gesichtspunkt, der übrigens auch schon bei Bieri selbst aufgetaucht war im Zusammenhang mit dem Präfix *ex-*

Daß nämlich möglicherweise ein Präfix bei der Entstehung des Reklamesuffixes *-ex* Pate gestanden haben könnte, wird von verschiedenen Seiten positiv beantwortet – der meliorative Charakter, der dem Präfix *ex-* im Lateinischen beizuordnen ist, scheint diese Vermutung zu unterstützen[35].

Ist die Frage der Herkunft des Suffixes auch nicht eindeutig zu lösen, so erscheint die rasche Verbreitung im direkten Zusammenhang zu stehen mit der Wortverkürzung einiger Wörter superlativischen Charakters wie etwa *ex*cellent, das zumindest im Französischen, Spanischen und Englischen sehr geläufig ist, sowie weiteren Adjektiven wie *ex*traordinaire, *ex*clusif, *ex*cepcionel, *ex*travagant, *ex*centrique und das englische *ex*citing. Die Tendenz der Reklamesprache zu superlativischem Ausdruck, erkennbar etwa in der Vorliebe für superlativische Präfixe wie *extra-, super-, sur-, ultra-*, berechtigt zu dieser Annahme.

> La nécessité où chaque maison commerciale, chaque industrie, se trouve de faire face à une concurrence toujours plus dure a conduit la publicité à multiplier les *intensifs* qui sont particulièrement nombreux là où cette concurrence est la plus acharnée (appareils de radio, carburants, détersifs, accessoires de voitures, lignes de transport aérien)[36].

Die Verbreitung des Reklamesuffixes *-ex* wurde mit Sicherheit weiterhin unterstützt durch substantivische Wortverkürzungen, die dann als Suffixe in der Reklamesprache weitergeführt und zu neuen Bildungen gebraucht werden:

1. *-ex* entstanden aus *ex*port

Imporex	=	Import–Export
Impex	=	Import–Export

2. *-tex* entstanden aus *tex*til[37]

Angoratex	=	Angora Textil
Colortex	=	Color Textil
Calcetex	=	Calceta Textil

3. *-rex* entstanden aus lat. *rex*

Cal-O-Rex	=	Calor-Rex
Choco-Rex	=	Chocolate-Rex
Discorex	=	disco-rex

35 W. Koenig, Die Präfixe DIS-, DE- und EX- im Galloromanischen, Berliner Beiträge zur romanischen Philologie 5,1. Jena 1935, S. 28.
36 Dubois, S. 100.
37 Guérios irrt sich wohl, wenn er für das *-tex* Suffix ein lateinisches *texere* ansetzt (S. 187); näherliegend ist die Herkunft von *textil*.

4. a) *-flex* entstanden aus re*flex*
   Artiflex   =   Kontaktglas
   Semflex   =   Hersteller von Spiegelreflexen „Sem"

   b) *-flex* entstanden aus *flex*ible
   Duroflex
   Elastoflex
   Fixoflex
   Plasto Flex

5.3.2   Reklamesuffixe auf -x in Mexiko

In den Jahren 1900–1910, also in der vorrevolutionären Zeit des Profiriats, ist die mexikanische Reklamesprache — wie wir schon im Zusammenhang mit den Werbeslogans sahen — sehr vom Ausland beeinflußt. Nur selten wird Mexiko in der Namensgebung erwähnt und dies in den meisten Fällen auch nur von nicht mexikanischen Unternehmen: „Viva México" (Druckerei), „La Mexicana" (Brauerei), „El Mexicano" (Tequila).

Die ausländischen Unternehmer schrecken auch nicht davor zurück, in englischer, französischer oder deutscher Sprache ihr Produkt anzubieten: „Mexican Lunch" (Papiertüten), „Seeing Mexico" (Autoverleih), „Thé Mexicain" (Gesundheitstee) und andere.

Dieser Einfluß hätte aber wohl kaum ausgereicht, um das Aufkommen des mexikanischen Nationalaffixes einige Jahre später zu erklären. Es scheint viel eher, daß die politischen Umstände eine linguistische Entwicklung zum Durchbruch brachten, die bereits seit Jahren existierte: die Reklamesuffixe auf -x in Mexiko, die das mexikanische Nationalaffix zu Beginn des 20. Jahrhunderts aus der Taufe hoben.

Ende des 19. Jahrhunderts finden sich in den Zeitungen Mexikos zahlreiche Anzeigen pharmazeutischer Firmen, die für ihre Produkte werben (z. B. für abführende Mittel „Hesslimpiax", das sich vermutlich aus dem Eigennamen „Hess" sowie „limpiar" und dem Suffix -*ax* zusammensetzt)[38].

Erst zu Beginn des zweiten Jahrzehnts im 20. Jahrhundert nehmen auch andere Branchen die Namensbildung auf -x auf:

1910:   Climax (cerraduras), Plexo (unbekannt), Per-Oxo (agua oxigenada), Rex (artículos farmacéuticos), Flex-O (zapatos)
1911:   Ex-Celo (dulces), Latextor (aparato para sangrar árboles), Oxidaze (producto farmacéutico), Dexine (caucho), El Fénix (conservas), Oxypathy (oxigenadores), Alaxa (producto farmacéutico)

---

38 Guérios verweist ebenfalls auf die Wichtigkeit der pharmazeutischen Produkte für die Entwicklung der Namensgebung (S. 187–208).

In dem darauffolgenden Jahr, 1912, haben wir bereits eine Vielzahl von Markennamen mit -x:

1912:   Saxone, Pyxol, Gasolaxis, Rexal, Oxihidrol, Klaxon, Sexton, Extra, Laxin, Rex, Luxol . . .

Wir sehen, daß mit Vorliebe Wörter verwendet werden, die -x- in irgendeiner Form enthalten — es handelt sich noch nicht um Suffixe im eigentlichen Sinn.

Im Jahre 1913 kann man dagegen schon eine Unterscheidung zwischen den mit -ex zusammengesetzten Namen und den anderen Wortbildungen auf -x machen. Neben dem medizinischen Namen auf -ex erscheint die Abkürzung des Wortes textil, -tex:

1913:   -tex:
        Bontex, Textilose
        -ex:
        Hexal, Larexina
        -x:
        Biox-Ono, Fénix, Clix, Ixi, Knoxit, Relox, Dixi, Tuxedo, Cohixto, Phoenix, Dux, Lax-Fos

Fünf der erwähnten Markennamen stammen aus den USA: Bontex, Textilose, Knoxit, Dixi, Lax-Fos. Wir werden sehen, daß auch in den folgenden Jahren die USA einen entscheidenden Einfluß auf die Entwicklung der Markennamen mit -x genommen haben:

1917:   -ex (tex, rex, plex, flex, u. a.)
        Cutex (USA), Excelsior, Rex, Duplex (USA),
        Texaco (USA), Flexco (USA)
        -x:
        Maxwell (USA), Lux, Nuxado, Drilox (USA), Westclox (USA), Nixtharina, Duxbak (USA), Unax, Drilox, Super-Six (USA)

1918:   -ex (tex, flex, plex, rex u. a.)
        Textan (USA), Duratex (USA), Graflex (USA),
        Texto (USA), Twinplex (USA), Rexben
        -x:
        Phoenix (USA), Grant Six (USA), Maximum (USA), Tox Film (USA), Kolox (USA), Onyx (USA), Vitrox (USA), Pyrox (USA), Nuxifierro (USA), Bo Raxo (USA), Tox (USA), Hydromax (USA)

Aus der Liste geht hervor, daß die USA hauptverantwortlich für das häufige Vorkommen des -x- Buchstabens in der Reklamesprache des damaligen Mexikos sind.

In den folgenden Jahren beobachten wir eine langsame, aber ständige Zunahme der Zusammensetzungen mit -ex im Vergleich zu den anderen -x Bildungen.

81

1919:   -ex (tex, rex, plex, flex u. a.)
        Fedex, Orlex, Pexto, El Exito, Rex, Essex, Tex-i-Grip, Text,
        Hexagon, Shelltex, Lortex, Crex
        -x:
        Rodolax, Dixon, Superoxol, Orilox, Laxalos, Lenox, Lionox, Elexir,
        Velox, Klearfax, Vaxel, Luxite, Félix, Lax-aid, Lux

Wir haben diese Listen bis in das Jahr 1947 weitergeführt und kommen durch
Auswertung des Materials zu folgendem Ergebnis[39]:

1. Der Ursprung der Reklamesuffixe auf -x scheint in Mexiko auf pharmazeu-
   tische Produkte zurückzugehen (z. B. -lax); die Datierung wäre zweite Hälf-
   te des 19. Jahrhunderts.
2. Zu Beginn des 20. Jahrhunderts ist ein starker Einfluß aus den USA mit
   zahlreichen -x Bildungen zu bemerken. Wir haben einerseits Abkürzungen
   wie -tex aus Textil und andererseits eine Vielzahl von Markennamen auf
   der Basis gelehrter Wörter aus dem Lateinischen und dem Griechischen:
   Fénix, Oxigeno, Maximum, Rex, Lux, Velox, Elexir u. a.
3. Dies führt zu einer raschen Verbreitung der Markennamen auf -x; – es
   erscheinen die ersten „Phantasienamen" auf -x-: Dixi, Vaxel, Clix, Ixi.
4. Mit der Zeit treten die Namen auf -ax, -ix, -ox, -ux zugunsten des -ex
   Suffixes zurück.
5. Die Verbreitung dieses letzten Suffixes -ex hilft dem neugeborenen -mex
   Affix, seine heutige Stellung einzunehmen:

1944:   -ax, -ox, -ix, -ux Bildungen: 27
        -ex Bildungen: 36
        -mex Bildungen: 17

Schreibt Baldinger:

> Wo sich zwei Suffixe in einer semantischen Nische treffen, sind die Vor-
> aussetzungen zu einem Konkurrenzkampf gegeben[40],

so ist in dem Fall des Reklamesuffixes -ex der semantische Gehalt hinter die
Reklamefunktion zurückgetreten, während bei Eintreten des Nationalaffixes
-mex dieses mit genügend semantischem Gehalt beladen war, um den Kon-
kurrenzkampf mit dem semantisch vieldeutigen -ex anzutreten[41].

---

39 Dem Gesamtkomplex soll später eine gesonderte Arbeit gewidmet werden.
40 K. Baldinger, Kollektivsuffixe und Kollektivbegriff. Ein Beitrag zur Bedeutungslehre
   im Französischen mit Berücksichtigung der Mundarten, Berlin 1950, S. 245.
41 Phonologisch bemerkenswert: In der Aussprache wird das Nationalsuffix -mex nicht
   intervokalisch wie in México, sondern als Endung -ex realisiert.
   Hierzu auch Borsoi: „México is pronounced [M e x i k o] while the particle mex in
   trade names is pronounced [m e k s]" (S. 29). Die Nähe zu dem Reklamesuffix -ex
   kann bei dieser Entwicklung entscheidend gewesen sein.

5.3.3 Fälle der Doppelinterpretierbarkeit des Suffixes

Die Nähe der beiden Reklamesuffixe -ex und -mex führt uns zu den Fällen
der Doppelinterpretierbarkeit des Suffixes bei denen nicht zu unterscheiden
ist, ob es sich um das Reklamesuffix -ex oder um das Nationalsuffix -mex
handelt[42].

In diesen Fällen ist die Grenze zwischen dem Stamm und der Endung doppelt
interpretierbar, d. h. von dem *signifiant* her kann es sich sowohl um Grundwort plus -mex Suffix als auch um ein auf -m endendes Grundwort plus Suffix -ex handeln.

Die in der Reklamesprache oft genutzte Möglichkeit der Zweideutigkeit
auf der Ebene des *signifiant* entspricht dem spezifischen Hang der Werbesprache zur graphischen Spielerei und Doppeldeutigkeit[43].

In vielen dieser Fälle ist eine eindeutige Festlegung nicht möglich — eine
unmorphologische Silbentrennung des Grundwortes ist kein Indiz —, und so
scheint es am ratsamsten, von „potentiell falschen" Mexbildungen auf der
Ebene des *signifiant* zu sprechen.

7	Acomex	=	agentes comerciales
29	Alfomex	=	alfombras
40	Alumex	=	aluminio
46	Amex	=	América
89	Atomex	=	átomo
124	Bitumex	=	producto bituminoso
137	Bromex	=	Brom
171	Cemex	=	cemento
206	Comexa	=	compañía
237	Cromexal	=	cromo
267	Diatomex	=	diatómita
268	Dicomex	=	distribuidora comercial
314	Espumex	=	espuma
335	Fegomex	=	Felipe Gómez
358	Fomex	=	fomento
361	Formex	=	formaldéhido
377	Fumex	=	fumigaciones
458	Imex	=	importación

---

42 Wir behandeln diesen Fall hier und nicht in dem Kapitel über „Zusammensetzung
mit dem Grundwort", da er sehr gut zu dem Entstehen des Nationalaffixes beigetragen haben kann.
43 Etwa wie im Falle von
556   Lovemex = *Ló*pez und *Ve*rástegui
537   Latamex = *la*drillos y *ta*biques
Vergleiche das Kapitel über Wortspiele S. 88.

464	Impermex	=	imper*m*eabilización
469	Incomex	=	industria y co*m*ercio
478	Informex	=	infor*m*ación
484	Instrumex	=	instru*m*entos
525	Labfarmex	=	laboratoricos far*m*acéuticos
801	Plumex	=	plu*m*as
838	Quimex	=	productos quí*m*icos
921	Somex	=	so*m*breros
967	Termex	=	ter*m*ómetros
992	Transformex	=	transfor*m*adores
1011	Uniformex	=	unifor*m*es

Einige Firmen behalten den Doppelkonsonanten -mm- bei:

401	Germmex	=	ger*m*ano-*m*exicano
462	Immex	=	i*m*prentas *m*exicanas
508	Jammex	=	ja*m*ones *m*exicanos
550	Limmex	=	li*m*ones *m*exicanos
560	Lummex	=	alu*m*inio *m*exicano

In manchen Fällen wird die für das Spanische ungewöhnliche Doppelkonsonanz als Variation zu einem bereits vorhandenen Markennamen mit einfacher
Konsonanz benutzt:

458	Imex	=	i*m*portación
462	Immex	=	i*m*prenta
507	Jamex	=	refacciones
508	Jammex	=	ja*m*ones

In anderen Fällen ist sie das Ergebnis mehrerer zu einem Namen zusammen-
gefügter Anfangsbuchstaben:

336	Femmex	=	*f*ábrica de *e*quipos *m*édicos
859	Remmex	=	*re*cámaras y *m*uebles

5.3.4 Verlust der syntaktischen Struktur mit Präposition

Borsoi widmet in seiner Abhandlung ein vollständiges Kapitel der Syntax, das
heißt, er legt einer Anzahl von Markennamen eine syntaktische Struktur zugrunde:

Along with Hocket's premise that „syntax includes the ways in which words
and suprasegmental morphemes, are arranged relative to each other in
utterances"[44] the formations included herein are, with some exceptions,
construed to be syntactic units, although the syntactic relationship may be

---

44 Charles F. Hocket, A course in modern linguistics, New York 1960.

in the form of some underlying concept which is not formally expressed in the surface structure[45].

In diesem Zusammenhang gibt Borsoi ein Beispiel, wie – seiner Ansicht nach – ein Markenname entsteht:

Suppose a man named *Bernardo* manufactures a soap (*jabón*) and wishes to create a name for it. A simple process would be to call it $^+$Jabón de Bernardo ($<$ el jabón es de Bernardo).
Another potential name might be constructed by deleting the preposition $^+$Jabón Bernardo. Reversing the elements might yield $^+$Bernardo Jabón and a clipped version of this might be $^+$Bernabon. This, of course, does not exhaust all the possibilities stemming from the basic source sentence[45].

Eine ähnliche Art und Weise des Entstehens können wir auch für unsere Marken- und Firmennamen mit dem Nationalaffix *-mex* ansetzen[46].

Die ursprüngliche Form ist noch in wenigen Firmennamen enthalten, etwa *Pedemex,* entstanden aus *Pe*inados *de Mex*ico, während die Vielzahl der Bildungen die präpositionslose Form vorzieht, z. B. *Tel Mex,* entstanden aus *Tel*éfonos de *Méx*ico.

Wir können uns einen etappenweisen Verkürzungsprozeß vorstellen: Color de México zu $^+$Color México zu $^+$Color Mex zu $^+$Color-Mex zu *Colormex*[47].

Ähnliches könnte für die Präfigierung zutreffen: „Compañía Mexicana de" würde zu „$^+$Mexicana de" zu „$^+$Mexicana" zu *Mex-*[47a].

Der Prozeß der syntaktischen Verkürzung könnte unterstützt worden sein durch die Häufigkeit der Wortkürzung in telegraphischen Adressen:

De mano de las siglas viene otra invasión, la de los nombres telegráficos y comerciales compuestos de manera caprichosa y desconcertante[48].

Einige telegraphische Adressen in Mexiko:

---

45 Borsoi, S. 85.
46 Rohrer, Die Wortzusammensetzung im modernen Französisch, Dissertation Tübingen 1967, zitiert Hatcher, Bakuvrihi in Sears-Roebuck, „MLN" LIX 1944, S. 517: „In the last few decades, however, and particularly in the last few years, the preference has been growing, in all categories, for (uninflected) noun combinations, regardless of length, at the expense of prepositional phrases". Rohrer fährt fort: „Diese Feststellung trifft nicht nur für das Englische zu. Auch in der französischen Syntax werden die präpositionslosen Verbindungen immer häufiger. Es tauchen Konstruktionen auf, die vor einigen Jahrzehnten völlig unmöglich gewesen wären". (S. 154)
47 Auf dieser Stufe trifft sich die Apposition *de México* mit dem Adjektiv *mexicano*, welches dasselbe Schicksal der Suffigierung erfährt.
47a Eine Kombination der verschiedenen Stufen durch verschiedene Firmen oder dieselbe Firma ist möglich. Die Doubletten werden nur angeführt, wenn sie nicht von derselben Firma stammen.
48 R. Lapesa, La lengua española desde hace 40 años, Revista de Occidente 8–9, 1963, S. 201.

Embamex	=	*Embajada Mexicana* in Athen (*Siempre* 7–IV–71)
Colmex	=	*El Colegio de México* (Brief Prof. Alatorre 16–VII–66)
Libera-Mex	=	Libros Era (Ediciones Era, 24–IV–71)
Excelsior Mex	=	Tageszeitung *Excelsior* (7–V–71)
Goethe Mex	=	*Goethe-Institut* in Mexiko (13–IX–72)

Neben den Abkürzungen der telegraphischen Adressen gibt es andere Quellen, die die neuen Namensschöpfungen zu suggerieren scheinen: Abkürzungen auf den Nummernschildern der Personen- und Lastwagen:

Mex. Guad.	(Guadalajara)
Mex. Puebla	(Puebla)
Mex. Tacuba	(Tacuba)
Son. Mex.	(Sonora)
Mex. Mex.	(Estado de México)

Diese Verkürzungen wiederum beschränken sich nicht nur auf die Nummernschilder, sondern sind als geographische Angaben im Verzeichnis des Telefonbuches ebenso häufig[49].

Zusammenfassung:

Wir sehen also, daß nicht nur *ein* Grund zu der Entstehung des Nationalaffixes in Mexiko beigetragen hat. Wir würden folgende Faktoren dafür verantwortlich machen:

1. Die Entstehung eines suffixalen Feldes auf -ax, -ox, -ix, -ux und vor allem -ex.
2. Die Fälle, die doppelt interpretierbar sind als -mex oder -ex.
3. Die syntaktische Verkürzung durch den Verlust der Präposition „de" unter dem Einfluß von telegraphischen Anschriften sowie Ortsbezeichnungen in Telefonbüchern und auf den mexikanischen Nummernschildern.

6. Das Basislexem

6.1   Das Signifiant

Galt in dem vorherigen Kapitel das Interesse dem mexikanischen Nationalaffix, so ist das nun folgende Kapitel ausschließlich dem Basislexem gewidmet. Zunächst der äußeren Form (*signifiant*) des Lexems.

---

49 Die erste Angabe dieser Art fanden wir in der *Gaceta Oficial* aus dem Jahre 1918 (S. 489): *Puebla, Mex.*

6.1.1 Graphische und phonologische Aspekte

In vielen Fällen wird die korrekte spanische Orthographie verändert, um dem Basislexem ein anderes Aussehen und somit eine neue Anziehungskraft zu verleihen. Diese graphischen Veränderungen lassen sich folgendermaßen klassifizieren:

A – Anordnung der Grapheme und Phoneme

a) Umstellen von Graphemen

| 122 | Bipmex | = | *I*sabelo *B*arriopedro *P*eña (geänderte Reihenfolge) |
| 789 | Pintromex | = | pint*or*? |

b) Verlust von Graphemen

| 146 | Calimex | = | cal *h*idrática |
| 1009 | Ulmex. | = | telas de *h*ule[50] |

c) Substitution von Graphemen

c > k:

253	De*k*ormex	=	papel de*c*orativo
33	Al*k*amex	=	producto químico al*c*alino
307	Ele*k*tromex	=	taller elé*c*trico
518	*K*amex	=	*c*acahuates
108	Ban*k*omex	=	ban*c*o (oder englisch *b*ank?)

i > y:

| 62 | An*y*lmex | = | an*i*linas |
| 923 | Som*y*-Mex | = | Servicio Offset-maquinaria de *i*mprenta |

d) Historisierende Schreibweise[51]

f > ph:

| 785 | *Ph*armex | = | productos *f*armacéuticos |

qu > ch:

| 176 | *Ch*emomex | = | productos *qu*ímicos |

d > t:

| 1047 | Vi*t*a Mex | = | vi*d*a (laboratorio químico) |

ue > o:

| 736 | N*o*vo Mex | = | n*ue*vo? |

---

50 Das in der Graphie nicht erscheinende „h" ist phonetisch sowieso irrelevant.
51 Es kann sich in diesen Fällen auch um den Einfluß nichtspanischer Graphien handeln.

e) Wiedergabe ausländischer Graphien durch einheimische Graphien

engl. ea > i:
192   Cl*i*nmex   =   cl*ea*n (tintorería)

engl. u > a:
287   Don*a*mex   =   don*u*ts

f) Doppelkonsonanz[52]

l > ll
169   Ce*ll*o-Mex   =   papel celofán

dd + mm:
472   In*dd*ia*mm*ex   =   industria de diamantes

mm:
560   Lu*mm*ex   =   aluminio

g) Graphie „y"

Die mexikanische Reklamesprache zeigt eine besondere Vorliebe für die Verwendung von „y" – einerseits in der Umwandlung von spanisch i > y, andererseits in dem Gebrauch der Präposition „y" als Wortelement.

43   Al*y*mex   =   Alemania *y* México
446   H*y*lsamex   =   hojalata *y* lámina
834   P*y*lmex   =   pisos *y* lambrines

und drittens durch graphische Anleihen aus dem Englischen:

292   Dulc*y*-Mex   =   dulces
295   Duple*y*-Mex   =   imprenta
297   Dupl*y*-Mex   =   imprentá?
1056   *Y*-Mex   =   hielo „York"

B   –   Verwendung von Wortspielen

In einigen Fällen kann das Interesse für den Namen dadurch geweckt werden,
daß die Zusammensetzungen aus den verschiedenen Wortelementen doppelt
interpretierbar sind:

705   Mex-Usa   =   importación y exportación de *USA*
                          (oder *usar* dritte Pers. Sing. bzw.
                          Imperativ der zweiten Pers. Sing.)

---

52 Weitere Beispiele in dem Kapitel über die Doppelinterpretierbarkeit des Suffixes
(5.3.3).

556	Lovemex	=	*López* y *Verástegui*[53]
			(oder *love*)
537	Latamex	=	*la*drillos y *ta*biques
			(oder *lata*)
667	Mexipica	=	salsa *pica*nte
			(oder *picar* dritte Pers. Sing. bzw.
			Imperativ der zweiten Pers. Sing.)
20	Albamex	=	*al*imentos *ba*lanceados
			(oder *alba*)

In anderen Fällen kann die Verwendung des Reklameaffixes -*ex*- im Zusammenhang mit dem Nationalaffix -*mex*- dem Namen eine verstärkte graphische und phonetische Einprägsamkeit verleihen[54]:

660	Meximex	=	*Méx*ico, *im*portación y *ex*portación
972	Texlamex	=	*tex*tiles *la*minados
321	Eximpomex	=	*ex*portación e *im*portación
322	Exinmex	=	landrover „*Exin*"
323	Exmex	=	*ex*posición de timbres
324	Extromex	=	*ex*trac*to*?

C — Funktion des Bindestrichs

Eine besondere Aufmerksamkeit bei der Betrachtung graphischer Aspekte verdient der Bindestrich und seine Funktion im Reklamenamen. In den häufigsten Fällen trennt der Bindestrich das gekürzte Basislexem von dem Nationalaffix:

a) Das Basislexem bleibt ungekürzt

162	Carro-Mex	=	carro(s)
619	Mex-Anáhuac	=	Valle de Anáhuac
919	Sol-Mex	=	sol (joyería)

b) Das Basislexem wird gekürzt

534	Lapi-Mex	=	lápices
629	Mex-Bestos	=	asbestos
309	Empa-Mex	=	empacadora

c) Das Basislexem besteht aus einer präfixalen Abkürzung

1032	Ven-Mex	=	*Ven*ezuela
973	Tex-Mex	=	*tex*tiles

---

53 Nach diesem Zusammensetzungsmuster wurde von derselben Gesellschaft ein weiterer Name gebildet: Loveza = *za*rapes.

54 So wird auch mit dem von *tóxico* gewonnenen Präfix *tox*- ein Wortspiel versucht:
   987   Tox-Mex = tóxicos.

d) Verbindung von Wortelementen aus zwei Basislexemen

115	Bel-Lo-Mex	=	Beltrán López
483	In-Pro-Mex	=	industrial promotora
499	Ital-Mex-Norte	=	Italia – Norteamérica

e) Verbindung von Wortelementen mehrerer Lexeme

756	Pall Corp-Servo Mex	=	Pall Corporation Servicio

f) Der Bindestrich trennt nicht das Affix vom Basislexem sondern verschiedene Wortelemente untereinander

423	Helio-Sensimex	=	papel heliográfico y sensibilizado
60	Anti-Hidromex	=	antihidrófilo (cemento)

g) Im Falle einer möglichen Doppelinterpretation des Suffixes kann durch den Bindestrich die Doppelkonsonanz graphisch verhindert werden

969	Term-Mex	=	mascarilla de lodo
39	Alum-Mex	=	aluminio

oder durch den Bindestrich graphisch das -m- dem Nationalaffix zugeordnet werden

274	Di-Mex	=	archivos „Dime"

Neben dieser morphologischen Funktion hat der Bindestrich noch zwei weitere Aufgaben:

h) durch die Graphie die verschiedenen „identischen" Markennamen zu differenzieren:

783	Petro-Mex	=	petróleo (Stadtname)
784	Petromex	=	petróleo (Produkt)
388	Gaso-Mex	=	gasolina
389	Gas-Omex	=	gasolina

i) dem Auge als Blickfang zu dienen durch eine ausgefallene Schreibweise:

572	M-Arcomex	=	manufacturas artísticas coloniales
898	Servi-R-Mex	=	servir (utensilios de oficina)

D   –   Funktion des Bindevokals[55]

Der Bindevokal, d. h. der Vokal, der Nationalaffix und Basislexem verbin-

---

55 Die Bezeichnung Bindevokal oder Bindephonem scheint uns angebrachter als die von Guérios vorgeschlagene Bezeichnung *Infix:* „Ha exemplares dotados de uma consoante ou de uma vogal que serve de liame entre um sufixo e o tema, uma espécie de infixo, mas destituído de sentido". (S. 192).

det, tritt ebenfalls in verschiedener Weise und in verschiedenen Funktionen auf.

a) Der Bindevokal wird zusätzlich eingefügt

+ o[55a]

683	Mex*o*lub	=	lubricantes
675	Mex*o*crema	=	crema
679	Mex*o*leche	=	leche
676	Mex*o*fina	=	refinación

+ a:

1060	Zinc*a*mex	=	zinc

b) ein Vokal des Basislexems dient als Übergangsvokal

309	Emp*a*-Mex	=	empacadora
106	Ban*a*-Mex	=	banana
914	Sist*e*mex	=	sistema
807	Post*a* Mex	=	tarjetas postales

c) ein Vokal des Basislexems wird geändert

305	Electr*a*mex	=	material eléctrico (Änderung des Vokals o > a)
888	Scher*a*mex	=	„Scheringer" (Änderung des Vokals i > a)
56	Andr*o*mex	=	Vorname Andrés (Änderung des Vokals e > o)
245	Curv*o*mex	=	madera curvada (Änderung des Vokals a > o)

d) der Endkonsonant des Basislexems fällt zugunsten des vokalischen Anschlusses

145	Calefacto Mex	=	calefacto*r*
197	Colo-Mex	=	colo*r*
744	Onimex	=	oni*x*

Auch in Nachnamen wird in einigen Fällen parallel zu den fast immer im Singular erscheinenden Produktnamen das -s aufgegeben[56]

67	Argomex	=	Sr. Argos
243	Cuellamex	=	Sr. Cuellas

55a Heinimann, Les mots déformés et abrégés en -o dans l'argot, dans le langage populaire et dans la langue commune, Mélanges Roques II, 1953, S. 151–163. Heinimann erwähnt unseren Fall der Wortzusammensetzung nicht; er verweist jedoch auf eine affektive Nuance, welche die Wortbildungen auf -o im Französischen beinhalten (S. 152).

56 Vergleiche das Kapitel über die Verwendung des Singulars und des Plurals (S. 95).

e) i als Bindevokal

Wie wir schon sahen, hat die mexikanische Reklamesprache eine Vorliebe für die Verwendung des -y- Graphems; in einigen Fällen wird das Nationalaffix erweitert, um einen vokalischen Anschluß mit -i- zu garantieren: Mexi-[57]

f) Manchmal wird der Bindevokal auch, ebenso wie der Bindestrich, als graphischer Blickfang benützt:

| 389 | Gas-Omex | = | gasolina |
| 1031 | Vend-O-Mex | = | cigarros |

E   –   Konsonantischer Anschluß

In wenigen Fällen fällt ein Vokal zugunsten eines Endkonsonanten.

713	Modelmex	=	model*o*
443	Hulmex	=	hul*e*
870	Roll Mex	=	roll*o* de papel
114	Bell Mex	=	productos de bell*eza*

Der Konsonant bleibt immer bestehen, wenn zwei Konsonanten aufeinandertreffen, die eine gut aussprechbare Gruppe bilden:

rm:	5	Acermex	=	acero
	19	Airmex	=	concreto (impulsores de aire)
	142	Burmex	=	plomerías (Sr. Burgunder)
	464	Impermex	=	impermeabilización

lm:	34	Almex	=	metales (aluminio)
	54	Ampolmex	=	ampolletas[58]
	116	Belmex	=	plásticos (Bélgica)
	147	Calmex	=	sardinas (California)

| mm: | 39 | Alum-Mex | = | herrería[59] (aluminio) |

| tm: | 85 | Artmex | = | hilos (artículo?) |
| | 136 | Britmex | = | acumuladores |

Gerade in bezug auf konsonantischen oder vokalischen Anschluß des Suffixes an das Basislexem ist wieder die Möglichkeit einer Differenzierung der verschiedenen Firmen- und Markennamen gegeben:

| 5 | Acermex (acero) | Reduktion |
| 6 | Aceromex (acero) | -o- |

---

57 Vergleiche Fußnote Nr. 17 sowie den Kommentar zu der Graphie -y- (S. 88)
58 Hier liegt eine phonologische Änderung 11 > 1 vor.
59 In seltenen Fällen *nm: Oronmex* ist die Abkürzung des Personennamens Oronico, Danmex wurde von dem Nationalitätsadjektiv *danés* abgeleitet. Die Vertreter von Dunhill aber entschieden sich für *Dumex* anstelle von +Dunmex.

197	Colo-Mex (color)	=	Reduktion
198	Color-Mex (color)	=	-r-

Im ganzen ist das Verhältnis von vokalischem Anschluß zu konsonantischem Anschluß etwa 3 : 1, wobei unter den Vokalen „o" an der Spitze steht.

6.1.2 Morphologische Aspekte

Wir haben in dieses Kapitel die grammatikalische Zuordnung, die Aufnahme nichtspanischer Wortelemente sowie die Wortbildung durch das Zusammensetzen von Wort- und Einzelelementen aufgenommen.

6.1.2.1 Grammatikalische Zuordnung

A – Grammatikalische Kategorie

a) Die Mehrzahl der Zusammensetzungen besteht aus Substantiven – die Zusammensetzung ist auf allen Formationsebenen möglich[60].

– ein vollständiges Lexem:

94	Auto-Mex	=	refacción de autos

– ein gekürztes Lexem:

14	Afinamex	=	afinación de motores
128	Bom-Mex	=	bomba de mano
541	Lavamex	=	lavandería

– Singular statt Plural:

102	Baleromex	=	baleros

– Zusammensetzung aus mehreren Lexemen:

537	Latamex	=	ladrillos y tabiques

b) An zweiter Stelle stehen bei der Wortbildung die Adjektive

– Nationalitätsadjektive:

370	Franco Mex	=	franco (de Francia)
631	Mex Catalá	=	catalán (de Cataluña)
93	Austromex	=	austro (de Austria)

---

60 Es werden bei häufigem Vorkommen prinzipiell *nur wenige* Beispiele aufgeführt, da ohne Schwierigkeiten weitere Beispiele in dem Register gefunden werden können. Bei selteneren Bildungen wird dagegen versucht, *möglichst viele* Beispiele zu zitieren. Es kann also von der Anzahl der angegebenen Beispiele nicht auf die Häufigkeit der Bildungen geschlossen werden. (Zu Fragen der Lexemkürzung s. S. 99ff.).

247	Danmex	=	danés (de Dinamarca)
369	Francomex	=	franco (de Francia)
398	Germex	=	germano (de Alemania)
440	Hispanomex	=	hispano (de Hispania)
441	Holmex	=	holandés (de Holanda)
450	Ibero Mex	=	ibero (de España)
451	Ibero-Mex	=	ibero (de España)
501	Italomex	=	italo (de Italia)
502	Italo-Mex	=	italo (de Italia)
564	Luso-Mex	=	luso (de Portugal)

– von einem Substantiv abhängige Adjektive

124	Bitumex	=	productos bituminosos
356	Fluormex	=	ácido fluoridizante
838	Quimex	=	productos químicos
882	Sanmex	=	protectores sanitarios
880	Sanimex	=	instalaciones sanitarias
60	Anti-Hidromex	=	cemento antihidrófilo
428	Hidromex	=	productos hidráulicos (hidro-)
306	Electromex	=	material eléctrico (electro-)
200	Comermex	=	banco comercial
913	Sintermex	=	metales sinterizados
189	Citromex	=	aceites cítricos (citro-)
667	Mexipica	=	salsas picantes
325	Fabril Mex	=	industria fabril

– Adjektive in Verbindung mit einem Substantiv

515	Joy Art Mex	=	joyería artística
525	Labfarmex	=	laboratorios farmacéuticos
146	Calimex	=	cal (h)idrática
827	Proquimex	=	productos químicos
861	Resimex	=	resinas sintéticas

– alleinstehende Adjektive

694	Mexsana	=	sano, a
591	Metropolitano-Mex	=	metropolitano
101	Azulmex	=	azul
13	Aeromex	=	aéro (aero-)
487	Intermex	=	internacional

c) in wenigen Fällen enthält der Name eine Verbform

– Infinitive:

467	Imprimex	=	imprimir
552	Limpiamex	=	limpiar
898	Servirmex	=	servir

– konjugierte Verben:

1050	Vivamex	=	vivir
1031	Vend-O-Mex	=	vender

d) Pronomen sind Ausnahmefälle

186	Cincomex	=	cinco

B – Singular oder Plural:

In den meisten Fällen erscheint in dem Namen die Singularform – das entspricht der Neigung zum vokalischen Anschluß:

720	Mueblemex	=	muebles
102	Baleromex	=	baleros
159	Cargomex	=	cargos
86	Asbesto Mex	=	asbestos
343	Fibramex	=	fibras
951	Techo-Mex	=	impermeabilizantes de techos
143	Cable Mex	=	cables
569	Mallamex	=	mallas de alambre
956	Telamex	=	telas

Der Plural ist bei der Suffixbildung ausgesprochen selten:

950	Techados-Mex	=	techados
126	Boatsmex	=	lanchas

Während er bei der Präfixbildung häufiger vorkommt:

624	Mex-Asbestos	=	asbestos
629	Mex-Bestos	=	asbestos
634	Mex Closets	=	closets
686	Mex-Orquestas	=	orquestas

Durch Gebrauch des Singulars oder Plurals kann wiederum in derselben Branche differenziert werden:

546	Libro Mex	=	editores
547	Libros Mex	=	libros

6.1.2.2 Sprachliche Zuordnung

A – Lebende Sprachen

Die weitaus größte Zahl der Marken- und Firmennamen in der mexikanischen

Reklamesprache besteht aus spanischen Wortelementen[61]. Bei den fremdsprachlichen Einflüssen steht das Englische an erster Stelle.

Wenn Lapesa von einem großen Aufschwung des Anglizismus in der spanischen Sprache auf lexikalischem Gebiet spricht[62], und Lorenzo den englischamerikanischen Einfluß auf dem Gebiet der Syntax wohl für gefährlich, auf dem Gebiet der Morphologie und Lexikologie jedoch für unbedeutend hält[63], so trifft letzteres überraschenderweise auch auf unsere Ergebnisse in dem Bereich der Reklamesprache zu[64]. Die mexikanische Reklamesprache verwendet zwar aus dem Amerikanischen kommende Lexeme, im Gesamtverhältnis ist ihre Zahl aber gering – und in einigen Fällen wird das fremdsprachliche Lexem der spanischen Phonetik angepaßt.

a) Englisch

677	Mexoil	=	oil (aceite lubricante)
666	Mexinvest	=	investments (inversiones)
191	Citymex	=	city (ropa)
397	Gentlemex	=	gentleman (camisas)
937	Sweatermex	=	sweater (häufige Schreibweise: suéter)
178	Cicte-Gum-Mex	=	chewing-gum (chicle)
651	Mexicrafts	=	handcrafts (curiosidades)
219	Copy-Mex	=	copy (duplicadoras)
700	Mex-Toy	=	toy (juguetes)
671	Mexletter	=	letter (revista)
927	Steamex	=	steam (quemadores)
907	Silmex	=	silver (platería)
696	Mextea	=	tea (té)
562	Lunchmex	=	lunch (alimentos)
674	Mexmint	=	mint (chicles)
229	Craft Mex	=	handcrafts (curiosidades)
627	Mexatours	=	tours (excursiones)
732	Norse-Mex	=	Norse (vapores)
670	Mexjet	=	jet (compañía de aviación)
126	Boatsmex	=	boats (lanchas)
682	Mexoline	=	gasoline (gasolina)

In folgenden Fällen könnte man von einem phonologischen und graphischen Einfluß des Englischen sprechen:

61 Als nichtfremdsprachlich sollte man das Vokabular bezeichnen, das aus dem Nahuatl stammt, im Spanischen Mexikos aber längst lexikalisiert ist wie etwa 415 *Guabamex* = guayaba (Frucht) und 513 *Jitomex* = jitomate (Tomatenart).

62 Lapesa, S. 196.

63 E. Lorenzo, El español de hoy, lengua en ebullición, Madrid 1966, S. 80.

64 Der vorzugsweisen Verwendung der spanischen Sprache entspricht im Zusammenhang unserer Arbeit die Vitalität der suffixalen Ableitung mit dem Affix -*mex* gegenüber dem germanischen Wortzusammensetzungsverfahren.

```
295  Dupley-Mex      =   imprenta
297  Duply-Mex       =   imprenta
292  Dulcy-Mex       =   dulces
```

Hybride sind selten:

```
994  Tras-Mex-Line   =   transportación marítima
```

Häufiger dagegen ist die graphische Adaptation des Englischen an das Spanische:

```
287  Donamex         =   donuts
192  Clinmex         =   clean
```

b) Französisch

An zweiter Stelle steht das Französische – mit Vorliebe wird speziell das Vokabular ausgesucht, das in der Graphie sich vom Spanischen zwar unterscheidet, vom Käufer aber ohne Probleme verstanden werden kann:

```
785  Pharmex         =   pharmaceutique?[65]
691  Mexphalte       =   asphalte?
997  Tricomex        =   tricot
654  Mexifrance      =   France
169  Cello-Mex       =   cellophane?
```

c) Italienisch

Hier ist meist ein italienischer Besitzer oder Teilhaber der Grund für die Verwendung der Fremdsprache.

```
  98  Avanti-Mex     =   avanti
   8  Adamex         =   adamante
1018  Utemex         =   utensile[66]
```

d) Der deutsch-skandinavische Einfluß beschränkt sich auf ausländische Firmennamen:
Skodamex, Agamex, Scheramex.

B – Klassische Sprachen

Einen ebenso großen Umfang wie die lebenden Sprachen nehmen die klassischen Sprachen in der Reklamesprache ein – ein Einfluß, der nicht selten auf den Gebrauch eines Themavokals[67] und auf die „créa-

---

65 Ebenso gut möglich wäre auch eine Herleitung von engl. *pharmacie*.
66 Eine Herleitung von span. *utensilios* liegt nach Auskunft des Besitzers nicht vor.
67 Die Häufigkeit des o-Vokals, nach dem Muster des griechischen Themavokals, dürfte in der Maskulin- und Neutrumsingularform im Spanischen begründet sein.

tion analogique" (Dubois) beschränkt, das heißt auf eine Wortzusammensetzung nach griechisch-lateinischem Muster, wobei des gelehrten Aussehens und
des besseren Verständnisses wegen neogriechische und neolateinische Elemente bevorzugt werden:

L'Olympe tout entier est actionnaire de nos sociétés anonymes[68].

a) Griechisch-Neogriechisch

– Zusammensetzungen mit griechischen Elementen:

27	Alfa-Mex	=	aparatos eléctricos
69	Argosmex	=	comisionistas
70	Aristomex	=	laboratorios químicos
176	Chemomex	=	productos químicos
256	Delta Mex	=	transformadores
804	Polymex	=	ingenieros
971	Tetramex	=	laminados de papel

– Entlehnungen, die bereits in die Umgangssprache übergegangen sind:

95	Automex	=	automóviles
181	Cimex	=	televisores (cinemascopios)
193	Cloromex	=	productos químicos
239	Cronomex	=	relojes
589	Metromex	=	promociones
725	Nitromex	=	productos químicos
745	Onyxmex	=	productos químicos
948	Taxi-Mex	=	taxistas

b) Latein-Neolatein

– Zusammensetzungen mit lateinischen Elementen:

340	Ferromex	=	transportadores
1047	Vita Mex	=	laboratorios químicos
353	Floramex	=	productos químicos
565	Luxmex	=	discos
657	Mexi-Lux	=	candiles
684	Mexolux	=	linternas

Die Grenze zwischen umgangssprachlichem und gelehrtem Ausdruck hebt sich
hier noch weniger ab – die Reklamesprache bewegt sich genau an der Grenz-
linie zwischen Latein und umgangssprachlichem Ausdruck in dem Bereich des
Neolateins[69].

1049 Vitro-Mex

---

68 Humery, S. 606.
69 Vergleiche den Kommentar zum Gebrauch des Französischen.

| 1048 Vitrimex | = | vitreo (Adjektiv zu Substantiv vidrio) entlehnt aus dem Lateinischen: vitreum |
| 92 Auro-Mex | = | aureo (Adjektiv zu Substantiv oro) entlehnt aus dem Lateinischen: aureum |

Im Falle der Doubletten

> de même racine, les uns de formation populaire, les autres de formation savante[70]

sind in der Opposition noch am klarsten die gelehrte und die schon umgangssprachliche Bindung nach griechisch-lateinischem Muster zu erkennen:

341 Ferro Mex:	ferrum
430 Hierro Mex:	hierro
328 Fabromex:	faber
327 Fabrimex:	fabricantes

6.1.2.3 Lexemkürzungen

Wie wir schon bei den Slogans sahen, ist ein Kennzeichen der Reklamesprache das Überwiegen des nominalen Stils:

> En este lenguaje periodístico la preponderancia de las construcciones nominales es apreciable a simple vista ... La conveniencia de economizar espacio llega a su límite extremo en el estilo telegráfico de los anuncios, notas de sociedad, etc. El uso del verbo está prácticamente reducido en ellos a formas impersonales: se vende ... Abundan en ellos los clisés o frases hechas que exigen poco esfuerzo al pensamiento ... Estos clisés son especialmente abundantes en el llamado estilo comercial, p.e. jersey pura lana[71].

Was auf die syntaktische Verkürzung zutrifft, gilt auch für die Lexemkürzung. Lapesa konstatiert in der spanischen Umgangssprache eine Tendenz zur Verkürzung durch Wegfall der Endsilben, etwa moto, mili, auto, profe, vélo etc. – eine Tendenz, die von der Reklamesprache lebhaft aufgenommen wird:

> El veloz ritmo de nuestra vida no está de acuerdo con la desmesurada longitud de vocablos[72].

Bei den Marken- und Firmennamen steht die Lexemkürzung in keinem Ver-

---

70 A. Dauzat, La vie du langage, Paris 1910, S. 275.
71 Criado de Val, Fisonomía del idioma español, Madrid 1954, S. 13 ff. Ebenso unser Kapitel über die Satzverkürzung (3.2).
72 Lapesa, S. 202.

hältnis zu dem relativ geringen Ausmaß der Bildungen mit unverändertem Basislexem. Humery beanstandet von sprachpuristischem Standpunkt aus diese Tendenz der Reklame- und Umgangssprache:

> Voici le moment où nous devons blinder notre courage d'un triple acier, pour pénétrer dans l'enfer où sont torturés les mots: l'amputation, la défiguration, l'extirpation, le retournement, le hachis et le 6e cercle de l'enfer: la décapitation[73].

Die Reklamesprache geht nicht von sprachpuristischen Prämissen aus − sie orientiert sich an dem Zweckdenken und ihr Ziel ist die Sprachökonomie. Ihre Vorbilder kommen dabei aus der Umgangssprache (s. Lapesa) und oft kehren sie zu dieser über den Weg der Werbesprache zurück. Der nominale Stil und die Tendenz der Lexemverkürzung in der Reklamesprache sind nur Beispiele für diesen Prozeß.

a) Zusammensetzungen mit ungekürztem Basislexem

Bei dem ungekürzten Lexem sind die graphischen Varianten wie Color Mex und Color-Mex sowie Colormex sehr zahlreich, während bei dem gekürzten Basislexem das Suffix meist mit dem Basislexem zusammengeht und auch graphisch gesehen eine Einheit bildet.

− ein ungekürztes Basislexem

650	Mexicolor	=	fotos en color
980	Tinta Mex	=	tintas
162	Carro-Mex	=	carros
768	Pastamex	=	pastas
372	Frenomex	=	frenos
680	Mexoleo	=	óleos
948	Taxi-Mex	=	sitio de taxis
725	Nitromex	=	nitro
866	Rocamex	=	rocas (abonos)
937	Sweatermex	=	sweaters
884	Saunamex	=	sauna
791	Pisomex	=	alfombras para pisos
644	Mexhogar	=	hogar
6	Aceromex	=	aceros
392	Gaznates Mex	=	gaznates
630	Mexcanela	=	canela
688	Mexpan	=	levadura de pan
950	Techados Mex	=	techados
624	Mex-Asbestos	=	asbestos
634	Mex Closets	=	closets

---

73 Humery, S. 83.

100

633	Mex-Clareol	=	clareol
765	Papel Mex	=	papel
198	Color-Mex	=	color (industria marmolera)
721	Mundomex	=	mundo (agencia de viajes)
238	Cromo Mex	=	cromo (muebles de acero)
1058	Yutemex	=	costales de yute
952	Técnicos Mex	=	técnicos
686	Mex-Orquestas	=	orquestas
107	Bancomex	=	banco

– zwei ungekürzte Basislexeme

| 640 | Mexfotocolor | = | foto, color |
| 949 | Taxi-Radio-Mex | = | taxi, radio |

– ein ungekürztes Basislexem und ein zusätzliches Wortelement

| 963 | Temexcolor | = | técnicos en color |
| 96 | Auto Air Mex | = | aire acondicionado para el auto |

– Komposita

242	Cubremex	=	cubreasientos
193	Cloromex	=	cloroformo
843	Radiomex	=	radiograma
708	Mielmex	=	aguamiel
229	Craftmex	=	handcraft
651	Mexicrafts	=	handcrafts

b) Lexemkürzung

Die Kürzung erfolgt ohne Regel – der Phantasie des Namenerfinders sind
keine Grenzen gesetzt. Wir finden sowohl Kürzungen, die die Silbe berücksichtigen, als auch Kürzungen, welche die sillabische Struktur außer acht lassen.

– Trennung gemäß den Silben,
eine Silbe:

| 643 | Mexgo | = | Gó/mez |

zwei Silben:

625	Mexatlan[74]	=	Atlán/tico
300	Edimex	=	edi/tores
310	Emulmex	=	emul/siones

drei Silben:

| 14 | Afinamex | = | afina/ción |

---

74 Das Suffix *-atlan* ist ein Nahuatllokativ. Im *Guide Bleu* von 1968 finden wir allein
unter dem A-Buchstaben vier Ortsnamen auf *-atlan*: Acatlan, Ahuacatlan, Amatlan,
Autlan. Möglicherweise ist diese Anspielung im Reklamenamen beabsichtigt.

Endsilben:

290 Ductomex = con/ductos

- Trennung ohne Rücksicht auf die sillabische Struktur

597	Mex	=	Mé-xi- co
1032	Ven-Mex	=	Ve-ne-zue-la
848	Refre-Mex	=	re-fres-cos
54	Ampolmex	=	am-po-lle-tas
29	Alfomex	=	al-fom-bras
210	Condumex	=	con-duc-to-res
80	Artmex	=	ar-tí-cu-los
581	Medalmex	=	me-da-llas
387	Gasolmex	=	ga-so-li-na

c) Aus Silben zusammengesetzte Namen[75]

Der klassische Marken- und Firmenname in der mexikanischen Reklamesprache setzt sich aus einer oder zwei Silben plus Suffix zusammen:

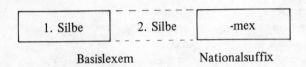

Die folgenden Listen geben nur einen Einblick in die Namensbildung nach diesem Schema, sie erheben keinen Anspruch auf Vollständigkeit:

- erste Silbe eines Lexems

553	Linmex	=	linternas
854	Remex	=	refrigeradores
34	Almex	=	aluminio
172	Cemex	=	cerraduras
351	Flemex	=	flejes
529	Lamex	=	láminas
855	Remex	=	rechazadora
986	Tormex	=	tornillos
293	Dulmex	=	dulces
1043	Vimex	=	vinagre
223	Cor Mex	=	cortadora
701	Mextrac	=	tractores

---

75 Als „Silben" bezeichnen wir in diesem Kapitel auch diejenigen Wortteile, die nicht die Silbenstruktur des Lexems berücksichtigen. Auf die sonst von uns vorgezogene generelle Bezeichnung „Wortelemente" wird in diesem Kapitel verzichtet zugunsten eines klareren Schemas, das sich an der Anzahl von „Silben" orientiert.

119	Bimex	=	bíes
878	Samex	=	sanitaria
182	Cimex	=	cinematográfica
985	Tomex	=	puré de tomate
910	Simex	=	„Signos de México"
128	Bom-Mex	=	bomba de mano
958	Tel Mex	=	„Teléfonos de México"
816	Promex	=	productos de laboratorio
920	Somex	=	„Sociedad de Crédito"
114	Bellmex	=	productos de belleza
549	Limex	=	detergente de limón
870	Roll Mex	=	papel en rollos
641	Mex-Fru	=	bebida de frutas

— erste zwei Silben eines Lexems

200	Comermex	=	banco comercial
112	Batermex	=	baterías
226	Cortimex	=	cortinas
251	Deco Mex	=	decoradores
946	Tapemex	=	tapetes
947	Tapimex	=	tapicería
782	Persimex	=	persianas
487	Intermex	=	internacional
981	Tipo-Mex	=	tipografía
65	Aramex	=	arados
282	Distrimex	=	distribuidora
484	Instrumex	=	instrumentos electrónicos
992	Transformex	=	transformadores
373	Frigormex	=	frigorífico
40	Alumex	=	aluminio
378	Fundimex	=	fundiciones
309	Empa-Mex	=	empacadoras
513	Jitomex	=	jitomates
570	Mantemex	=	manteca
87	Asomex	=	asociación
312	Equimex	=	equipos de maquinarias
914	Sistemex	=	sistema
326	Fabrimex	=	fabricaciones
1	Abamex	=	abastecedora
557	Lubrimex	=	lubricantes
212	Consormex	=	consorcios
490	Invermex	=	inversiones

- Mittelsilbe eines Lexems

374	Frimex	=	refrigeradores
560	Lummex	=	aluminio
702	Mextract	=	extracto
676	Mexofina	=	refinación
127	Bobimex	=	talleres de embobinado[76]
693	Mexport	=	exportaciones[77]

- erste und letzte Silbe eines Lexems

| 415 | Guabamex | = | conserva de guayaba |

- erste Silbe eines Lexems und Präposition

| 769 | Pedemex | = | peinados de México |
| 810 | Prodemex | = | producto de México |

- erste drei Silben eines Lexems

2	Abarromex	=	abarrotes
435	Hipodermex	=	agujas hipodérmicas
762	Panoramex	=	panorama
960	Televimex	=	televisión

- erste vier Silben eines Lexems

| 145 | Calefactomex | = | calefactores |

- Endsilben eines Lexems

290	Ductomex	=	conductos eléctricos
177	Ciclomex	=	motociclo
681	Mexolina	=	gasolina[78]
682	Mexoline	=	gasoline
691	Mexphalte	=	asphalte
711	Miromex	=	Name Ramiro
632	Mexceite	=	aceites

- die erste Silbe zweier Lexeme

Diese Bildung ist fast ebenso häufig wie die Bildung mit den ersten zwei Silben desselben Lexems; auch diese Liste gibt nur Beispiele:

233	Crinamex	=	cristales inastillables
105	Banamex	=	banco nacional
230	Crefimex	=	crédito financiero
222	Corfimex	=	cordones y fibras

---

76 Laut Angaben handelt es sich nicht um span. *bobina.*
77 Dies ist ein gelungenes Beispiel für Haplologie: *México* -(ex) *por*tación.
78 Phonetisch wird das *s* von ga-so-li-na realisiert durch das Nationalpräfix *Mex-* [m e k s].

935	Sutimex	=	super tienda
918	Sofimex	=	sociedad financiera
916	Socomex	=	sociedad comercial
214	Contelmex	=	construcciones telefónicas
485	Intelmex	=	instalaciones telefónicas
22	Alcomex	=	„Aluminium Company"
779	Permamex	=	perfiles manufacturados
660	Meximex	=	importación y exportación
479	Ingramex	=	industrias gráficas
972	Texlamex	=	textiles laminados
472	Inddiammex	=	industria de diamantes
525	Labfarmex	=	laboratorio farmacéutico
221	Coremex	=	comisiones y representaciones
268	Dicomex	=	distribuidora comercial
167	Celamex	=	centro laboral
719	Motumex	=	movimiento turístico
537	Latamex	=	ladrillos y tabiques
829	Provimex	=	promotora de viajes
891	Selcomex	=	selección contable
509	Jazamex	=	Jalisco y Zacatecas
528	Lacamex	=	lámparas y candiles
38	Alpamex	=	Alarcón y Parra
113	Belframex	=	Bélgica y Francia
157	Carbimex	=	Carrere y Bire
469	Incomex	=	industria y comercio
33	Alkamex	=	„Aluminium und Kalium"
809	Procinemex	=	promotora cinematográfica
798	Plasti-Formex	=	plásticos formados
423	Helio-Sensimex	=	papel heliográfico y sensibilizado
365	Fotocinemex	=	fotografía cinematográfica

— Kombination von Silben und Phonemen zweier Lexeme

217	Coparmex	=	Confederación Patronal de la República

— Suffixale Bildungen

620	Mexanol	=	-anol
656	Mexillium	=	-illium

— Präfixale Bildungen

932	Super Mex	=	plásticos
933	Supermex	=	cristales para automóviles
323	Exmex	=	exposición
658	Mexim	=	importación
685	Mexor	=	oriente

- Silbe oder Phonem eines Lexems plus *-sa* Suffix (entstanden aus *S*ociedad *A*nónima)[79]

48	Amexa	=	automóviles S. A.
201	Comesa	=	cocinas S. A.
152	Camesa	=	cables S. A.
37	Almexsa	=	aluminio S. A.
379	Funmexa	=	fundidores S. A.
346	Filmexa	=	filmaciones S. A.
718	Motormexa	=	motores S. A.
703	Mextrasa	=	transportes S. A.
853	Remesa	=	remolques S. A.
893	Sermexa	=	servicio S. A.
206	Comexa	=	compañía S. A.

6.1.2.4 Aus Phonemen zusammengesetzte Namen[79a]

Die letzte Konsequenz der Verkürzung eines Lexems ist die Reduzierung auf ein Phonem dieses Lexems.

460	Imex	=	*i*ndustria
457	Imex	=	*i*ndustria
46	Amex	=	*A*mérica

- das erste Phonem zweier Lexeme

455	Ilmex	=	*i*ndustria de *L*atex
447	Iamex	=	*i*mplementos *a*grícolas
543	Lemex	=	*l*aboratorios *e*léctricos
750	Ovmex	=	„*O*rganización *V*olkswagen"
503	Itmex	=	*i*mpermeabilizaciones *t*écnicas
12	Admex	=	„*A*rcher *D*aniels"

- verschiedene Phoneme eines Lexems

88	Atamex	=	*a*sociación *t*emátic*a*
612	Mexama	=	*Am*éric*a*
886	Scandia-Mex	=	*E*scandi*n*avi*a*
757	Palmex	=	*pa*pe*l*ería
954	Tecnomex	=	servicio *técn*ico

- Wortelemente und Phoneme mehrerer Lexeme

151	Camermex	=	*c*ompañía *a*uxiliar *mer*cantil
938	Swecomex	=	„*S*outh *W*est *E*ngineering *Com*pany"
609	Mexalco	=	„*A*merican *L*ocomotive *Com*pany"

---

79 Vergleiche den Kommentar über das Nationalaffix als Infix (5.2.2).
79a Wir halten in diesem Kapitel die Bezeichnung „Phonem" generell aufrecht, obwohl es sich in einigen Fällen nicht um Phoneme, sondern um „Einzelelemente" eines Lexems handelt.

572	M-Arcomex	=	*m*anufacturas *art*ísticas *co*loniales
542	Lawsco Mex	=	„*L*os *A*ngeles *W*ater *S*oftener *C*ompany"
859	Remmex	=	*rec*ámaras y *m*uebles
10	Adimex	=	*ad*ministración e *i*nversiones
7	Acomex	=	*a*gentes *co*merciales
453	Icomex	=	*i*nstalaciones y *co*nstrucciones

– das erste Phonem verschiedener Lexeme (mit Präposition)

940	Tadmex	=	„*T*aylor *a*nd *D*e Bastian"
834	Pylmex	=	*p*isos *y* *l*ambrines

– das erste Phonem verschiedener Lexeme (ohne Präposition)

271	Difamex	=	*d*istribuidora de *i*nsecticidas y *f*ertilizantes *a*grícolas
885	Scamex	=	*s*ervicio de *c*ontrol *a*mbiental
923	Somy-Mex	=	*s*ervicio de *o*ffset-*m*áquinas de *i*mprenta
468	Inamex	=	„*I*nsurance Company of *N*orth *A*merica"

6.2   Das Signifié

Das vorhergehende Kapitel beschäftigt sich mit der Form des Basislexems (*signifiant*), während das vorliegende Kapitel sich dem Bedeutungsinhalt (*signifié*) des Basislexems zuwendet. Mit Wörtern welche Bedeutungsinhaltes verbindet sich das -*mex* Affix, um einen Marken- oder Firmennamen zu bilden?

An erster Stelle scheint das Verkaufsprodukt zu stehen; d. h. der Name informiert den Kunden über die Ware, die er eventuell zu kaufen gedenkt. Dies trifft vor allem auf den Markennamen zu. Unter dieser großen Einteilung gibt es verschiedene Möglichkeiten: Entweder wird das Produkt selbst benannt, zum Beispiel *Gas Mex,* oder ein Teilprodukt gibt seinen Namen, zum Beispiel *Guanomex* für Dünger im allgemeinen, oder wird eine Eigenschaft des Produktes zitiert, zum Beispiel *Determex* aufgrund seiner Detergenzien, oder der Wirkungsbereich wird genannt, zum Beispiel *Automex* für mechanische Ersatzteile, oder das Produkt wird paraphrasiert, zum Beispiel *Artemex* für die kunstvolle Sims- und Bilderrahmenproduktion.

An zweiter Stelle stehen die Personen- und Ortsnamen. Sie sind vor allem im Bereich der Firmenbezeichnungen anzutreffen. Mit dem Ländernamen bei den Export- und Importfirmen, zum Beispiel *Hispamex*, oder Ortsnamen, zum Beispiel *Meximont,* weil die Firma aus Montecatini stammt, oder Nachnamen und Vornamen der Firmenbesitzer, -gründer oder -teilhaber, zum Beispiel *Fermex*, dessen Besitzer sich mit dem Vornamen *Fern*ández anredet.

An dritter Stelle stehen die Firmen- und Markennamen, welche einen Hinweis auf die Branchenzuordnung geben, zum Beispiel *Refamex* für Ausbesserungen und Reparaturen, „refacciones", und *Publimex* für eine Werbeagentur.

6.2.1   Bezeichnung durch das Produkt

A   – Bezeichnung des Gesamtproduktes

Diese Liste gibt nur einige Beispiele – da die Mehrzahl aller Namen das Produkt angibt, können die weiteren Beispiele im Register nachgesehen werden.

668	Mexiplast	=	plásticos
980	Tinta Mex	=	tinta
139	Bumex	=	bujías
184	Ciemex	=	cierres
371	Fremex	=	frenos
554	Litomex	=	litografías
553	Linmex	=	linternas

B   – Teilprodukt

a) Untergeordneter Begriff

948	Taxi-Mex	=	sitio de taxis
513	Jitomex	=	legumbres
256	Deltamex	=	transformadores
678	Mex Ohm	=	electrónica

b) Übergeordneter Begriff

| 162 | Carro-Mex | = | ruedas |

C   – Spezifische Art des Produktes

532	Lana Mex	=	fábrica de tejidos
1058	Yutemex	=	alfombras de yute
213	Conta-Mex	=	lentes de contacto
650	Mexicolor	=	servicio revelado en color de Kodak
560	Lummex	=	puertas de aluminio
801	Plumex	=	cojines de pluma
60	Anti-Hidro-Mex	=	cemento antihidrófilo
913	Sintermex	=	metales sinterizados
245	Curvomex	=	madera curvada
101	Azulmex	=	mosaicos
852	Relimex	=	artículos religiosos

D   – Anwendungsbereich oder Wirkungsweise des Produktes

688	Mexpan	=	levaduras para pan
552	Limpiamex	=	escobas para limpiar
791	Pisomex	=	alfombras para el piso

108

195	Cocimex	=	artículos para la cocina
989	Tractormex	=	combustibles para tractores
795	Planimex	=	ingenieros de planificación

E — Assoziation im Zusammenhang mit dem Produkt

a) Die Assoziation steht in direktem Bezug zu dem Produkt

163	Casamex	=	inmobilaria
639	Mexform	=	fajas
92	Auro-Mex	=	pinturas
416	Guanomex	=	abonos
866	Rocamex	=	fertilizantes
248	Datamex	=	computadora
198	Color-Mex	=	maquinaria para industria marmolera
328	Fabromex	=	joyerías

b) Die Assoziation kommt aus einem produktfremden Bereich

17	Aguimex	=	el águila (camas)
186	Cincomex	=	cinco socios (construcción)
27	Alfamex	=	alfa (eléctrica)
98	Avantimex	=	avanti (cortinas)

F — Generelle Bezeichnung und allgemeine Zielsetzung des Produktes

893	Sermexa	=	servicio (varios)
206	Comexa	=	compañía (automóviles)
457	Imex	=	industria (automóviles)
312	Equimex	=	equipos (máquinas de escribir)
894	Servi-Mex	=	servicio (máquinas)
895	Servimex	=	servicio (refrigeración)
896	Servimex	=	servicio (gasolina)
897	Servimex	=	servicio (lavado de tapetes)
898	Servirmex	=	servir (máquinas de escribir)
899	Servmex	=	servicio (limpiadora de alfombras)

6.2.2   Bezeichnung durch Namen

A — Eigenname von Personen

a) Vorname

1046	Virmex	=	Virgilio
1036	Veramex	=	Vera
56	Andromex	=	Andrés
161	Carolmex	=	Carolina
320	Evamex	=	Eva
61	Antomex	=	Antonio

711	Miromex	=	Ramiro
118	Ber-Mex	=	Bernardo
578	Maurimex	=	Mauricio
25	Alfa Mex	=	Alfonso, Faustino

b) Nachname[80]

1028	Velmex	=	Velazco
418	Guermex	=	Guerrero
707	Michelmex	=	Michel
3	Abemex	=	Abedrop
406	Gommex	=	Gómez
337	Fer-Mex	=	Fernández
841	Quintamex	=	Quintanilla
868	Rodmex	=	Rodríguez
643	Mexgo	=	Gómez
137	Bromex	=	Brom
887	Schaarmex	=	Schaar
1005	Turmex	=	Turpin
240	Crumex	=	Cruz
243	Cuellamex	=	Cuellas

– zwei oder mehr Nachnamen:

778	Perlimex	=	Pérez Lías
313	Eramex	=	Esquivel, Ruiz, Arenzana
493	Irmex	=	Iglesias, Ruiz
38	Alpamex	=	Alarcón, Parra
556	Lovemex	=	López, Verástegui
68	Argo-Mex	=	Ariano, Gómez

c) der Personenname (Vor- und Nachname)

335	Fegomex	=	Felipe Gómez
115	Bel-Lo-Mex	=	Beltrán López
122	Bipmex	=	Isabelo Barriopedro Peña
1021	Valmex	=	Vicente Addiego Ladaga

d) Personenname und Produkt

237	Cromexal	=	cromadora, Alvarez

B – Firmenname[81]

404	Gimex	=	„Gimbel"
864	Riz Mex	=	„Riz"

---

80 Auch diese Bildung ist sehr häufig; weitere Beispiele sind u. a.: 583, 23, 67, 412, 125, 909, 577, 161, 911, 521, 862, 1053, 511, 1006, 318, 747, 850, 28, 384, 1025.
81 Diese Liste ist nahezu vollständig; fast alle Firmen sind ausländischer Herkunft.

110

750	Ovmex	=	„Organización Volkswagen"
12	Admex	=	„Archer Daniels"
755	Padmex	=	„Paddock"
235	Crolls Mex	=	„Crolls"
395	Gemex	=	„General Electric"
506	Jamex	=	„Jahn"
215	Contimex	=	„Contimeter"
474	Inductomex	=	„Inductotherm"
939	Sylvamex	=	„Sylvania"
844	Rafmex	=	„Raffelson"
132	Bowmex	=	„Bowser"
316	Ess-Mex	=	„Essex Corporation"
517	Kal-Mex	=	„Kalamazoo"
888	Scheramex	=	„Scheringer"
902	Sharmex	=	„Shar"
903	Shell-Mex	=	„Shell"
673	Mex Mial	=	„Mial"
138	Brumex	=	„Brunswick"
15	Agamex	=	„Aga"
889	Schulmex	=	„Schultz"
756	Pall-Corp-Servo Mex	=	„Pall Corporation"
1052	Weston-Servo-Mex	=	„Weston"

C — Name des ausländischen Produktes

322	Exinmex	=	„Exin"
363	Fortimex	=	„Fortillac"
270	Dieselmex	=	„Diesel"
277	Dinamex	=	„Dina"
294	Dumex	=	„Dunhill"
726	Nivemex	=	„Nivea"
738	Nuto Mex	=	„Nutone"
900	Servomex	=	„Servo"
1056	Y-Mex	=	„York"

D — Name einer Zeitschrift oder Institution

402	Geomex	=	„Geografía Económica"
299	Economex	=	„The Economist"
250	Decimex	=	„Decisión"
1010	Unamex	=	„UNAM"

E – Ländername[82]

113	Belframex	=	Bélgica, Francia
441	Holmex	=	Holanda
1032	Ven-Mex	=	Venezuela
732	Norse Mex	=	Noruega
43	Alymex	=	Alemania y México
64	Aralmex	=	Argentina, Alemania
74	Armex	=	Armenia
46	Amex	=	América
494	Isramex	=	Israel
614	Mex-Amer	=	América
724a	Nippon-Mex	=	Japón
398	Germex	=	Alemania (germano)
437	Hispamex	=	España (hispano)
705	Mex-Usa	=	USA
886	Scandiamex	=	Escandinavia
247	Danmex	=	Dinamarca (danés)
133	Bramex	=	Brasil
1017	Usamex	=	USA

F – Ortsname

661	Meximont	=	Montecatini
509	Jazamex	=	Jalisco, Zacatecas
704	Mexubeda	=	Ubeda
41	Alvamex	=	Alvarado
147	Calmex	=	Baja California
767	Paromex	=	París, Roma
766	Parmex	=	París
924	Sonmex	=	Sonora
1020	Vallemex	=	Valle de México
1057	Yumex	=	Yucatán

G – mythologische Ortsangabe:

619	Mex-Anáhuac	=	„Anáhuac"

6.2.3 Bezeichnung durch die Branche

144	Cafemex	=	restaurantes, cafés

82 Gründe für die Häufigkeit dieser Bildung:
a. Importation ausländischer Ware
b. Produktion mit ausländischen Maschinen oder Material
c. ausländischer Teilhaber oder Besitzer.
Weitere Beispiele sind u. a.: 164, 51, 24, 612, 71, 497, 498, 685, 93, 648, 654, 500, 1016, 695, 401, 66, 319, 495, 615, 116.

197	Colomex	=	colorantes
220	Cordemex	=	cordeleros
251	Decomex	=	decoraciones
252	Decormex	=	decoraciones
257	Demolmex	=	demoliciones
300	Edimex	=	editores
301	Editormex	=	editores
321	Eximpomex	=	exportación, importación
339	Ferremex	=	ferretería
408	Grabamex	=	grabaciones
462	Immex	=	imprentas
464	Impermex	=	impermeabilizantes
554	Litomex	=	litografías
567	Mademex	=	madererías
571	Maquimex	=	maquinaria
659	Meximex	=	importación, exportación
666	Mexinvest	=	investments
686	Mexorquestas	=	orquestas
692	Mex-Plomería	=	plomerías
746	Ormex	=	orfebrería
800	Plat-Mex	=	platerías
830	Publimex	=	publicidad
947	Tapimex	=	tapicerías
948	Taxi-Mex	=	taxistas

Aus der Komposition von Initialen und Silben entstandene Branchenbezeichnungen

7	Acomex	=	agentes comerciales
10	Adimex	=	administraciones e inversiones
22	Alcomex	=	„Aluminium Corporation"
74	Armex	=	accesorios y refacciones
231	Crimex	=	comisiones y representantes industriales
271	Difamex	=	distribución farmacéutica de insecticidas
288	Dotramex	=	documentadora y transportadora
336	Femmex	=	fábrica de equipos médicos
472	Inddiammex	=	industrias diamantistas
479	Ingramex	=	industrias gráficas
525	Labfarmex	=	laboratorios farmacéuticos
540	Laquimex	=	laboratorios químicos
568	Magamex	=	manufacturas galvanizadas

7. Der vollständige Name – Diachronie und Synchronie

7.1 Diachronische Aspekte

7.1.1 Die ersten Bildungen mit dem Nationalaffix (1911–1938)

Die Ergebnisse im lexikologischen Bereich stimmen mit den Nachforschungen im syntaktischen Bereich überein. Die Herausbildung der nationalen Reklamesprache steht in enger Verbindung mit dem Ausbruch der mexikanischen Revolution.

Am 19. Oktober 1911 läßt die Erdölgesellschaft „El Aguila" in der *Gaceta Oficiäl* des Handels- und Wirtschaftsministeriums ein Asphaltprodukt unter dem Namen *Bitumex* eintragen (s.S. 115). Es handelt sich bei dieser Bildung um eine *-ex* Bildung mit einer möglichen Interpretation als *-mex* Suffix (vgl. 5.3.3). Dieselbe Gesellschaft hatte im Jahre 1910 mit dem Slogan „Si no es del Aguila no es nacional" für ihre Produkte geworben und damit die Reihe der nationalen Werbung in Mexiko begonnen (s. S. 55). Im Jahre 1919 finden wir dann die erste Präfixbildung. Sie wurde von einer amerikanischen Getränkefirma erfunden und heißt *Mexi-Cola* (s. S. 116)[82a].

Im Jahre 1921 erscheint *Colomex* als Bezeichnung für medizinische Produkte einer amerikanischen Firma, und im Jahre 1923 erscheint dann zum ersten Mal *Mex* alleinstehend als Markenname und bezeichnet Gefriergeräte (s. S. 117)[82b].

Ab 1923 beginnt dann eine langsame, aber konstante Zunahme der Bildungen.

1924:	654	Mexifrance	(perfumeria)
	680	Mexoleo	(aceites y gasolina)
	682	Mexoline	(aceites)
	677	Mexoil	(aceites)
	154	Camex	(aparatos anunciadores)

Wohl auch aufgrund einer Zunahme der *-ex* Bildungen (1925: Madame-x, Pantex, Kleenex, Bexar, Simplex, Modex, Essex, Ex, Extra, Xpert, Opex, Galtex, Duplex usw.) bringen die folgenden Jahre in ansteigender Zahl und Raffinesse neue Mexbildungen[83]:

82a Dieser und die folgenden Belege wurden den entsprechenden Jahrgängen der *Gaceta Oficiäl* entnommen.

82b Auffallend ist, daß das mexikanische Wortbildungsmuster zuerst von ausländischen Firmen aufgegriffen und dann erst von den einheimischen Unternehmen weiterverwendet wird! [*Mexi-Cola, Calomex, Mex*] Vergleiche auch unseren Kommentar zu dem Entstehen eines Feldes der Reklamesuffixe auf -x in Mexiko (S. 80–82).

83 Dieses Material wurde anhand der *Gaceta Oficial* und den Telefonbüchern aus den Jahren 1928–1938 zusammengestellt.

Descripción de la marca:

La marca consiste esencialmente en la denominación "Bitumex." Esta denominación por lo general irá en una etiqueta circular limitada por una doble circunferencia de línea sencilla; dentro de esta circunferencia, y en línea paralela á la misma, dice, en la parte superior: "Compañía Mexicana de Petróleo," y en la inferior: "El Aguila," S. A.;" al centro, en una línea recta cargada hacia la parte superior va el título especificado "Bitumex," y en otra línea recta, cargada hacia la parte inferior, dice: "Minatitlán, V. C."

Sirve esta marca para distinguir asfalto, y se usará en etiquetas sobrepuestas, pintada directamente, grabada ó por cualquier otro procedimiento y en cualquiera forma representada sobre toda clase de empaques, cajas, etc., que contengan el producto, ó bien, á ser posible, directamente estampada bajo cualquier procedimiento y sistema sobre el mismo producto ó sobre los pisos, y toda clase de objetos y artefactos construídos con este mismo producto, ya sea solo ó en combinación con otros; se usará, además, en toda clase de papeles relacionados con la negociación, incluyéndose los avisos; y la representación podrá hacerse á una sola tinta ó color ó á varios, incluyéndose los metales; á cualquier tamaño, clase y tipo de letra y bajo cualquier procedimiento; y, en fin, se usará esta marca en cuantas formas y maneras se estime mejor y más conveniente, y en cuantos modos se acostumbre y estile en el comercio para hacer propaganda de un artículo y evidenciar su procedencia.

Así descrita la marca, lo que la interesada se reserva como de su propiedad, es lo siguiente:

Reservas:

Esencialmente la denominación "Bitumex" para distinguir asfalto, á cualquier tamaño, á cualquiera clase, forma y tipo de letra, á uno ó á varios colores, incluyéndose los metales; y ya sea sola ó unida á otras palabras, letras, adornos, figuras, etcétera, é independientemente del procedimiento y forma bajo los cuales se use y represente la marca.

El conjunto y aspecto todo de la etiqueta descrita y presentada, ya sea á uno ó á varios colores ó metales; á cualquier tamaño y representada bajo cualquier sistema y procedimiento.

Los cambios ó modificaciones que puedan hacerse con objeto de dar á la marca un aspecto visual, igual ó parecido; sin que sufra alteración la marca por el cambio, aumento ó supresión de signos y letras, adornos, etc., conservándose siempre los signos distintivos especificados.

Expediente número 20,109.—Certificado número 17,580.—Fecha lega: 19 de diciembre de 1919, a las 10 h. 30 m. a. m.

Harry Seymour Cornish. Nueva York, N. Y., E. U. A. Marca de fábrica para distinguir brebajes, denominada "Mexi-Cola".

A todos los que pueda interesar:

Sabed que yo, "Harry Seymour Cornish", fabricante, ciudadano americano, con domicilio en la ciudad de Nueva York, Estado de Nueva York, Estados Unidos de Norte América; y habiendo elegido para recibir notificaciones el despacho del señor Harvey A. Basham, situado ne la Ave del Cinco de Mayo número 2, Edificio "La Mutua", Ciudad de México, Distrito Federal, ha adoptado para su uso propio y exclusivo, una marca industrial denominada "Mexi-Cola", que sirve para distinguir toda clase de berbajes.

MEXI-COLA
HARRY SEYMOUR CORNISH,
NEW YORK CITY, NEW YORK, U. S. A.
M. Ind. RGTRDA
No. de de 1919

La marca que se desea registrar, consiste en la palabra compuesta "Mexi-Cola", debajo de la cual se encuentran el nombre y la ubicación del propietario.

La marca en lo general se aplica alos artículos que distingue de la manera más adecuada a su naturaleza, dibujándola, imprimiéndola o estampándola en los envases, cajas o envolturas que los contengan, o por medio de etiquetas impresas puestas sobre los mismos receptáculos, o de la manera que sea más conveniente a los usos del fabricante.

Reservas:

Hecha la descripción anterior, io que se reserva es la palabra compuesta "Mexi-Cola", así como el nombre y la ubicación del propietario, teniendo el derecho exclusivo de usar dicha marca en cualquier forma, tamaño, estilo, color, o combinación de colores para producir un efecto visual igual o parecido, en cualquier forma de letra o tipo de imprenta, sola o en unión de otras palabras o leyendas o de la manera que sea más adecuada a los usos del propietario, siempre para distinguir todos los artículos mencionados.

En testimonio de lo cual, he firmado la anterior descripción y las reservas como apoderado del señor "Harry Seymour Cornish", hoy día 18 de diciembre de 1919.

P. P. de "Harry Seymour Cornish",

Gonzalo Guzmán,
Apoderado

La marca que se presenta para su registro consiste sencillamente en la denominación "MEX," en la forma que se presenta y designa, o en cualquiera otra forma, estilo, color, tamaño específico y característico de dicha marca; siendo la parte esencial la denominación, en la parte superior se lee el nombre de los propietarios de la marca y la ubicación de la fábrica, y en la parte inferior se lee la inscripción que requiere la ley.

M. ONSGAARD & CIA., MEXICO, D. F.

Marca Ind. Reg. No. ....

La referida marca se usa aplicándola directamente a nuestros aparatos, o por medio de placas, o bien en las cajas que sirven de empaque, o de cuantas formas son de estilo en la industria y el comercio para evidenciar la especialidad y procedencia de un rtículo o mercancía.

Habiendo así descrito nuestra marca lo que nos reservamos es lo siguiente:

Reservas:

1a.—La propiedad exclusiva al uso de la denominación "MEX," en singular o plural, con o sin su respectivo artículo, independientemente de sus atributos accidentales o aditamentos, con leyendas o por sí sola o en conjunto de dibujos y figuras, la cual sirve para distinguir Refrigeradores, Heladoras, y en general toda clase de aparatos para refrigeración.

2a.—El derecho exclusivo de reproducir la marca por cualquier procedimiento manual o mecánico, en cualquier tamaño y proporciones, en cualquier color o combinación de colores. ya sea impresa, grabada, realzada, litografiada, estampada o pintada. y que sirve para distinguir Refrigeradores, Heladoras, y en general toda clase de aparatos para refrigeración.

En testimonio de lo cual firmamos la presente descripción y reservas por medio de nuestro apoderado, hoy en la Ciudad de México, Distrito Federal, a los ocho días del mes de octubre de mil novecientos veintitres.

Por M. Onsgaard y Cía.—**Vicente A. Ortiz,** Apoderado.

Marca de Fábrica Núm. 22769.—5 de Octubre de 1923, a las 10 h. 54 m. a. m.—CLASE 19.

1928:	808	Premex	(muebles y tapicería)
	147	Calmex	(productos de pesca)
1929:	942	Tamex	(refrescos)
1930:	148	Calmex	(aceites alimenticios)
1931:	390	Gasomex	(gas derivado del petróleo)
	691	Mexphalte	(asfalto)
	926	Spramex	(asfalto)
1932:	593	Mex	(ropa)
	987	Tox-Mex	(insecticida)
1933:	393	Gemex	(pulsera para reloj)
	587	Metexico	(camisas)
	599	Mex	(jabones)
	822	Promex	(pinturas)
1934:	110	Barmex	(esmaltes para uñas)
	191	Citymex	(ropa)
	350	Fitmex	(ropa y sombreros)
	403	Gilmex	(pinturas)
	735	Novelmex	(ropa)
	805	Pomex	(adobes de cemento y arena)
	875	Royalmex	(ropa interior)
	1004	Turimex	(ropa interior)
	1043	Vimex	(vinagre)
1935:	85	Artmex	(telas)
	173	Cera-Mex	(preparación para limpiar metales)
	329	Famex	(toallas sanitarias)
	526	Labimex	(productos químicos)
	557	Lubrimex	(lubricantes)
	784	Petromex	(petróleo y sus derivados)
	785	Pharmex	(productos medicinales)
	820	Promex	(conservas)
	880	Sanimex	(muebles para consultorios médicos)
1936:	158	Carbomex	(carbones)
	545	Leo-Mex	(calzado)
	667	Mexipica	(salsas picantes)
	712	Mocromex	(aparatos telefónicos)
	754	Paceno-Mex	(calzado)
	956	Telamex	(telas)
1937:	84	Artmex	(medias)
	244	Cura-Mex	(algodón)
	570	Mantemex	(manteca)
	730	Normex	(preparados antisépticos)
	930	Sul Mex	(calzado)
1938:	21	Albamex	(productos químicos)

118

405	Glifo-Mex	(productos para tabaco)
417	Guaymex	(ostiones en conserva)
450	Ibero Mex	(conservas)
457	Imex	(accesorios para automóviles)
554	Lito Mex	(impresiones)
561	Lummex	(persianas)
684	Mexolux	(linternas)
698	Mexther	(calzado)
709	Milimex	(armas)
858	Remex	(aparatos eléctricos de calefacción)
882	Sanmex	(protectores sanitarios)
945	Tampimex	(betún para uso en manufacturas)

Wir sehen, daß die Bildung mit dem Nationalaffix in dem Jahr 1938 bereits populär ist.

7.1.2   Die Herausbildung eines „leaderword"

A   – Die Verstaatlichung des Erdöls (1938)

Im März des Jahres 1938 wird unter Lázaro Cardenas das Erdöl in Mexiko verstaatlicht. In den Gründungsakten vom 18. März 1938 erscheint noch der volle Name *Petróleos Mexicanos*[84].

Im kommerziellen Teil des Telefonbuches der „Compañía Telefónica y Telegráfica"[85] erscheint im September 1938 zum ersten Mal die Abkürzung „*Pemex*" für *Petróleos Mexicanos:* „Todo México adelanta con Pemex", (s. S. 120), während im alphabetischen Teil, dessen Publikationsliste vorher abgeschlossen worden war, noch immer *Petróleos Mexicanos* steht.

Im darauffolgenden Jahr bringt die „Empresa de Teléfonos Ericsson" in dem alphabetischen Teil noch die graphische Übergangslösung *Pe-Mex* (s. S. 121).

Im kommerziellen Teil des Telefonbuches desselben Jahres erscheint Pe-Mex und auf derselben Seite die Annonce „Petróleo Combustible *Pemex*" (s. S. 122).

In demselben Jahr 1939 bringt die *Gaceta Oficial* neben dem aus *Petróleos Mexicanos* entstandenen *Pemex* noch zwei weitere *Pemex* (s. S. 123).

Außerdem existiert ein *Pemex-Penn* (aceite lubricante), das vermutlich

---

84 Ein Teil der Erstbelege aus dem Jahre 1938 wurde von Prof. Baldinger ermittelt (ZRP 86, Heft 5/5, 1970, S. 625).
85 Die *Compañía Telefónica y Telegráfica* wurde 1889 gegründet. Im Jahre 1908 folgte die *Empresa de Teléfonos Ericsson*. 1951 verbanden sich beide Unternehmen zu der *Compañía Telefónica y Telegráfica Mexicana* mit einem einzigen Telefonbuch. Im Jahre 1972 wurde das Unternehmen verstaatlicht.

PEREZ y Soto Sofía, Misceláneas, Medellín 184.. .. 469-62
PEREZ y Soto Sofía, Pedro Moreno 153-1.. 686-61
PEREZ y Toledo, Establo, Orleans 25.. 973-53
PEREZ Yáñez Amador, Insurgentes 327-4.. 493-98
PEREZCANO Alfredo J. Lic. 5 de Mayo 39-408-10.. 266-73
PEREZCANO María Arroyo de Anda de, Pomona 53.. 400-11
PERFORADORES de México, S. C. L. Cada.
Guadalupe 591.. 712-04

PERFUMERIA Castillo, S. A. Cada. Nonoalco 499... 605-18
PERFUMERIA "Cleopatra", Guillermo Bueno U.
Rep. de Chile 6 A.. 308-87
PERFUMERIA "Chang", Madero 12 bis.. 206-43
PERFUMERIA Daniel, S. de R. L. Madero 36.. 244-56
PERFUMERIA Diana, S. A. Pino Suárez 11.. 279-45
"PERFUMERIA Floralia", S. A. Rep. del Salvador 78. 215-90
"PERFUMERIA Imperial", Mfra. de Perfumes y
Jabones, S. A. J. de la Barrera 63.. 453-18
PERFUMERIA Madelón, Bolívar 23.. 208-48
PERFUMERIA "París", Madero 66.. 282-40
"PERFUMERIA París", Madero y Palma.. 347-34
"PERFUMERIA Way", Jorge Ch. Way, Mesones 82-2.. 386-23
PERFUMES BOURJOIS, S. A. AMORES 356, { 473-63
COL. VALLE.. .. .. { 473-65
Ext. 1 Almacén.
,, 2 Bodegas.
,, 3 Agentes.
,, 4 Gerencia.
,, 5 Oficinas.
,, 6 Compras.
PERFUMES, S. A. Tacuba 13.. 337-78
PERKINS Eduardo Clarence, Morelos 66 y 68.. 247-45
PERNAS C. José, Dr. 5 de Febrero 91-2.. 318-77
PERNAS Francisco, Abarrotes, 5 de Febrero 372.. 912-46
PEROCHENA Miguel, Panificadoras.
Lerma 115.. 447-17
Pánuco 178.. 860-69
PEROGORDO y Lasso Moisés, Ing. Liverpool 156.. 417-56
PERRET Henry, Cónsul General de Suiza, Querétaro 90 410-01
PERRILLIAT Albertina M. Vda. de, Revillagigedo 57. 303-32

PETER Gustav, Dr. Explanada 1045.. 582-08
PETER Gustav, Dr. Gabino Barreda 34.. 607-59
PETER Rodolfo, Ing. Tiburcio Montiel 81.. 512-69
PETERSEN H. Corredor, Uruguay 73-25.. 254-99
PETERSEN Hans, Martí 126.. 502-72
PETERSEN Peter, Dr. Inglaterra 28.. 553-87
PETERSON Moriel Concepción R. de, Ometusco 103.. 519-80
PETERSON Moriel Gustavo, Ing. Sultepec 18.. 502-02
PETERSON Tomás Ed. Berlín 124.. 952-94
PETIT Ana María Escobedo de, Chopo 112.. 615-63
PETRICIOLI Ada I. de, Citlaltépetl 11.. 429-56
PETRICIOLI Luz, Patriotismo 29.. 520-21
PETRICH e Hijo Carlos, Rptes. Uruguay 19-10.. .. 306-34
PETRIDES Nicolás, Tintorería, Huatabampo 44.. .. 406-04
PETRIDES Trasiboulos D. Tabaquería, Madero 8.. .. 275-39
PETRILLI Emilia A. de, Chihuahua 102-2.. 493-21
PETROLEOS de México, S. A. Colón 41.. 245-35
Con 10 líneas de ext.
Ext. 1 Gerencia.
,, 2 Depto. de Producción.
,, 3 Superintendente Gral.
,, 4 Contaduría.
,, 5 Distribución y Ventas.
,, 6 Conmutador.
,, 7 Depto. Legal.
,, 8 Secretaría Particular.
,, 9 Depto. de Compras.
,, 10 Laboratorios.
Depto. de Ventas.. 284-64
Secretaría Particular.. 333-55
Almacenes, Manuel González 143.. 603-18
PETROLEOS León, S. A. I. 1a Católica 33-505-506. 258-01
PETROLEOS MEXICANOS (PE-MEX).
Consejo Administrativo del Petróleo, Juárez 92-94-325.
Depto. de Juntas.. 218-45
Depto. de Marina.. 281-04
Depto. de Previsión Social.. 323-34
Depto. de Especialidades, Bucareli 35.. 259-74
Depto. de Ventas, Mayoreo, Bucareli 35.. 252-99
Gerencia de Producción.. 258-25
Sección No. 4, Juárez 94.
Oficinas Generales.. 804-10
Con 6 líneas directas.
Distribución y Transportes.. 804-10
Sección de Petróleo Combustible.. 804-10
Gas Aguilane.. 308-36
Gerencia de Finanzas.. 258-27
Sección de Lubricación.. 804-10
Divisiones Norte, Sur, Este y Oeste.. 804-10
Superintendente División México.. 327-03
Agencia de Ventas para el D. F.
Juárez 89.. 211-70, 256-60, 305-28
Agencia Gral. de Materiales.. 244-49
Depto. del Personal.. 233-50
Ofi. Ing. R. Mitchell.. 242-44
Materiales, Ref. en Atzcapotzalco.. 736-92
Bodega, Refinería en Atzcapotzalco.. 737-21
Estación "Aguilaco", Cada. Piedad y Querétaro.. 453-69
Refinería en Atzcapotzalco.. 740-06
Refinería en Atzcapotzalco, Depto. de Distribución y
Embarques, Cada. Atzcapotzalco y Otoño.. 743-07

122

PASTIS; Licor aperitivo, a base de anís; Marc....
39187; 49.

PASTOMIEL; Forrajes y pasturas para el ganado
y en general toda clase de alimentos para ganado; Marc. 39341; 46.

PATO PASCUAL CON COLA DE CABALLO; Artículos de papelería y escritorio; Marc. 39705;
37.

PATORUZU; Impresiones, publicaciones y tiras de
historietas ilustradas; Marc. 39424; 38.

PATRIA; Camisas para hombre; Marc. 39490; 39.

PATRIA; Toda clase de jabones de lavandería y tocador; Marc. 39958; 4.

PATS (Con reserva a colores); Algodón absorbente
para usos medicinales; Marc. 39260; 44.

PATTI; Camisas, camisetas, calzones, ligas, tiran-
tes, etc.; Marc. 39469; 39.

PECTODYN; Productos medicinales; Marc. 39863; 6.

PEMEX; Cartón impermeabilizado para techos;
Marc. 38989; 12.

PEMEX; Petróleo y sus derivados; Marc. 39384;
15.

PEMEX (Con reserva a colores); Toda clase de ropa, como trajes de casimir, trajes de mezclilla,
blusas de mezclilla, cachuchas, etc.; Marc....
39498; 39.

PEMEX-PENN; Aceite lubricante para automóviles;
Marc. 38986; 15.

PENTAZOL; Preparación medicinal tónico cardíaco,
estimulante del aparato respiratorio y de la circulación; Marc. 39012; 6.

PEÑA; Mezcal; Marc. 39324; 49.

PEPP; Bebidas sin alcohol a base de jugos de frutas, esencias y jarabes; Marc. 39877; 45.

PEPSINASE; Preparaciones medicinales para en-
fermedades intestinales, etc.; Marc. 39577; 6.

PEPTO-YOD-HAM; Preparaciones medicinales em-
pleadas en afecciones del aparato circulatorio,
etcétera; Marc. 39944; 6.

PERES BLANCS; Vinos de mesa; Marc. 39667; 47.

PERLA BLANCA DE TEHUACAN; Aguas minerales y gasificadas en general; Marc. 39885; 45.

PERRO; Jabones; Marc. 39310; 4.

PETIT; Chicles y dulces de todas clases; Marc...
39210; 46.

PETRONIO; Perfumes, polvos, cremas, lociones, bri-
llantinas, etc.; Marc. 39516; 6.

PETRORRAS; Aguarrás sintético; Marc. 39029; 15.

PHARGA, S. A.; Toda clase de bombas y válvulas
para agua, aeromotores y perforadoras; Marc.
40089; 23.

die Übernahme eines Produktes der *Penn-Mex* ist: *Penn-Mex* ist der Name der mexikanischen Filiale der „South Pennsylvania Oil Company", die ab 1928 unter diesem Namen in dem Telefonbuch der „Empresa de Teléfonos Ericsson" annonciert.

Im Zusammenhang mit der Wortschöpfung *Pemex* ist vermutlich auch die Bezeichnung *Petromex* zu sehen, die zum ersten Mal 1935 in der *Gaceta Oficial* und dann im Telefonbuch der „Empresa de Teléfonos Ericsson" erscheint (s. S. 125).

Petromex war zu diesem Zeitpunkt eine halbstaatliche Ölgesellschaft. Es wäre möglich, daß der bereits vorhandene Name *Petromex* später eine weitere Verkürzung erfahren hat und zu *Pemex* wurde, das wiederum zum „leaderword" für alle weiteren Bildungen mit dem mexikanischen Nationalaffix wurde.

B   – Die Jahre nach der Verstaatlichung des Erdöls (1939–1972)

Wie wir sahen, nahm die Wortbildung mit dem Nationalaffix in der mexikanischen Reklamesprache von der Zeit der mexikanischen Revolution bis zu der Zeit der Nationalisierung des Erdöls erst in kleinen Schritten und dann in großen Schritten zu. Im Jahre 1938 war die Bildung bereits „normalisiert", d.h. es konnten beliebig viele Bildungen nach demselben Schema erfunden werden.

Im Jahre 1939 ist die Zahl der Suffixbildungen für den Buchstaben A im kommerziellen Teil des Telefonbuches der „Empresa Telefónica Ericsson" bereits auf 35 angestiegen, und während 1938 und 1939 die Zahl der Präfixbildungen konstant 3 ist, so ist sie 1940 schon auf 4, 1947 auf 8 und 1962 mit einem Sprung auf 48 und 1970 auf 51 Bildungen angestiegen.

1962 haben wir in dem Telefonbuch der Hauptstadt allein 436 neue Bildungen zu verzeichnen, eine Zahl, die wir nach Überarbeitung des Telefonbuches des *Distrito Federal* aus dem Jahre 1970/71 auf 679 Bildungen erhöhen konnten.

Von den 436 Firmen im Jahre 1962 verschwanden allerdings 202 aus dem Telefonbuch des Jahres 1970/71. Neu hinzu kamen 243 Firmen. Statt der 436 Namen von 1962/63 verzeichnet das Telefonbuch 1970/71 jetzt 477 Namen.

Die Zahl der insgesamt aufgefundenen und verzeichneten Namen hat sich also wesentlich – um 243 Namen – erhöht, die Zahl der im Telefonbuch registrierten Namen erhöhte sich zahlenmäßig aber nur um ganze 41 Firmen.

Muß man also von einem Rückgang der Bildungen in den letzten Jahren sprechen?

Es scheint, daß das rasche Verschwinden der Firmen durch eine ebenso rasche Zunahme neuer Unternehmen, bzw. neuer Firmennamen ausgeglichen wird. Es ergibt sich daraus, daß die Zahl der verschwindenden Firmen im Vergleich zu den bestehenden und neu hinzukommenden unterlegen ist und

124

die Vitalität der Bildung für die kommerzielle Bezeichnung auch heute nicht in Frage gestellt werden kann.

7.2   Synchronische Aspekte

7.2.1   Strukturen der kommerziellen Bezeichnung

A   – Identität des Signifiant

Es gibt in Mexiko durch das *Registro de Marcas y Patentes*, das in dem Wirtschaftsministerium ausliegt, eine offizielle Namenskontrolle, die einen Namen innerhalb derselben Branche vor Imitationen schützt.

Ein Hersteller von Plastikprodukten zum Beispiel kann aber aus Konkurrenzgründen seinen Produktnamen *Plasti-Art* sowohl unter „artículos de plástico" als auch unter „artes plásticas" eintragen lassen und somit in zwei

125

verschiedenen Branchen *dasselbe* Produkt unter *demselben* Namen anbieten.

Es gibt andererseits aber auch Marken- und Firmennamen, die sowohl in verschiedenen Branchenregistern als auch mit verschiedenen Telefonnummern registriert sind. Es handelt sich in diesen Fällen um *verschiedene* Firmen, die *denselben* Namen gebrauchen, da der Name nur in einem branchenfremden Bereich existiert und somit zu keiner Verwechslung mit der Konkurrenz führen kann.

In allen diesen Fällen liegt eine Identität auf der Ebene des *Signifiant* vor – eine Identität, die oftmals mit Variationen durchgespielt wird[86].

a) Identität mit und ohne graphische Variationen[87]

10	Adimex	=	hipotecas
11	Adimex	=	aditivos de concreto
17	Agui Mex	=	camas
18	Aguimex	=	papelería
25	Alfa Mex	=	distribuidora de perfumes
26	Alfa Mex	=	aparatos cinematográficos
27	Alfa-Mex	=	eléctrica
34	Almex	=	metales
35	Almex	=	ediciones
36	Almex	=	artículos de escritorio
39	Alum-Mex	=	herrería
40	Alumex	=	aluminio
41	Alvamex	=	pescados
42	Alvamex	=	metales
45	Amex	=	construcciones
46	Amex	=	representantes de empresas extranjeras
47	Amex	=	aparatos médicos
67	Argomex	=	impulsora
68	Argo-Mex	=	taller
71	Armex	=	sweaters

---

86 In diesem und dem folgenden Kapitel werden jeweils nur einige Beispiele zitiert. Weiteres Material findet sich in dem Register.
87 Oft handelt es sich bei der Identität auf der Ebene des *Signifiant* um verschiedene Etymologien, z. B. 105
   105 Banamex = *Ba*nco *Na*cional de México und
   106 Banamex = harina de *bana*na.

72	Armex	=	ropa niños
73	Armex	=	impulsora de aire
74	Armex	=	refacciones
75	Aremex	=	compra-venta

76	Artemex	=	marcos y molduras
77	Artemex	=	joyería
78	Artemex	=	telas de seda

80	Artmex	=	artículos de piel
81	Artmex	=	productora cinematográfica
82	Artmex	=	tarjetas postales
83	Artmex	=	guarniciones
84	Artmex	=	medias
85	Artmex	=	hilos, telas

94	Auto-Mex	=	refacciones
95	Auto Mex	=	venta de automóviles

In einigen der zitierten Fälle handelt es sich um vollkommen verschiedene Branchen und die Namen sind identisch: *Adimex, Almex, Alvamex, Amex, Artemex, Artmex.*

In anderen Fällen wird der Name graphisch variiert: *Agui-Mex* und *Aguimex*, *Alfa Mex* und *Alfa-Mex*, *Alum-Mex* und *Alumex*, *Argomex* und *Argo-Mex*, *Auto-Mex* und *Auto Mex*. In dem Fall *Alum-Mex* und *Alumex* wird graphisch innerhalb derselben Branche ein neuer Name geschaffen.

Bei *Armex* (sweaters) und *Armex* (ropa niños) ebenso wie bei *Auto-Mex* (refacciones) und *Auto Mex* (venta de automóviles) handelt es sich um dieselbe Branche und um denselben Namen — in beiden Fällen ist derselbe Name in derselben Branche, aber zu verschiedenen Zeiten auf dem Markt:

71	Armex (sweaters)	1962
72	Armex (ropa niños)	1970

94	Auto-Mex (refacciones)	1962
95	Auto Mex (venta de autos)	1970

b) Variationen durch Hinzufügen oder Weglassen eines Phonems

In vielen Fällen, etwa bei *Alumex* und *Alum-Mex* wird durch das Hinzufügen eines Phonems ein neuer Name geschaffen[88].

5	Acer Mex	=	bicicletas
6	Aceromex	=	aceros

---

88 Vergleiche das Kapitel über vokalischen oder konsonantischen Anschluß (S.90–92).

53	Ammex	=	imprentas
47	Amex	=	aparatos médicos
48	Amexa	=	pintura de automóviles
68	Argo-Mex	=	taller
69	Argos-Mex	=	comisionistas
114	Bellmex	=	productos de belleza
115	Bel-Lo-Mex	=	papelería
116	Belmex	=	plásticos

c) Variation durch Änderung des Bindevokals

76	Artemex	=	marcos y molduras
80	Artmex	=	artículos de piel
79	Artimex	=	curiosidades
27	Alfa-Mex	=	eléctrica
28	Alfi-Mex	=	cintas
29	Alfomex	=	alfombras
133	Bramex	=	ingeniería
134	Bri-Mex	=	materias para dulces
137	Bromex	=	troquelados
138	Brumèx	=	mesas de billar

d) Variation durch lautliche Ähnlichkeit

In diesen Fällen klingt der Name ähnlich – etymologisch handelt es sich aber um vollkommen verschiedene Lexeme:

128	Bom-Mex	=	bomba de mano para agua
129	Bon-Mex	=	boneterías
238	Cromo Mex	=	muebles de acero
239	Cronomex	=	relojes

e) Variation durch Umstellen des Affixes

342	Fibra Mex	=	fábrica
638	Mexfibra	=	fibras
761	Pan Mex	=	panaderías
688	Mexpan	=	levaduras
959	Telmex	=	telas
697	Mextel	=	distribuidora de radios
1017	Usamex	=	importadores y exportadores
705	Mex-Usa	=	importación y exportación

f) Variation durch ungewöhnliche Schreibweise

107	Bancomex	=	banco
108	Bankomex	=	banco

306	Electromex	=	material eléctrico
307	Elektromex	=	taller eléctrico

g) In einigen Fällen läßt sich das gekürzte Basislexem auf mehrere verschiedene Etyma zurückzuführen und wird deswegen von verschiedenen Firmen verwendet; z. B. *Co-:* *co*lores, *co*mercial, *co*operación, *co*mpañía, *co*nstrucciones

202	Comex	=	pinturas
203	Comex	=	listones
204	Comex	=	exportadores
205	Comex	=	productos de tocador
206	Comexa	=	automóviles

h) In anderen Fällen ist das Basislexem nicht an eine bestimmte Branche gebunden und bietet sich deshalb zur Mehrfachverwendung an; z. B. *Serv-:* *serv*icio, *serv*ir

894	Servi-Mex	=	máquinas de escribir
895	Servimex	=	refrigeración
896	Servimex	=	gasolina y lubricantes
897	Servimex	=	lavado de tapetes
898	Servirmex	=	máquinas de escribir
899	Servmex	=	limpiadora de alfombras
900	Servomex	=	instrumentos de medición

B — Identität des Signifié

Bei der Beschränkung auf nur eine Branche bleibt es den einzelnen Firmen überlassen, der Konkurrenz und den Gesetzen des Namenschutzes durch Neuschöpfungen auszuweichen. Die Varianten bewegen sich in diesem Fall auf der Ebene des *Signifié*. Mit anderen Worten: Lautete die Frage im vorhergehenden Kapitel „Welche Branchen bedienen sich desselben Wortes? ", so heißt die Frage jetzt: „Welche Namen werden in derselben Branche verwendet? "

a) das Signifiant bleibt dasselbe

α) Kürzung durch Weglassen der Endsilben
— Bremsvorrichtungen beim Auto:

371	Fremex	=	frenos
372	Frenomex	=	frenos

– Benzinfirmen:

387	Gasolmex	=	gasolina
388	Gaso-Mex	=	gasolina

– Verlage:

300	Edimex	=	editores
301	Editormex	=	editores

– Druckereien

462	Immex	=	imprenta
466	Impremex	=	imprenta

– Drogerieartikel:

878	Samex	=	sanitaria
880	Sanimex	=	sanitaria
882	Sanmex	=	sanitaria

– Metallherstellung:

34	Almex	=	aluminio
39	Alum -Mex	=	aluminio
40	Alumex	=	aluminio

– Dieselmotore:

270	Diesel-Mex	=	motores „Diesel"
273	Dimex	=	motores „Diesel"

β) Kürzung durch Weglassen der Anfangssilben
– Kühlschränke:

854	Remex	=	refrigeradores
374	Frimex	=	refrigeradores

– Benzin:

387	Gasolmex	=	gasolina
681	Mexolina	=	gasolina

– Aluminium:

40	Alumex	=	aluminio
560	Lummex	=	puertas de aluminio

b) Varianten durch ein anderes Lexem aus demselben Bereich

– Reklamefirmen:

478	Informex	=	información

130

733	Notimex	=	noticia
830	Publi-Mex	=	publicidad
851	Relamex	=	relaciones

– Reinigung:

192	Clinmex	=	engl.: clean
199	Colormex	=	colores
262	Determex	=	detergentes
541	Lavamex	=	lavandería
965	Teñimex	=	teñido

– Filmindustrie:

182	Cimex	=	cinematográfica
346	Filmexsa	=	filmaciones
770	Peli-Mex	=	películas
809	Procinemex	=	promotora cinematográfica
817	Pro-Mex	=	producción
925	Sonomex	=	sonoridad

– Tourismus:

229	Craft Mex	=	engl.: handcraft
623	Mex Art	=	artesanías
636	Mex Curios	=	curiosidades
627	Mexatours	=	engl.: tours
721	Mundomex	=	mundo
762	Panoramex	=	vista panorámica
1039	Viamex	=	viajes

– Schmuckgeschäfte:

58	Animex	=	anillos
77	Artemex	=	arte
135	Brimex	=	brillante
239	Cronomex	=	griech.: cronos
266	Diamex	=	diamante
393	Gemex	=	gema
514	Joyamex	=	joyas
746	Ormex	=	orfebrería
800	Platmex	=	platería
907	Silmex	=	engl.: silver
919	Sol-Mex	=	sol

c) Varianten durch Namensbezeichnungen[89]

---

[89] Alle Beispiele stammen aus dem Bereich der Handelsunternehmen.

α) Personennamen:

23	Aldamex	=	Aldave
56	Andromex	=	Andrés
67	Argomex	=	Argos
125	Blomex	=	Bloch

β) Ländernamen:

46	Amex	=	América y México
368	Francimex	=	Francia y México
494	Isramex	=	Israel y México
614	Mex-Amer	=	México y América
886	Scandia-Mex	=	Escandinavia y México
1017	Usamex	=	USA y México

d) Varianten durch Zusammensetzungen mit Silben oder Phonemen
mehrerer Lexeme[90]

7	Acomex	=	*a*gentes *co*merciales
167	Celamex	=	*ce*ntro *la*boral
217	Copramex	=	*Co*nfederación *Pa*tronal de la *Re*pública *Méx*icana
221	Coremex	=	*co*misiones y *re*presentaciones

Wir sehen, daß in dem Bereich der kommerziellen Namensgebung alles erlaubt
ist — außer der Wiederholung eines Namens innerhalb derselben Branche.

Dasselbe Wort wird oft gleichzeitig von mehreren Industrien verwendet —
erlaubt und gesucht sind dabei alle möglichen Varianten: Einfügen eines Bindestrichs, verschiedene Kürzungen des Wortes, verschiedene Schreibweisen.

Handelt es sich darum, innerhalb derselben Branche neue Namen zu erfin-
den, so sind alle oben genannten Varianten möglich, zusätzlich die Verwendung anderer, mit der Branche verwandter Lexeme, die Bezeichnung mit
Personen- und Ländernamen sowie Zusammensetzungen mit den Silben und
Phoneme mehrere Lexeme.

Einziges Ziel bei der kommerziellen Namensgebung ist die Sonorität und
die Einprägsamkeit des Wortes — in vielen Fällen gibt der kommerzielle Name
dementsprechend nur bedingt zusätzliche Information über den Branchenbe-
reich.

7.2.2 Synchronischer Vergleich der Branchenaufteilung[91]

Fragen wir uns, in welcher Branche der mit dem Nationalaffix zusammengesetzte Name am häufigsten erscheint.

---

90 Alle Beispiele stammen aus dem Bereich der Handelsunternehmen.
91 Genaue Angaben über das Zahlenverhältnis der Branchen zueinander finden sich
   in dem dokumentarischen Teil.

Nicht alle Namen, die in unserem alphabetischen Register erscheinen, sind
leicht einer bestimmten Branche zuzuordnen. Viele Namen geben keine Auskunft über die spezifische Branche, und nicht in jedem Fall konnte auf schriftlichem Weg (Brief) oder mündlich (Telefonanruf) diese Frage geklärt werden.
Diese nicht immer von der Worterklärung wohl aber von der Branchenzuordnung ungeklärten Marken- und Firmennamen erscheinen unter der Branchen-
rubrik: „Varios (V)". Diese Rubrik ist im Verhältnis zu der Gesamtzahl der
registrierten Namen (1060) relativ klein: 100 Namen.

In drei Fällen konnte wohl die Branche festgestellt werden, aber aufgrund
mangelnder Auskunft waren diese Branchen nicht näher zu definieren und
somit in vorhandene Branchen einzuordnen. Sie erscheinen unter: „Ramos
no identificados (Z)".

Alle übrigen Namen wurden − so gut wie möglich − in 59 verschiedenen
Branchen untergebracht.

An erster Stelle steht die Autoindustrie mit 75 verschiedenen Marken- und
Firmennamen. Sie wird gefolgt von den Handelsunternehmen mit 55 Namen.
An dritter Stelle steht die Chemieindustrie mit 51 Namen. Nicht viel weniger
hat die Kleidungsindustrie: 49. An fünfter Stelle steht das Baugewerbe: 46
Namen zusammen mit den Haushaltsartikeln: 46.

Es folgen in der Reihenfolge: Elektroindustrie, Metallindustrie und Nahrungsmittelindustrie.

Wir sehen also, daß sowohl die Autoindustrie als auch die Kleidungsindustrie, ebenso wie bei den Slogans, unter den am häufigsten vertretenen Branchen erscheinen. Wir können aber sagen, daß die Branchen bei der kommerziellen Namensgebung viel weiter gestreut sind als bei den Werbeslogans. Nur
ein Teil wendet sich an den Normalverbraucher (Auto-, Kleidungs- und Nahrungsmittelindustrie sowie Haushaltsartikel), während der Industrieabnehmer
viel stärker in den Vordergrund tritt: Handelsunternehmen, Chemieindustrie,
Baugewerbe, Elektroindustrie und Metallindustrie.

Schematisch ließe sich das Ergebnis folgendermaßen zusammenfassen:

I. Industrieabnehmer:	1. Handelsunternehmen	(55 Namen)
	2. Chemieindustrie	(51 Namen)
	3. Baugewerbe	(46 Namen)
	4. Elektroindustrie	(41 Namen)
	5. Metallindustrie	(41 Namen)
II. Normalverbraucher:	6. Autoindustrie	(75 Namen)
	7. Kleidungsindustrie	(49 Namen)
	8. Haushaltsartikel	(46 Namen)
	9. Nahrungsmittelindustrie	(40 Namen)

Graphische Darstellung:

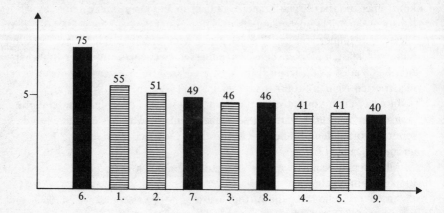

III. ZUSAMMENFASSUNG DER ERGEBNISSE DES TEXTTEILS

Wir stellten fest, daß das nationale Bezugswort in dem Slogan eingebettet ist in verschiedene semantische Assoziationsfelder oder auch Kontrastfelder, die dem Bezugswort einen bestimmten affektiven Gehalt geben.

Das Nationalaffix seinerseits steht in engem Zusammenhang mit einer Reihe weiterer Reklamesuffixe, allen voran mit dem weitverbreiteten Suffix -ex. Wir sahen, wie das Nationalaffix aufgrund dieses suffixalen Feldes entsteht und ständig an Boden gewinnt. Heute steht ihm innerhalb der Reklamesuffixe auf -x als einziger Konkurrent nur das Suffix -ex an Vitalität nichts nach.

Bei der Betrachtung des Kontextes, d. h. des das Bezugswort innerhalb des Slogans umgebenden Textes, kamen wir zu dem Ergebnis, daß hier alle Charakteristiken, die sonst die Reklamesprache kennzeichnen, anzutreffen sind: Die Wiederholung als Mittel der Verstärkung, die Satzverkürzung als Mittel der Konzentration, emphatische Vorstellung des Adjektivs, häufiger Gebrauch des Superlativs usw.

Gleiches gilt auch für das Basislexem, das mit dem Affix zusammen den Reklamenamen bildet. Allgemeine Regeln der Wortbildung im Bereich der Reklamesprache werden respektiert: vielfältige Wortverkürzungen, aus Einzelelementen zusammengesetzte Namen, ungewöhnliche Schreibweise usw. Auch die Bezeichnung durch das Produkt, einen Personennamen oder die Branche finden wir generell in der Reklamesprache.

In der externen Motivation ihrer Entstehung sind sich Reklamename und Werbeslogan ebenfalls gleich: beide entstehen aufgrund eines ausgeprägten und plötzlich aufkommenden Nationalgefühls zur Zeit der mexikanischen Revolution, beide stehen zumindest bis in die dreißiger Jahre in engem Zusammenhang mit der Werbung der Erdölindustrie.

In dem Bereich der Branchenaufteilung lassen sich auch gewisse Parallelitäten feststellen: beide, Slogan und Reklamename, haben ihren Schwerpunkt im Bereich der Luxuskonsumgüter wie Autoindustrie, Kleidungsindustrie und Alkoholika. Während sich jedoch der Slogan an den Normalkonsumenten richtet, finden wir den Reklamenamen ebenfalls in dem Bereich der Industrie- und Handelsunternehmen.

Letztlich kann man auch eine Parallelität in der Funktion des nationalbezogenen Teils eines Wortes oder eines Satzes zu seiner Umgebung feststellen: Während bei dem Namen das Basislexem und bei dem Slogan der Kontext die intellektuelle Information liefern, fällt dem Affix oder dem nationalen Bezugswort die Rolle der *emotionalen Werbung* zu.

Wenn wir nun in Betracht ziehen, daß sich die Ergebnisse unserer Arbeit auf den lateinamerikanischen und bedingt auch auf den europäischen Raum übertragen lassen[1], so kommen wir zu dem Schluß, daß in der Tat die Möglichkeit einer Internationalisierung im Bereich der Reklamesprache gegeben ist – Internationalisierung in dem Sinne, daß dieselben Nationalisierungstendenzen in der Reklamesprache sich in vielen Ländern wiederfinden[2].

Es wäre interessant, eine vergleichende Untersuchung über die Bildung von Markennamen aus verschiedenen Ländern in Angriff zu nehmen. Ganz bestimmt würden sich dabei gewisse Elemente einer auf diesem Gebiet internationalen Sprache abzeichnen[3].

Eine solche Fragestellung, etwa auch im diachronischen Bereich[4], wäre eine sinnvolle Weiterführung unserer Arbeit.

---

1 Vergleiche Kommentar zu der Liste der Parallelbildungen im Anhang.

2 Mit der Frage nach der Möglichkeit einer Internationalisierung der Sprache auf dem Gebiet der Werbung beschäftigt sich auch Brunot-Bruneau, Précis de grammaire historique de la langue française, Paris, 3. Aufl. 1964, S. 150.
Ähnliche Gedanken finden wir wieder bei E. Morgenroth, Sprachpsychologische Bemerkungen zur Wortbildung, GRM 6, 1914, S. 617, im Zusammenhang mit der Wortbildung und bei Lapesa im Hinblick auf eine Internationalisierungstendenz der Sprachen im allgemeinen (Lengua, S. 200).

3 Bieri, S. 70.

4 Wir sind der Frage nach einem möglichen Zusammenhang mit der Wortzusammensetzung in den USA anhand einiger Telefonbücher nachgegangen. Wir untersuchten 3 Bände aus New York (1970) nach Präfixbildungen:
a) Staten Island: 24 Bildungen (Amer-)
b) The Bronx: 140 Bildungen (Amer-)
c) Queens: 198 Bildungen (Amer-, Ameri-)
Es scheint jedoch, daß die Bildungen mit *Amer-* in der Mehrzahl keine echten Ableitungen sind, sondern oft mit Punkt abgekürzte Adjektive (Amer. und Ameri.) Beispiele für „echte Wortzusammensetzungen sind: *Amerford* und *Ameritax*.
Daraufhin untersuchten wir zwei Telefonbände aus Texas:
a) San Antonio (September 1970): 26 „echte" Bildungen (Tex-)
b) Dallas (September 1970): 45 „echte" Bildungen (Tex-)
Es bliebe also zu untersuchen, inwieweit es sich bei der vorliegenden Wortbildungsart nicht um ein Einflußgebiet der romanischen Ableitungen auf amerikanischem Boden handelt, z.B. Shelltex (1919).

IV. ANHANG

A. Parallele Bildungen in lateinamerikanischen Ländern

Es handelt sich hierbei um kommerzielle Bezeichnungen in Lateinamerika, die mit einem Nationalaffix gebildet sind. Sie wurden innerhalb der letzten zehn Jahre anhand von Aufzeichnungen Prof. Baldingers (+) sowie eigenen Notizen anhand der Konsultationen von Telefonbüchern im jeweiligen Land oder in Mexiko zusammengetragen[1]. Es handelt sich bei dieser Zusammenstellung um keine komplette Materialsammlung – es soll nur auf die Parallelerscheinungen als solche hingewiesen und die Übereinstimmung in den Wortbildungsmustern dargelegt werden[2]. Auffallend ist, im Unterschied zu Mexiko, die Vielzahl der Affixvarianten innerhalb der zitierten Länder.

1. Brasilien

1.1 Präfixe[3]:   Bra-, Bras-, Brasi-, Brasil-
1.2 Infixe: -bras-
1.3 Suffixe: -bra, -bras, -brasil

1.1 Präfixe

Bra-:   Bracafé (café instantâneo), Bracinvest (créditos, investimentos), Bracisa (Brasileira de Componentes Industriais S. A.), Bracomex (Brasileira de Comércio Exterior), Braconnot, Bracorep (Brasileira de Comércio e Representações), Bradesco (Banco de Desconto do Brasil), Bradil, Braferma (Sociedade de Ferramentas), Brafisa (Financeira S. A.), Brafor (Brasileira Fornecedora), Braluz, Bramauto, Bramax, Bramefer (Comercial de Ferro), Bramerex, Brapel, Brapla, Brasa

---

1 Eine mit europäischen Nationalaffixen aufgestellte Liste wurde nicht in die Arbeit aufgenommen, da die linguistischen Verhältnisse hier komplexer sind und über den Rahmen unserer Untersuchung hinausgehen (z. B. Euro-, Hispa- usw.).
2 Zu Fragen der sprachlichen Entlehnung vgl. Manfred Höfler, Das Problem der sprachlichen Entlehnung. In: Jahrbuch der Universität Düsseldorf 1969/70, und ders., Vergleichende Betrachtungen zur Integration der neulateinischen Kompositionsweise im Französischen und Deutschen. In: Interlinguistica, Sprachvergleich und -übersetzung, Festschrift zum 60. Geburtstag von Mario Wandruszka, Tübingen o. J.
3 Das Überwiegen der Präfixe ist darauf zurückzuführen, daß in den Telefonbüchern vorwiegend Präfixbildungen notiert wurden.

(representantes de automotores S. A.), Brasanitas (Brasileira de saneamento), Brasul (Banco do Sul), Bratal, Bratex, Bravac, Brave (revendedores de veículos).

Bras-: Brasadem, Brasal (automóveis Ltd.), Brasaliment, Brasam, Brasão (automóveis de São Paulo), Brasarte, Brascaixa, Brascap, Brascar, Brascasa, Brascola, Brascomex (Comercial e Exportadora), Brasconsult, Brascontabil, Brascontinental, Brascop (cinescopio), Brascopa, Bras-Copy (fotocopiadora), Brascouro (Couros do Brasil Ltd.), Brascred (creditos), Brasdiesel (peças de Diesel), Brasdoce, Brasdog, Braseiko, Braselle, Brasemer, Brasex, Brasfil (indústria de trefilação), Brasfoto (fotos), Brasfrio (refrigeração), Brasfrutas (frutas), Brasgold, Brashermes, Brasimport (importação), Brasin (investimentos), Brasinco (indústria e comércio), Brasindice, Brasinet, Brasinform (informações comerçiais), Brasinox (aço inoxidável), Brasinpar (incorporacões e participações), Brasinval (investimentos de valores), Brasinvest (investimentos), Brasint, Braskinex, Brasking, Braslex (advocacia), Brasling, Braslixos (lixos), Braslongo, Braslusa (lusa), Brasmadeira (madeira), Brasmaq, Brasmar (mercantil), Brasmares (comércio), Brasmentol, Brasmeral, Brasmerica, Brasmetal (metais), Brasmil (Mineiros Ltd.), Brasmint, Bras-Mo (indústria de molas), Brasmonte, Brasmoto, Brasnancy, Brasnautica, Brasnel, Braso, Brasocean, Brasoceanica, Brasolanda, Brasoto, Braspan, Braspar, Braspesca, Braspetrol (transportadora de petróleo), Brasperola, Braspiso, Braspla (plásticos), Braspol, Brasportas, Brasproof, Brasquip (indústria de equipamentos), Brasservice, Brassinter, Brastan, Brastec, Brastela, Brastemp (estufas), Brastextil (têxteis), Brastimber, Brastokio, Brastosa, Brastrela, Brastubo (construção), Brastur (turismo), Brasula, Brasval (valores), Brasvolks (VW), Braswell.

Brasi-: Brasinovo, Brasipeças, Brasipel (papel), Brasi Pesca (exportação de pesca), Brasiplast, Brasiquimica (produtos químicos), Brasisul, Brasita, Brasital, Brasitelia (turismo), Brasitex, Brasitimex, Brasitom (aparelhos para surdez), Brasitonne, Brasivil (resinas vinílicas), Brasibel, Brasibor (indústria de artefactos de borracha), Brasif (Brasileira do Ferro), Brasiflon, Brasiflor, Brasifone, Brasifer (fornecedora do ferro), Brasifrio (refrigeração), Brasilajes (lajes), Brasilar (Instituto Brasileiro de Assistência LAR), Brasimet (indústria metálica).

Brasil-: Brasil-Car, Brasilfarma, + Brasilgas, Brasilgrafica, +Brasilit, Brasillider, Brasilluz, Brasilmant, Brasilmar (navegação), Brasilmetal (produtos metálicos), Brasilminas, Brasilpost (jornal), Brasilwagen (VW).

138

1.2   *Infixe*

-bras-:   Inbrasmetal (indústria brasileira de metal).

1.3   *Suffixe*

-bra: Cotibra (Corretora de câmbio e títulos mobiliários).

-bras: +Aerobras, +Aquabras (indústria de aquários), +Atombras (indústria
         atómica), +Carnebras (distribuição de carne), Codebras (construção
         e desenvolvimento de Brasília), +Cofibras (crédito, financiamento e
         investimentos), +Copebras (companhia petroquímica), +Eletrobras,
         Eletroradiobras, +Engebras (engenharia), +Faibras (força interameri-
         cana de paz), +Farmabras, +Fertibras (empresa estatal de fertilizan-
         tes), +Gasbras, +Larbras (Banco LAR), +Lobras (lojas), Mecabras,
         Norbrasa (transportes S. A.), +Petrobras (petróleos, 3. 10. 1953 ge-
         gründet), +Radiobras, +Raseobras, +Rodobras (rodoviária), +Rosbras,
         +Sisalbras, +Sofibras (sociedade de fibras), Supergasbras, +Terrabras
         (terraplenagens), +Tibras (titânio), +Tonbras (radiofonia), Transbras
         (transportadora), +Vulcabras (vulcanizadora).

-brasil: Airbrasil (aire acondicionado), +Combrasil (congeladores).

2.   *Kolumbien*

2.1   Präfixe: Col-, Colom-
2.2   Infixe: -co-

2.1   *Präfixe*

Col-:   Colbogotá, Colequipos (equipos para salones de belleza), Colfer (Co-
         lombiana de ferrerería), Colfibras, Colfin (financiamentos), Colfinan-
         zas (finanzas y créditos), Colfinca, Colgas (compañía de gas), Colgro-
         mo, Colimpo, Colimport, Colinagro, Colincar (industrial de carroce-
         rías), Colinco (investigaciones comerciales), Coljap (industria agro-
         química japonesa), Coljugos, Coljuguetes, Coljurídicas (abogados),
         Colmallas, Colmangueras, Colmena (consorcio metalúrgico nacional),
         Colminas (columbiana de Minería), Colminera (corporación minera),
         Colmotriz (automotriz), Col-Arg-Crom (Colombo-Argentina de cro-
         mados), Colpa, Colpaq, Colparquets (pisos de madera), Colper Schools
         (escuelas de perfeccionamiento), Colpieles (compradores de pieles),
         Colpisos (pisos de parqué), Colplásticos, Colprometálicos, Colprotex,
         Colpublicitarias, Colpuertos, Colquímica (BASF), Colrepuestos (re-
         puestos para automotores), Colresin (resinas), Colsalud (servicio mé-
         dicos), Colsebos, Colseguros (compañía de seguros), Colser, Colservi-
         tec, Colsistemas (computadores), Colsitab (sistemas tabulables), Col-
         subsidio (caja de subsidio familiar), Coltécnicas, Coltécnicos, Coltexco

139

(Colombiana de Textiles y Confecciones), Coltintas, Coltrap, Coltraunidos, Coltromol (troqueles), Coltur-Centro (turismo), Colusa, Colvapores (Colombiana de Vapores), Colven, Colvidrios, Colvinos, Colvisión (revista), Colvitem, Coltejer, Colteamigos (Coltejer y Sedeco), Coltepunto, Colteunidos.

Colom-: Colombates, Colombex (comercio exterior), Colombina (dulces).

2.2 Infixe

-co-: Ecopetrol (Empresa de Petróleos).

3. Venezuela

3.1 Präfixe: Ve-, Ven-, Vene-
3.2 Infixe: -ven-
3.3 Suffixe: -ven

3.1 Präfixe

Ve-: Vesevica (Venezolana de Seguridad y Vigilancia C. A.).

Ven-: Ven, Venairco, Venamer, Ven-American, Ven-Bralco, Vencerámica (cerámicas), Vencobre (cobre), Venchem (productos químicos), Venconex, Ven Electric, Venexpo (exposición), Venfec, Vengas, Venlac, Venlimpio, Ven-Mex, Venoco, Venoplast, Venóptica, Venoven, Venpan, Venpaneles, Venresca (resinas), Vensabor, Vensarca, Vensel, Vensomite, Ven-Zu-Mar.

Vene-: Vene-Auto, Venebiolo, Venecar (venta de automóviles), Venecaucho (llantas), Veneclean, Venediciones (ediciones), Vene-Factor, Venegas, Veneinversiones, Venelandia (fotograbados), Venelatex (globos), Veneloto, Venemotos, Venepajes (equipajes), Venepal, Vene Parts, Vene Piel, Vene-Roll, Venetec, Vene-Tur (turismo), Venevica, Venevisión, Venevox.

3.2 Infixe

-ven-: Avensa (línea aérea S. A.).

3.3 Suffixe

-ven: Agraven, Anteven (anteojos), Euroven, Molyven, Promaven.

4. Argentinien

Präfixe: Arge-, Argen-, Argent-

Arge-: Argemar, Argemofin, Arge Química (productos químicos).

Argen-: Argen, Argenbra, Argenbras (maderas del Brasil), Ar-Gen-Car, Argen-co, Argenchile, Argenfos, Argengas, Argenia, Argenmotor, Argenmun-do, Argenpaper, Argenpar, Argen-Press, Argen Publicidad, Argenriego, Argensab, Argensal, Argen-Seal, Argenseda (tejido de seda natural), Argenstank, Argensud, Argentol, Argentora, Argentores (asociación de autores), Argentrac (tractores), Argenturis (turismo), Argentury.

Argent-: Argenta, Argentea, Argental, Argentaria, Argenteco, Argentel, Argen-tex, Argentfer.

5. Uruguay

Präfixe: Uru-

Uru-: Urucar (rent-a-car), Urumotor, Urumesa (Motors Electric S. A.), Uru-met, Urupetrol, Urutex.

6. Panamá

6.1 Präfixe: Pa-, Pan-, Pana-
6.2 Suffixe: -pa

6.1 Präfixe

Pa-: Paitalia

Pan-: Panital

Pana-: Panabus (autobuses), Panacar, Pana-China (restaurante), Panafoto (fotografías), Panagas (gas), Panalit, Panamar, Panaplástico, Panasnak, Panasonic (radios), Panataxi (taxis), Panatex (textiles), Pana-Tour (turismo).

6.2 Suffixe

-pa: Copa (compañía panameña de aviación).

7. Peru

Suffixe: -peru

-peru: Enturperu (Empresa Nacional de Turismo del Peru), Coturperu (Cor-poración turística), Petroperu (petróleos, 1968 gegründet).

8. Guatemala

Präfixe: Gua-

Gua-: Guatel (Guatemala Telex).

141

B.   Interview mit Eulalio Ferrer über Probleme der mexikanischen Reklamesprache

Das folgende Interview wurde in den Anhang der Arbeit aufgenommen

a) als Beispiel für einen methodologischen Schritt im Zusammenhang mit der
Materialsammlung (Rücksprache mit Werbetextern, Agenturen usw.),

b) als Informationsquelle, die uns im Zusammenhang unserer Arbeit kritische
Anregungen gab,

c) als Katalog mehrerer Fragestellungen, die im Laufe unserer Arbeit aufgetaucht waren:

– Seit wann gibt es den national motivierten Slogan?
– Kann man von der Reklamesprache der Hauptstadt auf die der Provinz
schließen?
– Welche Bedingungen müssen bei der Schaffung eines neuen Namens be-
rücksichtigt werden?
– Mit welchen Arbeitsmethoden kam man zu den Ergebnissen in Ferrers
Buch „El lenguaje de la publicidad en México"?
– Kann man von einer Zunahme oder Abnahme der national motivierten
Slogans sprechen? Stehen solche Schwankungen im Zusammenhang
mit Wirtschaftstendenzen?
– Welche Rolle spielt die Volkswagenreklame in Mexiko, die ihre Werbung
bewußt national, d. h. mexikanisch gestaltet?

F = Ferrer
Z = Zahn

Z: ¿Cómo se desarrolla históricamente la consigna? ¿Desde cuándo existen
los eslóganes que se componen con MEXICO?

F: Entre 1700 y 1725 surgen los primeros nombres comerciales, sobre todo
en el ramo de la viticultura, en Coahuila, donde se producen los primeros
vinos mexicanos.

Z: ¿Se puede entonces hablar de un eventual influjo español en el desarrollo
lingüístico?

F: En cierta forma, sí. En cuanto al eslogan – el pregón existe desde los tiempos prehispánicos – parece que el eslogan publicitario como lo entendemos
hoy y que se refiere a MEXICO surgió alrededor de 1910.

Z: ¿Es decir, con motivo de la Revolución? Esto correspondería a los resultados que obtuvimos en nuestra investigación del desarollo de los nombres comerciales que se componen con -mex.

142

F: Evidentemente, hay una estrecha relación entre estos hechos políticos y el lenguaje publicitario. Como usted sabe, la época anterior era muy afrancesada.

Z: Sí, usted habla de la era porfiriana. ¿Ve usted otra razón para el surgimiento de este fenómeno?

F: Sí, sin duda hay un influjo de la canción popular mexicana, o sea del *corrido*. En Guadalajara, es decir en el estado de Jalisco, existía entonces una especie de corrido, pero con una versificación puramente comercial. Yo voy, por lo demás, a escribir un libro sobre la historia del lenguaje publicitario.

Z: ¿Existe todavía otra motivación histórica para el mencionado fenómeno?

F: Sí, yo hablaría de una tercera motivación. Un destacado sentimiento en contra de los Estados Unidos. Todo lo que viene de allá es lo mejor. Entonces dice el mexicano, muy macho, lo mexicano, por no ser norteamericano, por ser mexicano, es todavía mejor. Y por esto hay tanta repetición del sentimiento nacionalista en el eslogan desde el principio del siglo.

Z: ¿En qué se diferencia el lenguaje publicitario del *Distrito Federal* del lenguaje publicitario de la provincia?

F: En la capital el lenguaje publicitario es mucho más sofisticado, más práctico, más comercial en pocas palabras. El eslogan de la provincia es mucho más romántico y, por lo general, hay un grado superior de eslóganes rimados.

Z: ¿Tiene usted la impresión de que hay más eslóganes con la palabra MEXICO en la capital que en la provincia?

F: No, muy al contrario. Se utiliza más en la provincia.

Z: ¿Qué leyes se tienen que respetar al crear un nuevo nombre, una nueva consigna?

F: Yo tengo mi opinión especial: tres palabras. Lo más sugestivo son tres palabras. Desde muy antiguamente se utilizó la trilogía para muchos fines y propósitos.

Z: Sí, corresponde también al triángulo de motivación que usted exige en su libro para un buen eslogan. Pero yo quería hablar de las leyes que impone el Ministerio de Industria y Comercio.

F: Bueno, lo principal es que el nombre defina exactamente lo que es el producto.

Z: Yo me fijé que hay muchas palabras comerciales idénticas en diversos ramos comerciales. ¿No hay una ley que prohiba la repetición de un nombre o de un eslogan?

F: La ley aqui en México dice que no se deben repetir dentro del mismo ramo comercial. Yo sé que en otros países se prohibe cualquier repetición.

Z: Sí, en Alemania los nombres están por lo general patentados.

F: Usted, como alemana, podría también referirse a un detalle que yo, por muchos compromisos, no pude mencionar en mis libros: los nombres comerciales en México están poblados de héroes de la historia mexicana.

Z: Si, Cervecería Cuauhtémoc, Moctezuma y otros.

F: El único a quien han respetado es a Benito Juárez.

Z: En lo que se refiere a su libro: ¿De qué años son los eslóganes que usted examina?

F: Hay pocos ejemplos de los primeros 25 años del siglo. El resto está constituido por los años 1930–65; la mayoría de aquellos, sin embargo, data de los años 1950–65

Z: ¿Por medio de qué método científico llegó usted a sus resultados de porcentaje en la apelación principal de los eslóganes?

F: A través de un análisis psicosociológico.

Z: ¿Usted cree que aumenta o disminuye el porcentaje de eslóganes con MEXICO en diferentes años? ¿Podría tener relación, en caso afirmativo, con un mayor número de inversiones estatales o de la iniciativa privada?

F: Nosotros tenemos un mercado de libre comercio. Es un hecho que el Estado posee solamente las empresas de infraestructura. Y, según mi juicio, hay más libertad, más variedad, en el lenguaje publicitario.

Z: ¿Están en aumento o en descenso las consignas publicitarias con MEXICO?

F: Están seguramente aumentando en los últimos años. Y no por último por una acentuada posición antinorteamericana.

Z: ¿Es cierto que prácticamente la totalidad de la industria alimenticia está en manos norteamericanas?

F: No en un 100%, pero seguramente en un 80–90%, y los Estados Unidos van comprando cada vez más partes.

Z: ¿De manera que usted opina que el sentimiento nacionalista, como se manifiesta en el lenguaje publicitario, no es una política gubernamental sino una reacción del mexicano común y corriente?

F: Efectivamente.

Z: Como aquel eslogan: ¡Es mexicano . . . y punto! ¡Pero permítame una

144

última pregunta: ¿Cúal es su opinión sobre la publicidad de una empresa alemana – La Volkswagen?

F: Esta publicidad es altamente imaginativa. Ha roto con los estereotipos norte-americanos.

Z: ¿Como explica usted que esta empresa haga una propaganda puramente „mexicana"? ¿Y hasta qué punto se da el consumidor mexicano cuenta de que se trata de un producto en principio alemán? ¿Lo considera mexicano?

F: No creo que lo considere mexicano. Al contrario, la calidad de los productos alemanes es muy apreciada en México. Volkswagen sin embargo es un caso algo especial. Lo del producto alemán se entiende de si mismo. Y además de esto, el Volkswagen tiene un lugar y valor especial entre los productos económicos del país: está destinado a la exportación.

Z: Le agradezco mucho esta entrevista.

Mexiko-Stadt, den 14. April 1972

C.   BIBLIOGRAPHIE

Literatur über allgemeine Linguistik und speziell über Fragen der Wortbildung

J. Alemany Bolufer: Tratado de la formación de palabras en la lengua castellana. La derivación y la composición. Estudio de los sufijos y prefijos empleados en una y otra, Madrid 1920.

J. Dubois: Etudes sur la dérivation suffixale en française moderne et contemporain, Paris 196

E. Gamillscheg und L. Spitzer: Beiträge zur romanischen Wortbildungslehre, Genf 1921.

E. Gamillscheg: Zur Frage der Auswahl bei der suffixalen Ableitung, Behrens Festschrift, Jena und Leipzig 1929, S. 56–76.

Pierre Haffter: Contribution à l'étude de la suffixation, Zürich 1956.

B. Hasselrot: Etude sur la formation diminutive dans les langues romanes, Wiesbaden 1957.

M. Höfler: Vergleichende Betrachtungen zur Integration der neulateinischen Kompositionsweise im Französischen und Deutschen, Festschrift zum 60. Geburtstag von M. Wandruska, Tübingen 1971, S. 138–148.

M. Höfler: Das Problem der sprachlichen Entlehnung, Jahrbuch der Universität Düsseldorf 1969/70, S. 59–67 (gekürzte Antrittsvorlesung vom 11. Juni 1970).

W. Koenig: Die Präfixe DIS-, DE- und EX- im Galloromanischen, Berliner Beiträge zur romanischen Philologie 5,1, Jena 1935.

H. Lewicka: Pour une histoire structurale de la formation des mots en français, Actes de Xe Congrès International de Linguistique et Philologie romanes, Strasbourg 1962, S. 649–658.

Hans Marchand: Synchronic analysis and word-formation, Cahiers Ferdinand Saussure 13, Genf 1957, S. 7–18.

J. Marouzeau: Procédés de composition en français moderne, FM 25, 1957, S. 241–247.

A. Moll: Sufijos nominales y adjetivales en ibicenco, Revista de Filología Española 41, 1957, S. 341–371.

K. Morgenroth: Sprachpsychologische Bemerkungen zur Wortbildung, GRM 6, 1914, S. 615–632.

Marcos Morinigo: La formación léxica regional hispanoamericana, NRFH 7, 1953, S. 234–241.

Max Peter: Über einige negative Präfixe im Modernfranzösischen als Ausdrucksmittel für die Gegensatzbildung, Bern 1949.

E. Pichon: L'utilisation linguistique des suffixes, FM 8, 1940, S. 121–130.

E. Pichon: Dérivation fabricative et dérivation spontanée, FM 6, 1938, S. 299–304.

E. Pichon: L'enrichissement lexical dans le français d'aujourd'hui, FM 3, 1935, S. 209–222.

E. Pichon: La vitalité de la suffixation, FM 7, 1939, S. 7–14.

E. Pichon: Attache d'un suffixe à un complexe, FM 8, 1940, S. 27–35.

Ernst Pulgram: A socio-linguistic view of innovation: -ly and -wise, Word 24, 1968, S. 380–391.

146

H. Stone: Los anglicismos en España y su papel en la lengua oral, Revista de Filología Española 61, 1957, S. 141–160.
P. H. Ureña: El español en Méjico, los Estados Unidos y la América Central, Buenos Aires 1938.

Literatur über Aspekte der Reklamesprache

Jean Bieri: Ein Beitrag zur Sprache der französischen Reklame, Winterthur 1952 (Rez.: Baldinger ZRP 72, 1956, S. 143–146; Rez.: Giese RF 66, 1955; S. 451–453).
Edward Borsoi: A linguistic analysis of trade names in American-Spanish, University of Illinois, konsultierbar in dem fotomechanischen Abzug der University Microfilm, 300 N Zeeb Road, Ann Arbor, Michigan 48106.
Eulalio Ferrer: El lenguaje universal de la publicidad, México 1972.
Eulalio Ferrer: La publicidad, profesión intelectual, México 1971.
Eulalio Ferrer: El idioma español y la publicidad, Coloquio Publicitario de México 1969, Ed. Instituto Nacional de Publicidad, Madrid o. J.
Eulalio Ferrer: Enfoques sobre la publicidad, México, 3. Aufl. 1965.
Eulalio Ferrer: El lenguaje de la publicidad en México, México 1966.
Marcel Galliot: Essai sur la langue de la réclame contemporaine, Toulouse 1955.
R. F. Mansur Guérios: Onionímia ou onomástica industrial, Estudos em homenagem a Cândido Jucá (filho), Miscelânea organizada por Raimundo Barbadinho Neto, Rio de Janeiro 1970, S. 179–208 (Rez.: Baldinger ZRP 86, 1970, S. 624–625).
V. Hronová: La langue de la récláme, Etudes Romanes de BRNO, vol. V, 1971, S. 105–113.
René Humery: Essai de linguistique industrielle, Mercure de France 157, 1922, S. 79ff.
René Humery: Dernières nouveautés de linguistique industrielle, Mercure de France 198, 1927, S. 598ff.
Paul Oßwald und Egon Gramer: Die Sprache der Werbung, DU 5, 1968, S. 76–97.
Bernard de Plas et Henri Verdier: La publicité, Paris 1966.
Jean Praninskas: Trade name creation, processes and patterns, Janua linguarum, Series practica 58, The Hague, Mouton 1968.
Claude Quin: La publicité: information ou conditionnement? Problèmes Economiques 999, 1967, S. 9–15.
B. Sandig: Syntaktische Typologie der Schlagzeile. Möglichkeiten und Grenzen der Sprachökonomie im Zeitungsdeutsch, München 1971.
H. E. Solari: Lexicalización de marcas comerciales, Boletín de Filología de Montevideo IX, 1962, S. 3–17.

Literatur über Lateinamerika

Victor Alba: Los subamericanos, México 1964.
A. Aramoni: Psicoanálisis de la dinámica de un pueblo, México, 2. Aufl. 1969.
Pierre Drouin: Le Mexique a réussi son „décollage" économique, Le Monde Hebd. 22. 1967.
Carlos Echánove: Sociología mexicana, México, 2. Aufl. 1969.
El Gobierno de México, El Petróleo de México, Edición de la Secretaría del Patrimonio Nacional, México 1963.
José del Franco: La América española. Geografía física, economía, política y reseña histórica de las naciones hispanoamericanas, Buenos Aires 1926.
Wolf Grabendorf: Lateinamerika – wohin? Informationen und Analysen, München 1970.

Jesús Silva Herzog: Breve historia de la Revolución Mexicana, México, 6. Aufl. 1970.
Jesús Silva Herzog: El pensamiento económico en México, México 1947.
Monteiro Lobato: O escândalo do petróleo e ferro, S. Paulo 1959.
W. Jiménez Moreno y A. García Ruiz: Historia de México – una síntesis, México, 2. Aufl. 1970.
Octavio Paz: El laberinto de la soledad, México, 6. Aufl. 1970.
Samuel Ramos: El perfil del hombre y la cultura en México, México, 2. Aufl. 1938.
Darío Rubio: La anarquía del lenguaje en la América española, México 1925.
Frederik C. Turner: La dinámica del nacionalismo mexicano, México 1971.
Luis Villoro: Los grandes momentos del indigenismo en México, México 1950.
Miguel S. Wionczek: Integración de la América latina, México 1964.

Wörterbücher

Feliz Ramos i Duarte: Diccionario de mejicanismos, Méjico 1895.
F. Lázaro Carreter: Diccionario de términos filológicos, Madrid, 3. Aufl. 1971.
F. J. Santamaría: Diccionario general de Americanismos, Méjico 1942.
F. J. Santamaría: Diccionario de Mejicanismos, Méjico 1959.

148

V. DOKUMENTARTEIL

Materialsammlung der Werbeslogans und der kommerziellen Bezeichnungen

VERZEICHNIS DER ABKÜRZUNGEN

B	=	Rundschreiben an einzelne Firmen
B + Datum	=	Korrespondenz mit Prof. Alatorre
b	=	Bedeutung des Namens unbekannt
Claudia	=	Wochenzeitschrift C.
DS	=	Durchschnitt der in einem Slogan vorkommenden Wörter
E	=	Tageszeitung „Excelsior"
F	=	Materialsammlung, entnommen: Ferrer, El lenguaje de la publicidad en México
G	=	Gaceta Oficial (Veröffentlichung des Wirtschaftsministeriums)
GS	=	Gesamtsumme der in einer Branche auftretenden Slogans
H	=	Hemeroteca Nacional (Zeitungs- und Zeitschriftenarchiv)
Heraldo	=	Tageszeitung H.
I	=	Tageszeitung „El Imparcial"
o	=	Ohne Antwort auf Rundschreiben oder Telefonanruf
P	=	Plakataufschrift
R	=	Radiodurchsage
S	=	Wochenzeitschrift „Siempre"
T	=	Telefonanruf bei einzelnen Firmen
T 62	=	Telefonbuch von 1962/63 aus Mexiko-Stadt
T 70	=	Telefonbuch von 1970/71 aus Mexiko-Stadt
T.V.	=	Fernsehwerbung
U	=	Tageszeitung „El Universal"
u	=	Firma unter der Telefonnummer oder Adresse nicht erreichbar
v	=	Firma existiert zur Zeit der Umfrage nicht mehr
VW	=	Die in einer Branche am häufigsten vorkommenden Wörter
Z	=	Materialsammlung des Verfassers

A. MATERIALSAMMLUNG DER SLOGANS

1. EINLEITUNG

Das Material wird in einem alphabetischen und in einem nach Branchen geordneten Register aufgeführt.

Das alphabetische Register

a) Jeder Marken- oder Firmenname hat eine eigene Nummer, die in dem
Branchenregister für jeden Slogan unter der betreffenden Branche
wiederholt wird.

b) Die Branchenangabe erscheint verschlüsselt, gemäss den drei Fund-
orten, die aus chronologischen Gründen getrennt aufgeführt
werden:
H = Hemeroteca (1900-1938)
F = Ferrer (1935-1965)
Z = Zahn (1970-1972)
Beispiel:
F 20 = in der quantitativen Branchenliste F (Ferrer) unter Nr. 20:
Industria y Maquinaria

c) Zeichenerklärung zu der Quellenangabe
F = Ferrer, El lenguage de la publicidad en México, México,
1966
E = Excélsior (Tageszeitung ab 1917)
I = El Imparcial (Tageszeitung 1897-1914)
S = Siempre (Wochenzeitschrift ab 1953)
Heraldo = Tageszeitung
Claudia = Wochenzeitschrift
R = Radio
T.V. = Fernsehen
P = Plakat (Aufschriften auf Häuserwänden, Lastwagen usw.)
24-IV-71 = 24. April 1971 (die Zeitangaben sind in einigen Fällen
unpräzis – Fehlen der Angabe des Tages oder des Monats – da viele

Slogans der Z.-Liste nicht mit dem Ziel der Veröffentlichung gesammelt wurden).

Das Branchenregister

a) Die in der entsprechenden Liste (H,F,Z) vorkommenden Branchen werden zuerst in alphabetischer Reihenfolge aufgeführt — mit einem Querverweis zu dem quantitativen Branchenregister.

b) Der quantitativ geordneten Branchenliste wird ein Verzeichnis vorangestellt, in dem die Anzahl der in dieser Branche auftretenden Slogans vermerkt ist und zugleich auf die Seite verwiesen wird, auf der die Slogans aufgeführt werden.

c) In der F.-Liste werden folgende Angaben Ferrers übernommen:

GS = Gesamtsumme der in dieser Branche auftretenden Slogans, von denen in unserer Arbeit nur die auf Mexiko bezogenen Slogans aufgeführt werden.

VW = Die in dieser Branche am häufigsten vorkommenden Wörter, auf die Gesamtsumme der Slogans bezogen.

DS = Durchschnitt der in einem Slogan vorkommenden Wörter, ebenfalls auf die Gesamtsumme der Slogans bezogen.

2. ALPHABETISCHES REGISTER DER WERBESLOGANS

Nummer	Name	Branche	Quelle	Seite
1	Abastecedores Generales	F 20	F	28, 30, 35
2	ABC	F 1	F	35
3	Abonos y Fertilizantes	F 27	F	
4	Abrigos Finos	F 82	F	31
5	Acapulco	F 2	F	35
6	Acapulco	F 37	F	25, 36
7	Acco	F 53	F	26
8	Acosta e Hijo	F 29	F	28, 36, 38
9	Acueducto	F 2	F	36, 37, 37, 38
10	Aeroméxico	Z 2	P (II-72)	11
11	Aeronaves de México	F 17	F	10, 35
12	Aeronaves	F 17	F	
13	Aeronaves	F 17	F	37, 37
14	Aeronaves	F 17	F	20, 40
15	Aeronaves	F 17	F	37
16	Aeronaves	Z 2	R (7-XI-70)	64
17	Aeronaves	Z 2	R (XI-70)	64
18	Aeronaves	Z 2	P (5-XI-70)	35, 64, 67
19	Aeronaves	Z 2	R (XI-70)	64
20	Aeronaves	Z 2	E (71)	
21	Aeronaves	Z 2	E (II-72)	34, 39
22	Aeronaves	Z 2	E (5-V-71)	31, 34
23	Aeronaves	Z 2	E (71)	
24	Aerovías Reforma	F 17	F	39, 39
25	Agencia Central	F 10	F	
26	Al Puerto de Veracruz	F 13	F	
27	Alameda	F 5	F	28, 36, 38
28	Álamo	F 3	F	28
29	Álamo	F 3	F	37, 37
30	Álamo	F 3	F	37
31	Alcázar	F 74	F	28
32	Alfonso Ortiz Tirado	F 9	F	
33	Algusto	F 24	F	17
34	Alos	F 5	F	
35	Altos Hornos de México	F 18	F	
36	Altos Hornos de México	F 18	F	31, 31
37	Altos Hornos de México	F 18	F	18, 35, 37
38	Altos Hornos de México	F 18	F	37
39	Allis Chalmers de México	F 20	F	26, 66

Nummer	Name	Branche	Quelle	Seite
40	Alumsa	Z 6	E (23-IV-71)	
41	Amado Nervo	F 56	F	
42	Ambassadeurs	F 2	F	
43	Ambassador	F 5	F	
44	América	F 87	F	20
45	América	F 89	F	10
46	América	Z 9	P (XII-72)	
47	América	Z 9	E (I-71)	41
48	Américo	F 1	F	20, 39, 39
49	Angela Peralta	F 9	F	
50	Angelinus	F 3	F	
51	Angelo's	F 2	F	37, 37
52	Antillas	F 5	F	
53	Antoine	F 2	F	37, 37
54	Armamex	F 15	F	11, 37, 37
55	Asbestolit	F 8	F	27, 30, 31, 40
56	Asbestolit	F 8	F	
57	Asea	F 20	F	39
58	Así es mi tierra	F 16	F	
59	Así es mi tierra	F 16	F	20, 37
60	Asociación Hipotecaria Mexicana	F 6	F	37
61	Asociación Nacional de Fabricantes de Cerveza	F 7	F	22, 40
62	Asociación Nacional de Fabricantes de Cerveza	F 7	F	22, 37
63	Aspectos	F 1	F	39, 39
64	Atoyac Textil	F 83	F	
65	Auge	F 1	F	
66	Aurrerá	Z 8	E (23-IV-71)	
67	Austral	F 57	F	27, 31
68	Auto Noticias	F 1	F	39
69	Automex	F 10	F	11, 30, 39
70	Automotriz Ruiz	F 10	F	37
71	Autos Francia	F 10	F	37
72	Ávalos	F 51	F	28
73	Azteca	Z 5	P (I-71)	
74	Baja California	F 1	F	39, 39
75	Bajío	F 27	F	26, 39, 39
76	Bamer	F 5	F	20, 37

Nummer	Name	Branche	Quelle	Seite
77	Bamerette	F 2	F	37
78	Banco Capitalizador de Ahorros	F 6	F	18
79	Banco Capitalizador de Ahorros	F 6	F	
80	Banco de Comercio	F 6	F	
81	Banco de Comercio	F 6	F	35, 39, 39
82	Banco de Industria y Comercio	F 6	F	
83	Banco de la Propiedad	F 6	F	
84	Banco del Ahorro Nacional	F 6	F	
85	Banco del País	F 6	F	10, 40
86	Bancomex	Z 5	P (70)	11
87	Banco Mexicano	F 6	F	11
88	Banco Mexicano del Occidente	F 6	F	11
89	Banco Nacional de Comercio Exterior	F 6	F	11, 30
90	Banco Nacional de México	F 6	F	11, 39
91	Banco Nacional de México	F 6	F	11, 17, 39
92	Banco Nacional de México	F 6	F	11
93	Banco Nacional de México	Z 5	E (23-II-71)	11, 29, 64
94	Banco Nacional de México	Z 5	E (23-II-71)	11, 29, 30, 64
95	Barbachano	F 86	F	18, 37
96	Begoña Palacios	F 9	F	
97	Belmont	F 34	F	37
98	Berreteaga	F 26	F	31
99	Berreteaga	F 26	F	18, 28
100	Biancamano	F 3	F	23, 37, 39
101	Blanco	Z 8	E (2-IV-71)	28, 64
102	Blasón	F 3	F	31, 36, 37
103	Bobadilla 103	F 3	F	26
104	Bobadilla 103	F 3	F	40
105	Bodybuilding	Z 14	P (II-71)	
106	Bojórquez	Z 13	E (21-I-72)	64
107	Bojórquez	Z 13	E (21-I-72)	64
108	Bombay	F 14	F	37
109	Bonampak	F 26	F	31, 37, 37
110	Bonos del Ahorro Nacional	F 6	F	31
111	Brecha	F 1	F	

Nummer	Name	Branche	Quelle	Seite
112	Bretos	F 8	F	18, 37
113	Briones	F 11	F	39
114	Budget Rent-a-Car	Z 13	E (23-IV-71)	34, 64
115	Budget Rent-a-Car	Z 13	E (28-IV-71)	64
116	Búfalo	F 32	F	37
117	Búfalo	F 60	F	37
118	Bull	F 15	F	37, 39
119	Burjois	F 95	F	
120	Caballero	Z 10	E (3-II-72)	
120 a	Cadena	F 50	F	
121	Cadena García Valseca	F 1	F	18
122	Cadena García Valseca	F 1	F	31
123	Calpini	F 78	F	
124	Calpini	F 78	F	10, 35
125	Canadá	F 21	F	36
126	Canadá	F 21	F	
127	Canadá	F 21	F	25
128	Canadá	Z 4	E (XI-70)	
129	Canadian Pacific	Z 2	E (IV-71)	
130	Canciller	F 8	F	37
131	Canciones y Compositores Mexicanos	F 1	F	
132	Capitalizador de Ahorros	H 6	E (2-III-38)	
133	Capistrano	F 2	F	37
134	Capitol	F 42	F	37
135	Carer	Z 4	P (29-V-71)	22
136	Carlos Arruza	F 84	F	
137	Carta Blanca	F 7	F	10, 36, 40, 41
138	Carta Blanca	F 7	F	22
139	Carta Blanca	F 7	F	27, 37
140	Carta Blanca	Z 1	P (71)	
141	Carta Blanca	Z 1	P (XII-70)	
142	Carta Blanca	Z 1	P (VII-71)	41
143	Casa	F 53	F	37
144	Casa	F 53	F	17, 28, 39
145	Casa de Música	F 15	F	37
146	Casa Madero	F 3	F	28, 37
147	Casa Rionda	F 33	F	37
148	Casa Veerkamp	F 15	F	
149	Casasano	F 26	F	37

Nummer	Name	Branche	Quelle	Seite
150	Casinos	F 55	F	
151	Casinos	F 34	F	37
152	Castillo	Z 1	P (31-X-70)	
153	Castillo	Z 1	P (XII-70)	
154	Castropol	F 5	F	39
155	Catalina	Z 4	E (29-VIII-71)	34
156	Catarí	F 2	F	37, 37
157	Cel-u-Dex	Z 7	E (28-V-71)	
158	Centauro del Norte	F 43	F	
159	Central de Relaciones Públicas	F 80	F	
160	Centro Asturiano	F 2	F	
161	Centro de Cirugía Plástica	F 15	F	
162	Cervecería Cuauhtémoc	F 7	F	39
165	Cipsa	F 65	F	
166	Circo Attax	Z 21	P (71)	
167	Citizen de México	Z 15	E (6-III-72)	11, 24
168	Ciudad Satélite	F 23	F	26
169	Clarafán	F 69	F	27, 37
170	Claude Rivière	Z 4	E (1-VI-71)	
171	Claudia	Z 10	E (III-71)	
172	Clemente Jacques	F 25	F	37
173	Club Hamburgo	F 72	F	37
174	Club 45	F 3	F	66
175	Club 405	Z 1	P (I-71)	
176	Coca Cola	Z 1	S (1-V-71)	27, 66
177	Collins	F 47	F	
178	Colón	F 24	F	37
179	Colosal	F 7	F	17
180	Comercial Mexicana	F 13	F	11
181	Comercio Mundial	F 1	F	22, 39
182	Comisión Federal de Electricidad	F 22	F	26
183	Compañía Fundidora de Fierro y Acero de Monterrey	F 18	F	26, 34
184	Compañía Mexicana de Luz y Fuerza Motriz	F 22	F	11, 39
185	Cía. Mexicana de Petróleo „El Águila"	H 2	I (5-I-10)	

Nummer	Name	Branche	Quelle	Seite
186	Cía. Mexicana de Petró-leo „El Águila"	H 2	I (6-I-10)	17
187	Cía. Mexicana de Petró-leo „El Águila"	H 2	I (30-I-10)	
188	Comsolmex	F 27	F	11
189	Confidencias	F 1	F	17
190	Confidencias	F 1	F	37
191	Contenido	Z 10	E (IV-72)	
192	Continental	F 46	F	39
193	Coqueta	Z 4	P (IX-70)	17
194	Cordemex	Z 15	E (29-XI-71)	11
195	Cordón de Oro	F 91	F	
196	Cordón Real	F 3	F	27, 41
197	Cordón Real	F 3	F	
198	Cordón Real	F 3	F	25
199	Corona Extra	F 7	F	37
200	Corona Extra	F 7	F	
201	Coto y Cía.	F 46	F	
202	Creaciones Gastón	F 88	F	37
203	Creaciones Mario Chávez	F 39	F	37
204	Crédito Hipotecario	F 6	F	39
205	Crédito Hipotecario	Z 5	E (28-I-72)	27
206	Cristales Mexicanos	F 51	F	11, 30
207	Crolls Mexicana	Z 9	E (5-II-72)	11, 17, 22, 28, 39
208	Crucero	F 1	F	21
209	Cruz Azul	Z 6	P (11-XI-70)	15, 32
210	Cruz Roja	F 1	F	
211	Cuervo	F 12	F	29
212	Cuestión	F 1	F	
213	Cueto Hermanos	F 42	F	27
214	Cueto Hermanos	F 42	F	28, 37
215	Cumbres de San Marcos	F 25	F	37
216	Cummins de México	F 20	F	11, 26
217	Cursos Económicos	Z 14	E (20-IV-71)	27
218	Cursos de Perfección	Z 14	R (IX-71)	
219	Chauvenet	Z 1	P (IV-71)	23
220	Chevelle	Z 3	R (24-I-72)	
221	Chevelle	Z 3	R (IV-71)	
222	Chevelle	Z 3	E (26-IV-71)	
223	Cheverny	Z 1	P (XII-70)	39, 40
224	Chevrolet	F 10	F	34

Nummer	Name	Branche	Quelle	Seite
225	Chinan Te Co.	F 24	F	22
226	Chipp's	F 2	F	32, 37
227	Datsun	Z 3	P (XI-70)	
228	De Antaño	F 12	F	
229	De Dios	F 58	F	32
230	Delta	Z 19	P (I-71)	
231	De Reyes	F 39	F	
232	De Soto Arms	F 5	F	32
233	Del Valle	F 16	F	17, 39
234	Deitz	F 39	F	
235	Delher	F 28	F	30
236	Delicados	F 34	F	28
237	Diario de la Noche	F 1	F	
238	Diario de México	F 1	F	10, 11, 34
239	Diario de México	F 1	F	11
240	Dina	F 10	F	
241	Dina Flexible	F 10	F	30
242	Directorio Social	F 1	F	39
243	Distribuidora Mexicana	H 8	E (21-III-38)	11, 62
244	D.M. Nacional	F 48	F	11
245	D.M. Nacional	Z 7	E (19-IV-71)	11, 41
246	Donde	F 43	F	
247	Donde	F 75	F	25
248	Duplex	Z 7	P (XI-70)	
249	Dyna	F 28	F	
250	Eastern	Z 2	E (25-I-71)	
251	Eaton Yale	Z 6	E (24-I-72)	22, 25, 28
252	Ébano	Z 3	P (IV-71)	
253	Editorial Pax	H 9	E (9-III-38)	62
254	El Abajeño	F 2	F	
255	El Águila	F 83	F	
256	El Aguilita	F 68	F	17
257	El Borceguí	F 52	F	
258	El Burro	F 14	F	
259	El Capitolio	F 36	F	28
260	El Casino	F 2	F	23
261	El Centenario	F 63	F	39
262	El Cine Gráfico	F 1	F	
263	El Congreso	F 1	F	

Nummer	Name	Branche	Quelle	Seite
264	El Corno Emplumado	F 1	F	
265	El Día	F 1	F	
266	El Diario	Z 10	P (IV-71)	
267	El Dictamen	F 1	F	
268	El Farolito	F 2	F	66
269	El Globo	F 35	F	
270	El Globo	F 46	F	
271	El Heraldo	F 1	F	37
272	El Jardín	F 5	F	
273	El Modelo	F 45	F	
274	El Nacional	F 1	F	39
275	El Parador	F 2	F	23
276	El Patio	F 14	F	28
277	El Pato	F 57	F	
278	El Popular	F 1	F	39
279	El Prototipo de la Moda	F 52	F	
280	El Pullman Elegante	F 11	F	
281	El Sauz	F 38	F	
282	El Sembrador	F 1	F	
283	El Siglo de Torreón	F 1	F	
284	El Siglo de Torreón	F 1	F	
285	El Tiempo	F 1	F	39
286	El Universal	F 1	F	
287	El Universal	F 1	F	37
288	El Universal	F 1	F	
289	El Universal Gráfico	F 1	F	
290	Eclipse	F 21	F	37
291	Electrónica	F 36	F	39
292	Enrique II	F 3	F	41
293	Enrique	Z 1	P (IV-71)	
294	Época	F 1	F	
295	Ericsson	Z 12	E (IV-71)	
296	España	F 98	F	
297	Estaciones	F 1	F	
298	Estambres	Z 4	P (I-71)	
299	Estudio Raleigh	F 16	F	
300	Euclid	F 20	F	26
301	Eureka	F 94	F	
302	Eureka	F 8	F	39
303	Euzko-Deya	F 1	F	
304	Eva	F 81	F	17, 39

Nummer	Name	Branche	Quelle	Seite
305	Evaristo I	F 3	F	38
306	Evaristo I	F 3	F	25
307	Evaristo I	F 3	F	27
308	Excélsior	F 1	F	
309	Excélsior	H 3	I (4-II-10)	24
310	Excélsior	Z 10	E (27-V-71)	41
311	Excélsior	Z 10	E (24-V-72)	
311 a	Excélsior	H 12	E (18-III-38)	
312	F. Armida y Cía.	F 48	F	38, 39
313	Favorita	F 28	F	18
314	Feminal	F 1	F	
315	Ferba	F 27	F	18, 30
316	Ferblanc	F 67	F	23
317	Fernando Fernández	F 9	F	
318	Ferrocarriles Nacionales de México	F 37	F	11, 18, 39
319	Fhasa	F 18	F	26, 27, 30
320	Fiat	F 10	F	30, 38
321	Fibracel	F 8	F	34
322	Fiesta	Z 19	R (II-71)	17, 42
323	Fiesta Musical	F 16	F	
324	Filtex	F 19	F	23
325	Filtex	F 19	F	31
326	Financiera de Ahorros	Z 5	P (II-71)	31
327	Firmal	F 15	F	39
328	Flagasa	F 15	F	25
329	Flecha Roja	F 37	F	
330	Flecha Roja	H 1	E (18-III-38)	39
331	Fondo Industrial Mexicano	Z 5	E (1-I-71)	11, 29
332	Fontana Rosa	F 14	F	36, 38
333	Fontana Rosa	F 14	F	
334	Ford	F 10	F	
335	Ford	H 1	E (8-III-38)	
336	Futuro	F 1	F	18, 39
337	Galerías Ordáz	F 11	F	29
338	Galgo	F 11	F	34
339	García	F 46	F	39
340	Gayosso	F 74	F	

Nummer	Name	Branche	Quelle	Seite
341	Ge-ce-sa	F 21	F	
342	General Electric	F 22	F	26, 66
343	General Electric	Z 9	P (28-VII-71)	27, 66
344	General Popo	F 63	F	10
345	Genève	F 5	F	
346	Gerber-Carlisle	F 11	F	
347	Girón de México	F 79	F	11, 31
348	Gloria	F 38	F	31
349	Goodrich Euzkadi	F 63	F	
350	Gordon's	Z 1	P (3-XI-70)	
351	Granjas Las Delicias	F 23	F	
352	Hacienda Ojo de Agua	Z 17	Heraldo (14-III-71)	
353	Haste	F 29	F	10, 38
354	Haste	F 29	F	
355	Haste	Z 20	P (XII-70)	66
356	Hazel	F 2	F	
357	Henry Szeryng	F 9	F	
358	Hermanos Reyes	F 9	F	
359	Hidalgo	Z 1	S (3-V-72)	
360	High Life	Z 8	E (22-II-72)	64
361	Hiladuras Lourdes	F 60	F	28
362	Hipódromo Infantil	F 72	F	26
363	Hoover	F 28	F	21
364	Hostería del Convento	Z 17	E (23-I-72)	
365	Hoy	F 1	F	39
366	Hoy	F 1	F	39
367	H. Steele y Cía.	F 48	F	39
368	H-24	F 61	F	26
369	Ideal	F 49	F	
370	Impacto	F 1	F	
371	Impala	F 2	F	
372	Impala	Z 3	E (3-VI-71)	
373	Industria	F 1	F	39
374	Industria Eléctrica de México	F 22	F	26
375	Industria Eléctrica Mexicana	F 22	F	39
376	Industrias Celsa	F 28	F	17

Nummer	Name	Branche	Quelle	Seite
377	Infan	F 77	F	39
378	Insecticidas de Occidente	F 61	F	39
379	Institut Français d'Amérique Latine	F 56	F	
380	Istmo	F 27	F	39
381	Italianos	F 8	F	39
382	Ixta	F 20	F	
383	Jardín Amazonas	F 2	F	
384	Jardín Amazonas	F 5	F	20
385	Jardines de Santa Mónica	F 23	F	
386	Jarritos	F 31	F	41
387	Jarritos	F 31	F	41
388	Jarritos	Z 1	P (I-71)	42
389	Jozac's	F 33	F	23
390	Juguetería Ara	F 62	F	
391	Junco	Z 4	P (21-III-71)	
392	Karachi	F 2	F	32
393	Kile	F 11	F	
394	Kimex	Z 4	P (XII-70)	11, 17
395	Kist	F 31	F	
396	Kodak	F 59	F	26, 39, 66
397	La Azteca	F 45	F	
398	La Azteca	F 45	F	26
399	La Azteca	F 66	F	39
400	La Bodega	F 2	F	
401	La Cabaña	F 2	F	
402	La Calesa	F 2	F	
403	La Casa de los Ídolos	F 2	F	20
404	La Chinaca	F 1	F	
405	La Concha	F 2	F	
406	La Consolidada	F 18	F	39
407	La Corona	F 45	F	
408	La Cumbre	F 25	F	41
409	La Escondida	F 2	F	
410	La Fortaleza	F 25	F	41
411	La Fortaleza	F 25	F	
412	La Gloria	F 68	F	

164

Nummer	Name	Branche	Quelle	Seite
413	La Ibero Mexicana	F 66	F	10, 11, 29, 40
414	La Joya	F 52	F	
415	La Libertad	Z 5	E (12-VIII-71)	
416	La Liebre	H 3	E (9-III-38)	
417	La Marinera	F 2	F	
418	La Paz	F 55	F	26
419	La Paz	F 50	F	38
420	La Perla	F 29	F	
421	La Princesa	F 29	F	
422	La Princesa	F 29	F	39
423	La Princesa	H 3	E (13-III-38)	
424	La Principal	F 68	F	
425	La Ronda	F 2	F	
426	La Sevillana	F 55	F	
427	La Sevillana	F 41	F	
428	La Talpense	F 41	F	20, 39
429	La Vallière	F 13	F	
430	La Vasconia	F 28	F	
431	La Veranda de Italia	F 2	F	23
432	La Victoria	F 59 a	F	26
433	La Victoria	F 19	F	29
434	La Voz	F 1	F	
435	Lacroix	F 67	F	21
436	Lamsa	F 18	F	27
437	Lamsa	F 17	F	39
438	Lance Hnos.	F 75	F	
439	Larín	F 35	F	
440	León	F 8	F	
441	Leon Weill	F 20	F	28, 66
442	Lerdo Chiquito	F 11	F	27, 29, 30
443	Lesa	F 12	F	
444	Letras Mexicanas	F 31	F	11
445	Levy	F 58	F	
446	Librería I.D.E.E.A.	F 30	F	39
447	Librería Juárez	F 30	F	39
448	Librería Juárez	F 30	F	
449	Limsa	F 64	F	
450	Líneas Aéreas Unidas	F 17	F	20, 34, 39
451	Linsa	F 79	F	27, 34
452	Lion Peugeot	H 7	I (11-I-10)	
453	Lolyta	F 82	F	

Nummer	Name	Branche	Quelle	Seite
454	Loma Bonita	F 23	F	
455	Lómez	F 59	F	
456	Loredo	F 2	F	
457	Los Delfines	F 9	F	
458	Los Globos	F 14	F	
459	Los Globos	F 14	F	
460	Los Panchos	F 9	F	
461	Lufthansa	Z 2	E (III-71)	22
462	Lufthansa	Z 2	E (13-VI-71)	17, 30, 67
463	Lufthansa	Z 2	E (25-VI-71)	
464	Lufthansa	Z 2	E (18-IV-71)	29
465	Lufthansa	Z 2	E (20-VIII-71)	
466	Luis Romo	F 69	F	20, 39
467	Lupita Tovar	F 9	F	
468	Lux	F 20	F	26
469	Luxor	F 42	F	
470	Madero XXXXX	F 3	F	41
471	Madero XXXXX	F 3	F	10, 41
472	Madero XXXXX	F 3	F	41
473	Madero XXXXX	F 3	F	17, 29, 30
474	Maggi	F 25	F	
475	Maipú	F 67	F	
476	Maipú	Z 1	P (20-II-71)	
477	Majestic	F 5	F	
478	Majestic	Z 9	P (20-VI-71)	
479	Malinche	F 11	F	
480	Manchester	F 33	F	23
481	Manhattan	F 33	F	
482	Manolo	F 2	F	23
483	Manzanita del Prado	F 31	F	27
484	Mañana	F 1	F	
485	Margaret's	F 52	F	
486	Marino	F 92	F	26
487	Marmolería Regiomontana	F 8	F	
488	Marqués de Larios	F 19	F	
489	Marsol	Z 4	Claudia (III-71)	28
490	Meurice	F 2	F	23
491	Mexicana de Aviación	F 17	F	
492	Mexicana de Aviación	F 17	F	10, 11, 34

Nummer	Name	Branche	Quelle	Seite
493	Mexicana de Aviación	Z 2	E (29-I-72)	11, 32, 35
494	Mexicana de Aviación	Z 2	E (18-IV-72)	11, 29
495	Mexicana de Aviación	Z 2	E (3-IV-71)	11
496	Mexicana de Aviación	Z 2	E (15-I-71)	11, 21
497	Mexicana de Aviación	Z 2	E (20-III-71)	11
498	Mexicano	F 1	F	11, 21
499	Mexicanos	F 8	F	11, 31
500	México	F 85	F	11
501	México	F 1	F	11
502	México a través de los Siglos	F 30	F	11
503	México a través de los Siglos	F 30	F	11
504	México al Día	F 1	F	11
505	México Farmacéutico	F 1	F	11
506	México Optical	H 11	I (16-I-10)	11
507	Miguel Aceves Mejía	F 9	F	
508	Minimax	F 41	F	
509	Minsa	F 43	F	34
510	Minuit	F 14	F	
511	Miraku	F 43	F	17, 30
512	Miramar	F 3	F	23
513	Miranda	F 5	F	
514	Misión del Campanario	Z 17	E (I-71)	
515	Misión de Santo Tomás	F 3	F	
516	Misión de Santo Tomás	F 3	F	
517	Misión de Santo Tomás	F 3	F	
518	Misión de Santo Tomás	F 3	F	
519	Miura	F 3	F	23
520	MMM	F 8	F	26
521	Mobil	Z 3	T.V. (19-I-71)	
522	Moctezuma	H 4	I (10-I-1900)	
523	Moctezuma	H 4	I (18-II-1900)	
524	Modelo	F 59 a	F	40
525	Mojonera	F 8	F	
526	Monique	F 13	F	22
527	Monte Bello	F 3	F	
528	Montejo	F 7	F	
529	Monterrey	F 18	F	
530	Monterrey	Z 6	E (III-71)	18
531	Monterrey	Z 6	E (7-VI-71)	27

Nummer	Name	Branche	Quelle	Seite
532	Morelos	F 58	F	40
533	Moto Islo	F 32	F	
534	Moto Islo	F 32	F	39
535	MPM	F 1	F	39
536	Mundo Social	F 1	F	
537	Muñecas Elizabeth	F 62	F	
538	Myko	F 71	F	
539	Nacional de Drogas	F 77	F	28
540	Nacional Financiera	F 6	F	18
541	Nacional Financiera	F 6	F	
542	Naves	F 21	F	27
543	Negritos	F 34	F	
544	Nescafé	F 24	F	17
545	Nescafé	Z 1	P (13-VII-71)	
546	Nescafé Express	F 24	F	
547	Nevado	F 44	F	
548	Nevado	F 44	F	
549	Newark	Z 15	E (III-71)	31
550	Nitro Mex	F 27	F	11, 39
551	Noche Buena	F 7	F	27, 32
552	Noches Tapatías	F 16	F	
553	Noches Tapatías	F 16	F	
554	Normandía	F 2	F	23
555	Normandie	F 2	F	
556	Noroeste	F 1	F	
557	Norte	F 44	F	
558	Norte	F 1	F	24
559	Nosotras Decimos	F 1	F	
560	Nosotros	F 1	F	23
561	Nosotros	F 1	F	
562	Noticiero Gráfico	F 1	F	
563	Novedades	F 1	F	
564	Olga	F 13	F	
565	Olivetti	F 48	F	
566	Olivetti	Z 7	E (28-IV-71)	31
567	Omega	F 60	F	27, 29, 30
568	Onda 1470	F 4	F	
569	Ornelas	F 90	F	31
570	Oro	F 62	F	41

Nummer	Name	Branche	Quelle	Seite
571	Oro y Pronto	F 24	F	
572	Osram	Z 9	E (19-I-72)	24
573	Otis	F 22	F	28, 39
574	Ovaciones	F 1	F	
575	Ovaciones	F 1	F	
576	Packard Bell	F 36	F	
577	Pahuatlán de Altura	F 24	F	22
578	Pan	F 49	F	
579	Pando	F 25	F	28
580	Papagayo	F 5	F	17
581	Paradise	F 14	F	
582	Pascual	F 31	F	27
583	Pasquel Hnos.	F 15	F	
584	Paterny	Z 1	P (I-72)	
585	Patria	F 1	F	34
586	Pavignani Cecciarelli	F 13	F	29
587	Pavignani Cecciarelli	F 13	F	
588	Peerless	F 73	F	
589	Peinados y Belleza	F 1	F	18, 39
590	Pelikan	Z 7	E (XI-71)	32
591	Pemex	Z 16	E (XII-70)	11, 39
592	Pemex	Z 16	E (XII-71)	11, 39
593	Pemex	Z 16	P (IV-71)	11
594	Peñafiel	F 54	F	
595	Peñafiel	F 54	F	
596	Pepe Guízar	F 9	F	
597	Pepsi Cola	F 31	F	10
598	Petróleos Mexicanos	F 59 a	F	11, 39
599	Phoenix	Z 13	E (III-71)	29
600	Piaget	Z 20	E (3-II-71)	
601	Pingüinos	F 13	F	
602	Piporro	F 9	F	
603	Piza 1902	F 26	F	
604	Plagol	F 61	F	32
605	Plasthermo	F 65	F	39
606	Población	F 1	F	41, 63
607	Política	F 1	F	21
608	Portales	F 38	F	
609	Portales	F 38	F	
610	Potosí	F 26	F	

Nummer	Name	Branche	Quelle	Seite
611	Potosí	F 1	F	18, 39
612	Poza Rica	F 85	F	
613	Prado Alfer	F 5	F	
614	Prado Américas	F 5	F	· 17
615	Prensa de México	F 1	F	11
616	Presidente	F 3	F	
617	Producciones Barba-chano Ponce	F 16	F	26, 28, 30
618	Progreso	F 37	F	
619	Proto	H 1	E (13-III-38)	64
620	Proto	H 1	E (13-III-38)	64
621	Proveedora del Hogar	Z 8	R (6-V-71)	
622	Proveedora Industrial Mexicana	F 20	F	
623	Provincia	F 1	F	
624	Publicidad Serrano	F 80	F	
625	Pueblo	F 1	F	
626	Quintana	F 39	F	
627	Quinzaños	F 22	F	
628	Radiadores Hércules	F 10	F	39
629	Radio Cadena Nacional	F 4	F	20
630	Radio Cadena Nacional	F 4	F	
631	Radio Centro	Z 11	R (9-I-72)	17
632	Radio Felicidad	F 4	F	
633	Radio Felicidad	Z 11	R (II-71)	
634	Radio Maranata	Z 11	R (IV-72)	
635	Radio Maranata	Z 11	R (24-I-72)	
636	Radio Programas de México	F 4	F	11, 34, 39
637	Radio 660	F 4	F	
638	Radson	F 36	F	28
639	Radson	F 36	F	
640	Rancho Blanco	F 12	F	31
641	Record	F 34	F	
642	Reforma	F 5	F	
643	Regios	Z 18	P (19-VIII-71)	
644	Regis	F 5	F	
645	Regis	F 59	F	29, 39
646	Régulo	F 9	F	

Nummer	Name	Branche	Quelle	Seite
647	Remington	H 5	E (18-III-38)	
648	Remolques Trailmobile de México	F 10	F	11, 34
649	Renault	Z 3	P (VII-71)	
650	Renault	Z 3	E (17-II-72)	32
651	Repertorio Wagner	F 15	F	
652	Revista de Revistas	F 1	F	
653	Rey	F 49	F	27
654	Reyes y Catalá	F 11	F	
655	Ricardo Balderas	F 84	F	
656	Rinbros	F 96	F	27
657	Río Grande	F 13	F	42
658	Río Rosa	F 14	F	
659	Ripoll	F 26	F	
660	Rivetex	F 19	F	31
661	Robert's	F 39	F	22
662	Roca Azul	F 54	F	
663	Rocket	F 50	F	
664	Rod-Mar	F 65	F	28
665	Rodríguez	F 11	F	
666	Rodríguez	F 11	F	
667	Roll	F 49	F	
668	Romo	Z 7	E (II-71)	30
669	Rosa Venus	F 93	F	
670	Royal	F 38	F	42
671	Royal Label	Z 1	P (25-X-70)	22
672	Royalton	F 50	F	
673	Rubio	H 10	E (17-III-38)	
674	Sabena	Z 2	E (IV-71)	24
675	Saeta	F 1	F	18
676	Saeta	F 32	F	34
677	Sagarñac	F 3	F	10, 23
678	Salinas y Rocha	F 11	F	17, 39
679	San Martín	F 12	F	
680	San Matías	F 12	F	26
681	Sanborns	F 13	F	39
682	Santa Anita	F 2	F	
683	Santa María	F 3	F	17
684	Santa María	F 3	F	
685	Santiago	F 19	F	

Nummer	Name	Branche	Quelle	Seite
686	Santiago	F 19	F	
687	Satélite	F 16	F	17, 39
688	Sauza	F 12	F	10, 41
689	Sauza	F 12	F	
690	Sauza	F 12	F	
691	Sauza	F 12	F	
692	Sauza	F 12	F	11
693	Sauza	Z 1	P (2-IV-71)	
694	Sauza	Z 1	P (9-XI-70)	
695	Sauza	Z 1	P (1-II-71)	42, 63
696	Sauza	Z 1	P (20-II-71)	
697	Sauza	Z 1	R (II-71)	
698	Sauza	Z 1	E (19-III-72)	28
699	Sears	F 13	F	
700	Sears	Z 8	E (28-I-72)	
701	Sears Seda-Lana	Z 4	E (26-V-71)	
702	Seguros La Comercial	F 66	F	39
703	Selecciones del Reader's Digest	F 1	F	28
704	Selmec	Z 15	E (3-IV-72)	
705	Semiramis	F 14	F	23
706	Señorial	F 2	F	
707	Sergio Corona	F 9	F	
708	Seyer	F 70	F	39
709	Siemens	Z 6	P (16-XII-70)	27
710	Siemens	Z 6	E (19-IV-71)	21, 64
711	Siemens	Z 6	E (19-VII-71)	64
712	Shirley Courts	F 5	F	
713	Siempre!	F 1	F	
714	Si-Glo	F 64	F	
715	Sistema Banco de Comercio	F 6	F	
716	Sistema Nacional de Orientación	Z 14	E (II-71)	
717	Sobia	F 2	F	
718	Social	F 1	F	
719	Soconusco	F 35	F	31
720	Soconusco	F 35	F	42
721	Soler	F 70	F	39
722	Solex	F 64	F	
723	Somex	Z 5	R (19-VII-71)	11, 15, 27
724	Somex	Z 5	R (VIII-71)	11, 27, 34

Nummer	Name	Branche	Quelle	Seite
725	Soria	F 19	F	
726	Soria	Z 4	P (I-71)	
727	Spa Agua Azul	F 5	F	
728	Spa Peñafiel	F 5	F	
729	Spa Peñafiel	F 5	F	
730	Steele	Z 7	E (7-III-72)	
731	Steele	Z 7	E (10-III-71)	40
732	Sucesos para Todos	F 1	F	
733	Suites Emperador	F 5	F	
734	Super Expresos Estrella de Oro	F 37	F	
735	Superllanta Oxo	H 1	E (27-III-38)	62
736	Sylvain	F 41	F	23
737	Talón	F 15	F	27
738	Tamm	F 57	F	26
739	Tardán	F 97	F	
740	Tecali	F 2	F	
741	Tecali	F 5	F	23
742	Tecate	F 7	F	26
743	Techint Engineering	F 8	F	26, 39, 66
744	Telecomunicación	Z 12	E (19-IV-71)	39, 64
745	Telecomunicación	Z 12	E (19-IV-71)	64
746	Telectron	F 36	F	
747	Teléfonos de México	F 15	F	11, 34, 42
748	Teléfonos de México	Z 12	P (IV-71)	11
749	Tele-Guía	F 1	F	
750	Teleindustria	Z 12	S (29-VII-71)	29, 32, 34
751	Ten Pac	F 21	F	
752	Tenorio Tours	F 86	F	22, 39
753	Tequila	F 12	F	
754	Terrasola	H 3	F	29
755	Terrazas Satélite	F 23	F	
756	Terrot	F 32	F	
757	Tíber	F 2	F	
758	Tívoli	F 16	F	
759	Todo	F 1	F	
760	Tolteca	F 8	F	27
761	Tolteca	Z 6	R (30-I-71)	
762	Trailers de Monterrey	F 10	F	
763	Travieso	F 71	F	17

Nummer	Name	Branche	Quelle	Seite
764	Tres Caballos	F 2	F	
765	Tres Estrellas de Lance	Z 18	E (4-II-71)	64
766	Tropical Maya	F 5	F	23
767	Última Hora	F 1	F	39
768	UMLA	F 56	F	
769	Urbe	F 1	F	39
770	Urdiñola	F 3	F	31
771	Usher	F 35	F	42
772	Van Beuren	F 11	F	
773	Vanity	F 81	F	18
774	Veracruz	F 5	F	26
775	Veruska	Z 4	E (IV-72)	
776	V H	Z 1	P (XII-70)	
777	Viana	Z 8	P (I-71)	
778	Viana	Z 8	P (II-72)	
779	Victoria	F 7	F	
780	Victoria	F 7	F	
781	Victoria	Z 1	P (II-71)	
782	Vida Universitaria	F 1	F	
783	Vidriera Monterrey	F 51	F	39
784	Vidrio Artístico	F 51	F	39
785	Viejo Vergel	Z 1	E (11-I-72)	64
786	Villa de las Flores	F 23	F	
787	Virreyes	F 5	F	
788	Viveros de la Loma	F 23	F	
789	Viveros de la Loma	F 23	F	
790	Volkswagen	F 10	F	15, 29, 66
791	Volkswagen	Z 3	E (7-XI-70)	
792	Volkswagen	Z 3	P (XI-70)	
793	Volkswagen	Z 3	P (XII-71)	
794	Volkswagen	Z 3	E (25-IV-71)	64
795	Volkswagen	Z 3	E (25-IV-71)	32, 64
796	Volkswagen	Z 3	E (10-III-71)	
797	Volkswagen	Z 3	E (1-XII-71)	15
798	Volvo	Z 3	E (4-V-71)	
799	VYV	F 44	F	
800	Waikiki	F 14	F	24
801	Walker	F 21	F	35

Nummer	Name	Branche	Quelle	Seite
802	Wampole	H 13	E (2-III-38)	62
803	Waterfill and Frazier	F 47	F	26, 66
804	West Point	F 33	F	26, 40
805	Westinghouse	F 22	F	
806	White Horse	F 47	F	23
807	Wormser	Z 6	E (8-V-71)	
808	XEAI	F 4	F	
809	XEB	F 4	F	
810	XEB	F 4	F	
811	XEBG	F 4	F	23
812	XEBO	F 4	F	
813	XECH	F 4	F	
814	XEDKT	F 4	F	
815	XEGS	F 4	F	
816	XEHL	F 4	F	
817	XEIQ	F 4	F	
818	XEJP	F 4	F	
819	XEKJ	F 4	F	
820	XELA	F 4	F	
821	XELO	F 4	F	
822	XELW	F 4	F	
823	XEMP	F 4	F	34
824	XEQ	F 4	F	
825	XEQK	F 4	F	
826	XEROX	Z 27	E (29-I-72)	
827	XES	F 4	F	
828	XESM	F 4	F	
829	XEUK	F 4	F	
830	XEW	F 4	F	22
831	XEW	F 4	F	
832	XEW	F 4	F	24
833	XEW-TV Canal 2	F 40	F	24
834	XEW-TV Canal 12	F 40	F	
835	XEX	F 4	F	
836	XEX	F 4	F	22
837	XHFM-TV Canal 2	F 40	F	
838	XHGC-TV Canal 5	F 40	F	
839	XHG-TV Canal 3	F 40	F	26
840	XLM	Z 11	R (XII-70)	16
841	XX	F 7	F	28

Nummer	Name	Branche	Quelle	Seite
842	Zacatecas	F 8	F	27
843	Zapico	Z 4	E (6-V-71)	
844	Zapopan	F 47	F	
845	Zócalo	F 1	F	18

3. BRANCHENREGISTER DER WERBESLOGANS

Branchenliste H — alphabetisch geordnet
entnommen: Hemeroteca Nacional (Zeitungs- und Zeitschriftenarchiv)
Zeitraum: 1900 - 1938

Branche	Korrespondenz im quantitativen Branchenregister
Artículos de oficina	H 5
Autos	H 1
Bancos	H 6
Bebidas	H 4
Bicicletas	H 7
Distribuidoras	H 8
Editoriales	H 9
Enseñanza	H 10
Ópticas	H 11
Periódicos	H 12
Petróleos	H 2
Productos farmacéuticos	H 13
Ropa	H 3

Branchenliste H — quantitativ geordnet
entnommen: Hemeroteca Nacional (Zeitungs- und Zeitschriftenarchiv)
Zeitraum: 1900 - 1938

Reihenfolge	Branche	Anzahl der Slogans	Seite
H 1	Autos	5	178
H 2	Petróleos	3	178
H 3	Ropa	3	178
H 4	Bebidas	2	178
H 5	Artículos de oficina	1	178
H 6	Bancos	1	178
H 7	Bicicletas	1	178
H 8	Distribuidoras	1	179
H 9	Editoriales	1	179
H 10	Enseñanza	1	179

H 1.   Autos
   330   Flecha Roja: Al servicio de todo México
   335   Ford: El único automóvil armado en México
   619   Proto: La maquinaria agrícola de fabricación mexicana
   620   Proto: El nuevo „Fordson", el tractor ideal para México
   735   Superllanta Oxo: Es un triunfo legítimo de México

H 2.   Petróleos
   185   Compañía Mexicana de Petróleo „El Aguila": „El águila tiene
        el cariño especial de la Nación Mexicana"
   186   Compañía Mexicana de Petróleo „El Aguila": El Petróleo
        Aurora es el único llamado a alumbrar los hogares mexicanos
        — primero porque es nacional.
   187   Compañía Mexicana de Petróleo „El Aguila": Excélsior es el
        mejor petróleo que se encuentra en México

H 3.   Ropa
   309   Excélsior: Con obreros mexicanos, con máquinas americanas
        y pieles alemanas se fabrica el mejor calzado del mundo que
        se llama Excélsior
   416   La Liebre: Este año nos hemos excedido para ofrecer un
        surtido como no se había visto en México hasta ahora
   423   La Princesa: El mejor surtido de todo México

H 4.   Bebidas
   522   Moctezuma: La mejor cerveza de la República es la de Moc-
        tezuma-Orizaba
   523   Moctezuma: La mejor cerveza en el país

H 5.   Artículos de Oficina
   647   Remington: La Remington es la máquina de todas las empre-
        sas importantes de la República

H 6.   Bancos y Seguros
   132   Capitalizador de Ahorros: El primer banco capitalizador
        fundado en México

H 7.   Bicicletas

452   Lion Peugeot: Las bicicletas „Lion Peugeot" ganan todas
las carreras, tanto en Europa como en México

H 8.   Distribuidoras
243   Distribuidora Mexicana: Una organización de mexicanos

H 9.   Editoriales
253   Editorial Pax: Vende el libro que esperaba todo México

H 10.   Enseñanza
673   Rubio: La mejor academia de México

H 11.   Ópticas
506   México Optical: La „México Optical" es la casa para el
cuidado de los ojos, la más bien equipada en la República

H 12.   Periódicos
311a Excélsior: Diario de la vida nacional

H 13.   Productos Farmacéuticos
802   Wampole: Más de 40 años de éxito en México

Branchenliste F − alphabetisch geordnet
entnommen: Ferrer, El lenguaje de la publicidad en México*
Zeitraum: 1935-1965

Branche**	Korrespondenz im quantitativen Branchenregister
Abarrotes y ultramarinos	F 41
Abonos y fertilizantes	F 27
Aceites y grasas comestibles	F 53

 * Der Materialsammlung wurden nur die Slogans entnommen, die sich auf die mex.
Nationalität beziehen.
** In den folgenden Branchen wurden keine Slogans mit nationalem Inhalt gefunden:
1. Calcetines
2. Colonias y lociones masculinas
3. Flores y florerías
4. Lotería

Branche	Korrespondenz im quantitativen Branchenregister
Acero y fundidoras	F 18
Acumuladores	F 87
Aguas minerales y de mesa	F 54
Alfombras y tapetes	F 42
Alimentos y condimentos	F 43
Almacenes y tiendas de ropa	F 13
Aparatos y utensilios del hogar	F 28
Artes gráficas	F 69
Artículos deportivos	F 70
Artículos infantiles	F 71
Artistas	F 9
Automóviles, camiones y accesorios	F 10
Bancos, ahorros y financieras	F 6
Bicicletas y motonetas	F 32
Blancos, colchas y toallas	F 44
Cafés y tés	F 24
Calzado de caballero	F 21
Calzado de dama	F 88
Camas y colchones	F 89
Camisas y camiserías	F 33
Casimires	F 19
Centros nocturnos	F 14
Cerillos y fósforos	F 55
Cervezas	F 7
Cigarrillos	F 34
Cigarros puros	F 90
Colegios y centros de enseñanza	F 56
Conservas	F 25
Constructoras y materiales de construcción	F 8
Chocolates y bombones	F 45
Deportes	F 72
Discos y tocadiscos	F 73
Dulces, helados y postres	F 35

Branche	Korrespondenz im quantitativen Branchenregister
Electricidad	F 22
Electrónica	F 36
Embutidos y carnes frías	F 91
Espectáculos	F 16
Estambres y lanas	F 57
Farmacias	F 58
Ferreterías	F 46
Ferrocarriles y transportes	F 37
Fotógrafos y materiales fotográficos	F 59
Fraccionamientos y condominios	F 23
Funerarias	F 74
Galletas	F 75
Gas y combustibles	F 59 a
Hilos para coser	F 60
Hoteles y balnearios	F 5
Industria y maquinaria	F 20
Insecticidas	F 61
Jabones para lavar y detergentes	F 92
Jabones de tocador	F 93
Joyerías y relojerías	F 29
Juguetes	F 62
Laboratorios y productos médico-farmacéuticos	F 77
Leche y derivados	F 38
Libros y librerías	F 30
Licores	F 47
Líneas aéreas	F 17
Llantas y cámaras	F 63
Medias	F 94
Muebles y mueblerías	F 11

Branche	Korrespondenz im quantitativen Branchenregister
Oficina (equipos y muebles)	F 48
Óptica	F 78
Pan	F 49
Perfumes y cosméticos femeninos	F 95
Periódicos y revistas	F 1
Petacas y artículos de piel	F 79
Pinturas y esmaltes	F 64
Plásticos	F 65
Publicidad y relaciones públicas	F 80
Radiodifusoras	F 4
Refrescos	F 31
Restaurantes	F 2
Rones y habaneros	F 26
Ropa íntima de hombre	F 96
Ropa íntima de mujer	F 81
Ropa para hombre	F 50
Ropa para mujer	F 82
Sastrerías y trajes hechos	F 39
Seguros	F 66
Sidras y vinos espumosos	F 67
Sombrererías y sombreros	F 97
Telas y fibras	F 83
Televisoras	F 40
Tequilas y mezcales	F 12
Tintorerías y lavanderías	F 98
Toreros y plazas	F 84
Turismo	F 85
Varios	F 15
Velas y veladoras	F 68
Viajes (agencias y promotoras)	F 86
Vidrio, cristal y loza	F 51
Vinos y aguardientes de uva	F 3
Zapaterías y accesorios	F 52

182

Branchenliste F – quantitativ geordnet

entnommen: Ferrer, El lenguage de publicidad en México
Zeitraum: 1935-1965

Reihenfolge	Branche	Anzahl der Slogans	Seite
F 1	Periódicos y revistas	84	186
F 2	Restaurantes	38	188
F 3	Vinos y aguardientes de uva	34	189
F 4	Radiodifusoras	32	190
F 5	Hoteles y balnearios	26	191
F 6	Bancos, ahorros y financieras	20	192
F 7	Cervezas	15	193
F 8	Constructoras y materiales de construcción	15	193
F 9	Artistas	14	194
F 10	Automóviles, camiones y accesorios	13	195
F 11	Muebles y mueblerías	13	195
F 12	Tequilas y mezcales	12	196
F 13	Almacenes y tiendas de ropa	11	196
F 14	Centros nocturnos	11	197
F 15	Varios	11	197
F 16	Espectáculos	10	197
F 17	Líneas aéreas	10	198
F 18	Acero y fundidoras	9	198
F 19	Casimires	9	199
F 20	Industria y maquinaria	9	199
F 21	Calzado de caballero	8	199
F 22	Electricidad	8	200
F 23	Fraccionamientos y condominios	8	200
F 24	Cafés y tés	7	201
F 25	Conservas	7	201
F 26	Rones y habaneros	7	201
F 27	Abonos y fertilizantes	6	202
F 28	Aparatos y utensilios de hogar	6	202

GS: 288
VW: México-revista-periódico-servir-diario-mejor
DS: 5

F 2. *Restaurantes*

GS: 150
VW: México-más-mejor-restaurante-comer-lugar
DS: 6

F 3. *Vinos y aguardientes de uva*

473   Madero XXXXX: Una tradición del buen gusto mexicano
512   Miramar: Sabor de Italia en México
515   Misión de Santo Tomás: El nombre más antiguo y más
      respetado en vinos mexicanos
516   Misión de Santo Tomás: La industria vitivinícola más grande
      del país
517   Misión de Santo Tomás: La marca de los mejores vinos
      mexicanos desde 1888
518   Misión de Santo Tomás: Los mejores vinos mexicanos
519   Miura: Hecho en México con el sabor de España
527   Monte Bello: Son vinos con las mejores uvas mexicanas
616   Presidente: El mejor brandy mexicano
677   Sagarñac: En Francia, cognac... en México, Sagarñac
683   Santa María: El vino favorito de la familia mexicana
684   Santa María: Los vinos de México
754   Terrasola: Un vino mexicano de buen gusto
770   Urdiñola: El mejor licor que se produce en México

GS: 180
VW: México-vino-mejor-brandy-bueno-calidad
DS: 5

F 4.   *Radiodifusoras*

568   Onda 1470: Lo que se oye y dice en el México moderno
629   Radio Cadena Nacional: La esencia de la mexicanidad en la
      radiodifusión
630   Radio Cadena Nacional: Una difusora en cada plaza impor-
      tante del país
632   Radio Felicidad: Triunfadora en México
636   Radio Programas de México: Sirviendo a México, con las
      mejores emisoras de México
637   Radio 660: Alma musical de México
808   XEAI: La I de México
809   XEB: La B grande de México
810   XEB: Lo mejor del radio en México
811   XEBG: El alma de México en las dos Californias
812   XEBO: La voz del centro de la República
813   XECH: Eco del Estado de México
814   XEDKT: Música mexicana D-K-Tgoría
815   XEGS: Desde el corazón agrícola de México
816   XEHL: Cubre todo el occidente del país
817   XEIQ: La más importante en el occidente de México

818   XEJP: Reina de la popularidad en México
819   XEKJ: La más efectiva de México
820   XELA: Buena música en México
821   XELO: Sirve a México mejor. . .
822   XELW: Acento auténtico de México
823   XEMP: La música de México. . . para México
824   XEQ: Marcando el rumbo de la radiodifusión mexicana
825   XEQK: Más de un millón de oyentes en el Valle de México
827   XES: La voz del Golfo de México
828   XESM: La primera difusora automática en México
829   XEUK: Eslabón del Golfo de México
830   XEW: Desde hace 29 años, México habla al mundo con la
      voz de XEW
831   XEW: El país está lleno de gente que escucha XEW
832   XEW: La voz de la América Latina desde México
835   XEX: La importante red de radio del país
836   XEX: La voz de México para los oídos del mundo

GS: 248
VW: Voz-música-México-estación-más-radiodifusoras
DS: 5

F 5.   *Hoteles y balnearios*

  27   Alameda: Tradicional ambiente mexicano
  34   Alos: Su residencia en México
  43   Ambassador: En el corazón de la ciudad de México
  52   Antillas: Su casa en México
  76   Bamer: El más distinguido en la ciudad de México
154   Castropol: Al servicio del turista nacional e internacional
232   De Soto Arms: El más distinguido de México
272   El Jardín: El más moderno y refinado en la ciudad de México
345   Genève: En el corazón de la moderna zona comercial de México
384   Jardín Amazonas: El más moderno y refinado en la ciudad
      de México
477   Majestic: En el corazón de México
513   Miranda: El mejor de todas las fronteras mexicanas
580   Papagayo: El hogar de la familia mexicana en Acapulco
613   Prado Alfer: La casa más lujosa de los mexicanos en la capital
614   Prado Américas: El hotel de las familias mexicanas
642   Reforma: En el corazón de México
644   Regis: Una ciudad en el corazón de México

712   Shirley Courts: El mejor y más grande en el corazón de la
      ciudad de México
727   Spa Agua Azul: El mejor balneario de la República
728   Spa Peñafiel: El hotel más completo de México
729   Spa Peñafiel: El hotel más turístico de México
733   Suites Emperador: Su residencia en México
741   Tecali: Lo mejor en México y América Latina
766   Tropical Maya: Lo mejor en México y América Latina
774   Veracruz: Un orgullo de la hotelería nacional
787   Virreyes: La ubicación más accesible de México

GS: 180
VW: Más-hoteles-mejor-México-lugar-Acapulco
DS: 6

F 6.   *Bancos, ahorros y financieras*

 60   Asociación Hipotecaria Mexicana: La institución hipotecaria
      más antigua de México
 78   Banco Capitalizador de Ahorros: El ahorro hace patria
 79   Banco Capitalizador de Ahorros: El primer banco capita-
      lizador fundado en México
 80   Banco de Comercio: A sus órdenes en todo el país
 81   Banco de Comercio: Un banco moderno al servicio de un
      México moderno
 82   Banco de Industria y Comercio: Sirviendo a un México
      mejor
 83   Banco de la Propiedad: Al servicio de la industria mexicana
 84   Banco del Ahorro Nacional: Al servicio de los industria-
      les de México
 85   Banco del País: Confíe en México. . . y ahorre en el Banco
      del País
 87   Banco Mexicano: El ahorro es la base de una vida mejor. . .
      ahorre en el Banco Mexicano
 88   Banco Mexicano del Occidente: Asegure su porvenir y el de
      los suyos ahorrando en el Banco Mexicano del Occidente
 89   Banco Nacional de Comercio Exterior: Atiende el desarrollo
      del comercio exterior de México
 90   Banco Nacional de México: Al servicio de México desde 1884
 91   Banco Nacional de México: Al servicio de tres generaciones
      de la gran familia mexicana
 92   Banco Nacional de México: A sus órdenes en todo el país
110   Bonos del Ahorro Nacional: Usted gana y México progresa
204   Crédito Hipotecario: Un cuarto de siglo al servicio de México

540 Nacional Financiera: Con los ahorros forjamos la grandeza de la patria

541 Nacional Financiera: Presencia de México

715 Sistema Bancos de Comercio: La moderna red bancaria que cubre la República

GS: 63
VW: Servir-ahorrar-México-banco-todo-mejor
DS: 6

F 7. *Cervezas*

61 Asociación Nacional de Fabricantes de Cerveza: En el mundo tiene fama la cerveza mexicana

62 Asociación Nacional de Fabricantes de Cerveza: México produce la mejor cerveza del mundo

137 Carta Blanca: Goce la mexicana alegría con Carta Blanca bien fría

138 Carta Blanca: Hizo famosa la cerveza mexicana en el mundo entero

139 Carta Blanca: La única cerveza mexicana con calidad premiada y certificada

162 Cervecería Cuauhtémoc: 70 años sirviendo al buen gusto de México

179 Colosal: La cerveza del gusto mexicano

199 Corona Extra: La cerveza de mayor venta en la República

200 Corona Extra: Primera marca mexicana en cervezas finas

528 Montejo: Única en la República

551 Noche Buena: Calidad tradicional de México

742 Tecate: Orgullo de México

779 Victoria: La cerveza de México

780 Victoria: La victoria es nuestra y veinte millones de mexicanos no pueden estar equivocados

841 XX: Un prestigio de México desde hace medio siglo

GS: 125
VW: Cerveza-más-México-mejor-único-calidad
DS: 5

F 8. *Constructoras y materiales de construcción*

55 Asbestolit: Haga que México progrese... exija calidad Asbestolit

F 9. *Artistas*

F 10.   *Automóviles, camiones y accesorios*

GS: 35
VW: México-automóviles-mejor-calidad-hacer-todo
DS: 5

F 11.   *Muebles y mueblerías*

GS: 102
VW: Muebles-calidad-más-México-fino-hogar
DS: 6

F 12.   *Tequilas y mezcales*

211   Cuervo: Es presencia, gusto y sabor de México, desde 1800
228   De Antaño: Con auténtico sabor mexicano
443   Lesa: Joya del ambiente mexicano
640   Rancho Blanco: El mejor tequila que se produce en la
      República
679   San Martín: La bebida nacional
680   San Matías: El tequila orgullo de México
688   Sauza: Brinde a la mexicana. . . con tequila Sauza y botana
689   Sauza: El aperitivo nacional
690   Sauza: El tequila de México
691   Sauza: La alegría de México desde 1873
692   Sauza: México tiene lo suyo. . . el tequila. . . y tequila
      Sauza es su tequila
753   Tequila: La más mexicana de las bebidas

GS: 64
VW: Tequila-mejor-ser-México-calidad-más
DS: 6

F 13.   *Almacenes y tiendas de ropa*

 26   Al Puerto de Veracruz: Goza de la confianza del público de
      México desde 1878
180   Comercial Mexicana: El almacén de México
429   La Vallière: La casa de modas más antigua en México
526   Monique: La interpretación mexicana de la moda inter-
      nacional
564   Olga: El almacén de las damas de México
586   Pavignani Cecciarelli: Elegancia y buen gusto en el vestir
      de México
587   Pavignani Cecciarelli: La tienda más elegante de México
601   Pingüinos: Los regalos más exclusivos de México
657   Río Grande: Donde todo México . . . compra
681   Sanborns: 60 años de servir al público de México
699   Sears Roebuck de México: Todo es mejor en Sears de México

GS: 152
VW: Más-casa-almacén-mejor-todo-calidad
DS: 6

196

F 14. *Centros nocturnos*

108 Bombay: Las noches más alegres de México
258 El Burro: El club nocturno más original de México
276 El Patio: El centro social de más tradición en México
332 Fontana Rosa: Fabuloso centro nocturno en el México
     fabuloso
333 Fontana Rosa: Maravilla nocturna de México
458 Los Globos: Auténtica categoría en México
459 Los Globos: El mejor cabaret típico mexicano
510 Minuit: El mejor night-club de México
581 Paradise: El mejor centro nocturno en el norte de México
658 Río Rosa: El cabaret más bonito de México
705 Semiramis: Un oasis de Arabia en el corazón de México
800 Waikiki: París y Broadway en México

GS: 36
VW: México-más-nocturno-centro-cabaret-club
DS: 6

F 15. *Varios*

 54 Armamex: Las armas más finas hechas en México
118 Bull: Una gran empresa al servicio de México
145 Casa de Música: La casa de música más antigua de México
148 Casa Veerkamp: Los grandes almacenes de música en México
161 Centro de Cirugía Plástica: La primera institución mexicana en su género
327 Firmal: Su tarjeta mexicana de crédito
328 Flagasa: Orgullo nacional
583 Pasquel Hermanos: La agencia aduanal más antigua del país
651 Repertorio Wagner: El centro musical de México
737 Talon: Los cierres de más alta calidad en México
747 Teléfonos de México: De mexicanos, para los mexicanos

GS: 57
VW: Más-calidad-mejor-México-servir-cierres
DS: 5

F 16. *Espectáculos*

 58 Así es mi tierra: El programa de radio y TV auténticamente mexicano
 59 Así es mi tierra: El programa de mayor esencia nacional
233 Del Valle: Un cine al servicio de la familia mexicana
299 Estudio Raleigh: El programa estelar de la televisión mexicana

436   Lamsa: Acero de calidad para la industria de México
529   Monterrey: Un México mejor con acero Monterrey

GS: 30
VW: Calidad-acero-México-industria-más-construir
DS: 5

F 19.   *Casimires*

324   Filtex: Calidad inglesa a precio nacional
325   Filtex: Es lo más fino que se produce en México
432   La Victoria: Orgullo de la industria nacional
433   La Victoria: Tradición mexicana de excelencia en casimires
488   Marqués de Larios: Los casimires más finos de México
660   Rivetex: Es lo más fino que se produce en México
685   Santiago: México viste con casimires Santiago desde hace 72 años
686   Santiago: 72 años de vestir bien a México
725   Soria: Máximo exponente del casimir mexicano

GS: 40
VW: Casimires-calidad-México-vestir-bien-alta
DS: 5

F 20.   *Industria y maquinaria*

  1   Abastecedores Generales: Maquinaria de prestigio para prestigio de México
 39   Allis-Chalmers de México: Presente en el progreso de México
 57   Asea: Al servicio de México
216   Cummins de México: Presente en el progreso de México
300   Euclid: Colabora al progreso de México desde 1937
382   Ixta: La planta de cromado más moderna de México
441   Leon Weill: Una firma de prestigio que todo México conoce
468   Lux: Por el progreso industrial de México
622   Proveedora Industrial Mexicana: La maquinaria que necesita
         la industria mexicana

GS: 18
VW: México-maquinaria-prestigio-progreso-calidad-industria
DS: 5

F 21.   *Calzado de caballero*

125   Canadá: El auténtico calzado mexicano que sí supera al importado
126   Canadá: El calzado de México
127   Canadá: Orgullo de la industria mexicana

290 Eclipse: El mejor calzado hecho en México
431 Ge-ce-sa: Hecho en León para México
542 Naves: Calzados mexicanos de calidad única
751 Ten-Pac: Fabrica el mejor calzado de México
801 Walker: Las huellas de México, son huellas Walker

GS: 72
VW: Calzado-calidad-ser-mejor-México-pasos
DS: 5

F 22. *Electricidad*

182 Comisión Federal de Electricidad: Electricidad para el
progreso de México
184 Compañía Mexicana de Luz y Fuerza Motriz: Una empresa
privada al servicio de México desde hace más de 50 años
342 General Electric: 65 años en México contribuyendo al
progreso
374 Industria Eléctrica de México: Fabricamos el progreso
de México
375 Industria Eléctrica Mexicana: Al servicio de México
573 Otis: Un prestigio mundial al servicio de México
627 Quinzaños: Ilumina a México
805 Westinghouse: México se ilumina con focos Westinghouse

GS: 18
VW: Electricidad-México-progreso-calidad-servicio-mejor
DS: 5

F 23. *Fraccionamientos y condominios*

168 Ciudad Satélite: Símbolo del progreso urbanístico de México
351 Granjas Las Delicias: El fraccionamiento más hermoso de
la República Mexicana
385 Jardines de Santa Mónica: La puerta de oro de la metrópoli mexicana
454 Loma Bonita: El balcón de México
755 Terraza Satélite: El conjunto residencial más exclusivo de México
786 Villa de las Flores: Hamaca de México
788 Viveros de la Loma: La nueva zona residencial de México
789 Viveros de la Loma: La zona residencial más hermosa de México

GS: 127
VW: Más-fraccionamiento-vivir-ciudad-belleza-zona
DS: 6

200

F 24.   *Cafés y tés*

33 Algusto: Al gusto mexicano
178 Colón: El mejor café de México
225 Chinan Te Co.: Un té nacional como el mejor del mundo
544 Nescafé: Consagrado por el gusto mexicano
546 Nescafé Express: El primero y único café express instan-
     táneo en México
571 Oro y Pronto: Los cafés más finos de México
577 Pahuatlán de Altura: No es el mejor del mundo, pero sí el
     más puro de México

GS: 56
VW: Café-mejor-ser-calidad-México-puro
DS: 5

F 25.   *Conservas*

172 Clemente Jacques: Fabrica desde 1887 las mejores conser-
     vas mexicanas
215 Cumbres de San Marcos: Las mejores conservas de México
408 La Cumbre: ¡Qué delicia mexicana!
410 La Fortaleza: Conservas sanas y mexicanas
411 La Fortaleza: De los fértiles campos mexicanos a su mesa
474 Maggi: Lo más exquisito de la cocina tradicional de México
579 Pando: Los productos que dan prestigio a México

GS: 46
VW: Calidad-conservas-mejor-México-delicioso-mar
DS: 5

F 26.   *Rones y habaneros*

98 Berreteaga: Gusta a México desde hace casi un siglo
99 Berreteaga: La marca de mayor prestigio en la República
    desde 1865
109 Bonampak: El mejor ron que México produce
149 Casasano: El gran ron de México
603 Piza 1902: El mejor licor nacional
610 Potosi: El consentido de México
659 Ripoll: La fórmula superior del mejor habanero mexicano

GS: 67
VW: Ron-ser-habanero-mejor-gustar-más
DS: 5

F 27.   *Abonos y fertilizantes*

   3   Abonos y Fertilizantes: Los fertilizantes que necesita el
     campo mexicano
 75   Bajío: Para servir al progreso de México
188   Comsolmex: Productos que enriquecen la tierra de México
315   Ferba: Una industria que enorgullece a la patria
380   Istmo: Una empresa al servicio de la agricultura nacional
550   NitroMex: Sirviendo a México en su esencia vital

GS: 16
VW: Tierra-México-servir-fertilizante-mejor-agricultura
DS: 6

F 28.   *Aparatos y utensilios de hogar*

235   Delher: Un producto que enorgullece a México
249   Dyna: La primera fábrica de máquinas de coser de México
313   Favorita: La mejor loza fabricada en el país
363   Hoover: La lavadora de más venta en el mundo y en México
     también
376   Industrias Celsa: Conquista los hogares mexicanos
430   La Vasconia: Primera industria de aluminio en México

GS: 57
VW: Más-hogar-estufa-mejor-ser-México
DS: 6

F 29.   *Joyerías y relojerías*

   8   Acosta e Hijo: Una tradición mexicana de joyeros desde
     1903
353   Haste: En México la hora exacta la marca Haste
354   Haste: La hora de México
420   La Perla: La casa más acreditada de la República
421   La Princesa: Los precios más bajos de México
422   La Princesa: Más de 50 años al servicio de México

GS: 27
VW: Más-regalos-joyas-México-prestigio-tradición
DS: 6

F 30.   *Libros y librerías*

444   Letras Mexicanas: La gran serie de literatura nacional contemporánea

446   Librería I.D.E.E.A.: Al servicio del pensamiento mexicano
447   Librería Juárez: Al servicio de la cultura en México
448   Librería Juárez: El centro de cultura más conocido en
       México
502   México a través de los siglos: La historia de México clásica
       y monumental, al alcance de todos
503   México a través de los siglos: La obra clásica de la
       historiografía mexicana

GS: 19
VW: Libros-México-cultura-más-servir-bueno
DS: 6

F 31. *Refrescos*

386   Jarritos: Mexicanos como usted
387   Jarritos: Mexicanos y exquisitos
395   Kist: El mejor refresco del país
483   Manzanita del Prado: Refrescante calidad mexicana
582   Pascual: Calidad y sabor de la tierra mexicana

GS: 84
VW: Refresco-calidad-delicioso-más-sabor-mejor
DS: 4

F 32. *Bicicletas y motonetas*

116   Búfalo: La mejor bicicleta de México
533   Moto Islo: Orgullosamente mexicana
534   Moto Islo: México camina sobre sus propias ruedas gracias
       a Moto Islo
676   Saeta: La bicicleta de México y para México
756   Terrot: En todos los caminos de México

GS: 20
VW: Bicicleta-México-caminar-más-mejor
DS: 5

F 33. *Camisas y camiserías*

147   Casa Rionda: La mejor camisería de México
389   Jozac's: La mejor camisa de América hecha en México
480   Manchester: Impone la moda europea en México
481   Manhattan: La camisa de México

804   West Point: Hecha en Monterrey para orgullo de México

GS: 59
VW: Camisas-mejor-calidad-más-vestir-comodidad
DS: 5

F 34.   *Cigarillos*

 97   Belmont: Lo más fino de la industria cigarrera nacional
151   Casinos: Los cigarros mexicanos más finos
236   Delicados: Los cigarros mexicanos de mayor prestigio
       por su tabaco
543   Negritos: La mezcla de los mejores tabacos mexicanos
641   Record: El de mayor consumo dentro y fuera del país

GS: 81
VW: Cigarros-fumar-mejor-bueno-calidad-sabor
DS: 5

F 35.   *Dulces, helados y postres*

269   El Globo: La pastelería más antigua de México
439   Larín: Los dulces y chocolates preferidos de México
719   Soconusco: La mejor cocoa que se produce en México
720   Soconusco: Prefiérala por mexicana
771   Usher: El caramelo más mexicano

GS: 64
VW: Calidad-dulce-mejor-más-pasteles-rico
DS: 4

F 36.   *Electrónica*

259   El Capitolio: El prestigio de Zenith para el placer de México
291   Electrónica: Al servicio de México
576   Packard Bell: El televisor más popular de México
639   Radson: La marca nacional de prestigio
746   Telectron: Pioneros de la industria electrónica de México

GS: 17
VW: Calidad-electrónica-México-máximo-prestigio-servicio
DS: 6

839 XHQ-TV Canal 3: Vanguardia de progreso en el noroeste de
la República

GS: 18
VW: Más-canal-estación-México-Monterrey-televisión
DS: 7

F 41. *Abarrotes y ultramarinos*

427 La Sevillana: Medio siglo de experiencia en lo que México
prefiere
428 La Talpense: Una institución de mexicanos al servicio de usted
508 Minimax: Los mercados de México
736 Sylvain: La más antigua salchichonería francesa en México

GS: 47
VW: Mejor-más-calidad-usted-mercado-fino
DS: 7

F 42. *Alfombras y tapetes*

134 Capitol: La mejor fabricación nacional
213 Cueto Hermanos: Calidad única en México
214 Cueto Hermanos: La casa de mayor prestigio en la República
469 Luxor: La empresa mexicana que fabrica las alfombras más
finas del mundo

GS: 17
VW: Calidad-más-alfombras-belleza-fino-México
DS: 5

F 43. *Alimentos y condimentos*

158 Centauro del Norte: Un banquete mexicano siempre exquisito
246 Donde: Las preferidas de la República
509 Minsa: Producto mexicano para México
511 Miraku: Hecho con el gusto y para el gusto mexicano

GS: 52
VW: Calidad-más-mejor-siempre-alimento-huevo
DS: 5

F 44. *Blancos, colchas y toallas*

547 Nevado: El mejor surtido de blancos en México

206

548 Nevado: La mantelera de México
557 Norte: Al norte mexicano de todos los blancos
799 VYV: Colchas que satisfacen a México

GS: 20
VW: Mejor-México-sábanas-blancos-calidad-todo
DS: 5

F 45. *Chocolates y bombones*

273 El Modelo: La fábrica de chocolates más antigua de la
        República
397 La Azteca: La fábrica que ha dado fama al chocolate en
        México
398 La Azteca: Un orgullo de la industria nacional
407 La Corona: Los chocolates finos mexicanos

GS: 61
VW: Chocolate-calidad-más-todo-gusto-bombón
DS: 5

F 46. *Ferreterías*

192 Continental: Al servicio del país
201 Coto y Cía.: La casa preferida por el público de México
270 El Globo: La primera en su ramo en el centro de la
        República
339 García: Más de 30 años de servir al noroeste de México

GS: 22
VW: Mejor-servir-calidad-precios-casa-ser
DS: 6

F 47. *Licores*

177 Collins: La ginebra del ambiente selecto de México
803 Waterfill and Frazier: Orgullo de la industria mexicana
806 White Horse: Embotellado en Escocia. . . preferido en
        México
844 Zapopan: Una bebida exquisita con gusto mexicano

GS: 51
VW: Calidad-licor-mejor-ser-dar-México
DS: 5

F 48.   *Oficina (equipos y muebles)*

244   DM Nacional: 30 años al servicio de los negocios en México
312   F. Armida y Cía.: Sirviendo a México desde hace 55 años
      con las mejores máquinas de oficina
367   H. Steele y Cía.: Al servicio de México durante más de
      cuatro décadas
565   Olivetti: La primera fábrica de máquinas de escribir en
      México

GS: 18
VW: Oficina-muebles-acero-calidad-México-años
DS: 7

F 49.   *Pan*

369   Ideal: El pan de México
578   Pan: El mejor alimento es el Pan y en México el más barato.
653   Rey: Rey de la calidad mexicana en buen pan
667   Roll: El mejor pan de México

GS: 32
VW: Pan-calidad-mejor-bueno-México-sabroso
DS: 5

F 50.   *Ropa para hombre*

120   Cadena: A la vanguardia de la moda masculina en México
419   La Paz: Vistiendo a México desde 1890
663   Rocket: Visten a México
672   Royalton: Viste de sport a México

GS: 31
VW: Calidad-vestir-garantía-México-elegancia-masculino
DS: 6

F 51.   *Vidrio, cristal y loza*

 72   Avalos: Tradición del vidrio soplado en México
206   Cristales Mexicanos: Una calidad que enorgullece a México
783   Vidriera Monterrey: 50 años de servir a México
784   Vidrio Artístico: Artesanía del vidrio mexicano

GS: 20
VW: Vidrio-calidad-México-servir-mejor-arte
DS: 5

F 52. *Zapaterías y accesorios*

257 El Borceguí: La zapatería más importante de México
279 El Prototipo de la Moda: La mejor zapatería de México
414 La Joya: El surtido más extenso de México
485 Margaret's: Toque de elegancia para los pies femeninos de México

GS: 48
VW: Calzado-calidad-pies-zapatos-más-mejor
DS: 6

F 53. *Aceites y grasas comestibles*

  7 Acco: 10 años contribuyendo al progreso de la alimentación mexicana
143 Casa: El primero del mercado nacional
144 Casa: 22 años de prestigio al servicio de las familias mexicanas

GS: 27
VW: Aceite-más-mejor-calidad-fino-puro
DS: 5

F 54. *Aguas minerales y de mesa*

594 Peñafiel: El agua mineral que más se consume en la República
595 Peñafiel: La más famosa de México
662 Roca Azul: El agua mineral que refresca saludablemente a todo México

GS: 28
VW: Agua-salud-mineral-más-mejor-bueno
DS: 5

F 55. *Cerillos y fósforos*

150 Casinos: Los cerillos de México
418 La Paz: Empresa mexicana . . . orgullo de Jalisco
426 La Sevillana: Los cerillos más acreditados en el país

GS: 21
VW: Cerillos-calidad-luz-más-cómodo-México
DS: 5

F 56.   *Colegios y centros de enseñanza*

  41   Amado Nervo: Por la cultura de México
379   Institut Français d'Amérique Latine: El más dinámico de
       México
768   UMLA: Por la familia y por la patria

GS: 40
VW: Educar-hijos-más-mejor-prestigio-elevar
DS: 6

F 57.   *Estambres y lanas*

  67   Austral: La calidad que gusta a México
277   El Pato: La primera marca nacional de estambres
738   Tamm: Orgullo de la industria nacional

GS: 18
VW: Calidad-estambre-mejor-tejer-bueno-ser
DS: 5

F 58.   *Farmacias*

229   De Dios: La farmacia tradicional de México
445   Levy: La mejor en el occidente de la República
532   Morelos: La casa mejor surtida y que vende más barato
       en México

GS: 28
VW: Farmacia-mejor-salud-servicio-casa-prestigio
DS: 6

F 59.   *Fotógrafos y materiales fotográficos*

396   Kodak: La fotografía al servicio del progreso mexicano
455   Lómez: El mejor revelado en México
645   Regis: Una tradición mexicana en el servicio fotográfico

GS: 24
VW: Fotografía-servicio-retratos-arte-calidad-más
DS: 5

F 59a.   *Gas y combustibles*

432   La Victoria: Orgullo de la industria nacional
524   Modelo: Una empresa orgullosamente mexicana

598 Petróleos Mexicanos: Al servicio de la patria

GS: 18
VW: Servir-moderno-más-ciudad-combustible-mejor
DS: 4

F 60. *Hilos para coser*

117 Búfalo: Los mejores hilos de México
361 Hiladuras Lourdes: Un prestigio mexicano
567 Omega: Una tradición de calidad mexicana

GS: 15
VW: Hilos-calidad-fino-México-coser-mejor
DS: 5

F 61. *Insecticidas*

368 H-24: Orgullo de la industria química nacional
378 Insecticidas de Occicente: Al servicio de México
604 Plagol: El tradicional insecticida doméstico de México

GS: 16
VW: Insecticida-calidad-eficacia-garantía-hogar-más
DS: 5

F 62. *Juguetes*

390 Juguetería Ara: La negociación juguetera más importante de
     la República
537 Muñecas Elizabeth: La fábrica más moderna del país
570 Oro: Juguetes 100 % mexicanos

GS: 22
VW: Muñecas-juguetes-más-niños-caminar-hablar
DS: 5

F 63. *Llantas y cámaras*

261 El Centenario: Al servicio de México
344 General Popo: México rueda sobre llantas General Popo
349 Goodrich Euzkadi: Más llantas Goodrich Euzkadi ruedan por
     los caminos de México que cualquiera otra marca

GS: 17
VW: Llantas-más-mejor-México-nombre-rueda
DS: 5

211

F 64. *Pinturas y esmaltes*

449 Limsa: Las mejores pinturas hechas en México
714 Si-Glo: Excelencia mexicana a toda prueba
722 Solex: La gran marca nacional de pinturas

GS: 30
VW: Pintar-calidad-más-mejor-alta-bien
DS: 5

F 65. *Plásticos*

165 Cipsa: Calidad mexicana en buenos plásticos
605 Plasthermo: Al servicio de México
664 Rod-Mar: Los plásticos mexicanos de prestigio

GS: 20
VW: Plásticos-calidad-mejor-más-México-productos
DS: 5

F 66. *Seguros*

399 La Azteca: Una institución al servicio de México
413 La Ibero Mexicana: Haga frente al futuro con una póliza de
     seguro de vida con la Ibero Mexicana
702 Seguros La Comercial: Un cuarto de siglo de servir a México

GS: 24
VW: Seguros-servir-vida-más-ser-años
DS: 8

F 67. *Sidras y vinos espumosos*

316 Ferblanc: En Francia es Champagne . . . en México es Ferblanc
435 Lacroix: La primera y única sidra rosa en México y en el
     mundo
475 Maipú: El champagne mexicano

GS: 37
VW: Sidra-más-ser-mejor-alegrar-champagne
DS: 6

F 68.   *Velas y veladoras*

256   El Aguilita: La veladora que el hogar mexicano necesita
412   La Gloria: La de mayor consumo en México
424   La Principal: Las veladoras que encienden la fe de México

GS: 17
VW: Veladoras-más-México-calidad-ser-fe
DS: 4

F 69.   *Artes Gráficas*

169   Clarafan: El papel transparente de más alta calidad que se
        fabrica en México
466   Luis Romo: Una organización de mexicanos al servicio de las
        artes gráficas

GS: 33
VW: Calidad-servir-impresiones-más-artes gráficas-artes
DS: 6

F 70.   *Artículos deportivos*

708   Seyer: Una institución netamente mexicana al servicio del
        deporte
721   Soler: Al servicio de los deportistas mexicanos

GS: 28
VW: Deportes-todo-calidad-artículos-casa-ser
DS: 6

F 71.   *Artículos infantiles*

538   Myko: Los mejores de México
763   Travieso: El calzado de la familia mexicana

GS: 38
VW: Niños-mejor-calzar-durar-ropa-alegría
DS: 5

F 72.   *Deportes*

173   Club Hamburgo: El mejor gimnasio de México
362   Hipódromo Infantil: El primero del mundo... para orgullo
        de México

GS: 17
VW: Más-deportes-mundo-años-condición-ser
DS: 6

F 73. *Discos y tocadiscos*

588 Peerless: El mejor elenco artístico de México
638 Radson: La marca nacional de prestigio

GS: 18
VW: Marca-mejor-música-artistas-discos-ser
DS: 5

F 74. *Funerarias*

 31 Alcázar: Una institución tradicional de México
340 Gayosso: La agencia de inhumaciones más moderna de México

GS: 18
VW: Servicio-perfecto-prestigio-sociedad-agencia-años
DS: 6

F 75. *Galletas*

247 Donde: Un orgullo industrial para el sureste de México
438 Lance Hermanos: Una industria netamente mexicana

GS: 21
VW: Calidad-galletas-garantía-bueno-exquisito-industria
DS: 4

F 77. *Laboratorios y productos médico-farmacéuticos*

377 Infán: Al servicio de México
539 Nacional de Drogas: Un nombre de prestigio en México

GS: 35
VW: Farmacéutico-servicio-calidad-medicina-combatir-México
DS: 4

F 78. *Óptica*

123 Calpini: Los ópticos de México desde 1848
124 Calpini: México ve a Calpini para ver mejor

214

GS: 41
VW: Ojos-ver-mejor-servir-más-anteojos
DS: 5

F 79.   *Petacas y artículos de piel*

347   Girón de México: Artículos que enorgullecen a México
451   Linsa: Arte mexicano con calidad mexicana

GS: 36
VW: Piel-calidad-fino-artículos-elegante-mejor
DS: 6

F 80.   *Publicidad y relaciones públicas*

159   Central de Relaciones Públicas: Pionera de las relaciones
        públicas en México
624   Publicidad Serrano: Maneja las cuentas publicitarias más
        importantes en el oriente de México

GS: 37
VW: Publicidad-anunciar-vender-ser-servir-idea
DS: 5

F 81.   *Ropa íntima para mujer*

304   Eva: 10 años de experiencia al servicio de la mujer mexicana
773   Vanity: Delicada presencia de la mujer mexicana

GS: 26
VW: Íntimo-ropa-mujer-belleza-brassière-calidad
DS: 5

F 82.   *Ropa para mujer*

  4   Abrigos Finos: Distinguen a México
453   Lolyta: Precursores de la industria del vestido en México
        desde 1928

GS: 45
VW: Calidad-más-vestir-elegancia-alta-distinción
DS: 5

F 83.   *Telas y fibras*

 64   Atoyac Textil: Las telas de México
255   El Águila: Las telas de México

GS: 40
VW: Telas-calidad-alta-mejor-algodón-prestigio
DS: 5

F 84.   *Toreros y plazas*

136   Carlos Arruza: El ciclón mexicano
655   Ricardo Balderas: El torero de México

GS: 39
VW: Toreros-grande-maestro-mundo-plaza-amo
DS: 4

F 85.   *Turismo*

500   México: El país de la amistad
612   Poza Rica: Capital mexicana del petróleo

GS: 30
VW: Paraíso-capital-América-primavera-belleza-cuidad
DS: 5

F 86.   *Viajes (agencias y promotoras)*

 95   Barbachano: La agencia más antigua de la República
752   Tenorio Tours: Un servicio mexicano alrededor del mundo

GS: 20
VW: Servir-viajar-mundo-agencia-ser-agente
DS: 6

F 87.   *Acumuladores*

 44   América: El acumulador nacional

GS: 23
VW: Acumulador-calidad-mejor-siempre-arrancar-garantizar
DS: 4

F 88.   *Calzado de Dama*

202   Creaciones Gastón: El calzado para damas más fino de México

GS: 36
VW: Calzado-dama-pies-mejor-más-calidad
DS: 5

F 89.   *Camas y colchones*

45   América: México duerme en colchones América

GS: 28
VW: Colchones-bueno-calidad-descanso-mejor-años
DS: 5

F 90.   *Cigarros Puros*

569   Ornelas: Los mejores que México produce

GS: 17
VW: Calidad-fumar-ser-puros-todo-bueno
DS: 4

F 91.   *Embutidos y carnes frías*

195   Cordón de Oro: Las carnes selectas de México

GS: 23
VW: Calidad-carne-productos-más-comida-frías
DS: 5

F 92.   *Jabones para lavar y detergentes*

486   Marino: Orgullo de la industria nacional

GS: 27
VW: Jabón-calidad-detergente-lavar-todo-ropa
DS: 5

F 93.   *Jabones de tocador*

669   Rosa Venus: Conoce muy bien el cutis mexicano

GS: 20
VW: Jabón-cutis-mejor-perfume-delicioso-exquisito
DS: 5

217

F 94.   *Medias*

301   Eureka: La media más fina de manufactura nacional

GS: 23
VW: Medias-calidad-distinción-fino-más-vestir
DS: 5

F 95.   *Perfumes y cosméticos femeninos*

119   Burjois: La presencia de París en México

GS: 24
VW: Belleza-cutis-perfume-dar-elegante-encanto
DS: 6

F 96.   *Ropa íntima de hombre*

656   Rinbros: La mejor calidad en ropa interior 100% mexicana

GS: 17
VW: Mejor-ser-punto-ropa-calidad-elegancia
DS: 5

F 97.   *Sombrererías y sombreros*

739   Tardán: La sombrerería de México

GS: 19
VW: Sombrero-cabeza-todos-usar-caballero-mejor
DS: 6

F 98.   *Tintorerías y lavanderías*

296   España: 42 años de experiencia mexicana

GS: 20
VW: Servir-calidad-mejor-ropa-cliente-garantizar
DS: 5

Branchenliste Z — alphabetisch geordnet

entnommen: eigene Materialsammlung
Zeitraum: 1970-1972

Branche	Korrespondenz im quantitativen Branchenregister
Alimentos	Z 18
Almacenes	Z 8
Aparatos del hogar	Z 9
Artículos de oficina	Z 7
Automóviles	Z 3
Bancos y seguros	Z 5
Bebidas	Z 1
Cigarros	Z 19
Construcción	Z 6
Enseñanza	Z 14
Espectáculos	Z 21
Industria	Z 15
Joyería	Z 20
Líneas aéreas	Z 2
Periódicos y revistas	Z 10
Petróleos	Z 16
Radio	Z 11
Restaurantes	Z 17
Ropa	Z 4
Teléfonos	Z 12
Viajes	Z 13

Branchenliste Z — quantitativ geordnet

entnommen: eigene Materialsammlung
Zeitraum: 1970-1972

Z 1.   Bebidas

140 Carta Blanca: Carta Blanca, Bohemia, Tecate, Kloster – una
     gran familia de cervezas mexicanas
141 Carta Blanca: Es cerveza mexicana
142 Carta Blanca: Goce la mexicana alegría con Carta Blanca bien fría
152 Castillo: Los mexicanos sabemos elegir, decimos quiero
     Castillo
153 Castillo: Los mexicanos sabemos lo que queremos
175 Club 405: Un brandy mexicano
176 Coca Cola: Presente en el progreso de México
219 Chauvenet: Los vinos óptimos de México y de Francia
223 Cheverny: Hecho en México

293 Enrique: El mejor brandy mexicano
350 Gordon's: Ginebra seca hecha en México
359 Hidalgo: Los vinos finos de México
388 Jarritos: Mexicanos y refrescantes
476 Maipú: La primera sidra elaborada en el país
545 Nescafé: Consagrado por el gusto mexicano
584 Paterny: Vino con uvas mexicanas
671 Royal Label: El mejor whisky mexicano a nivel internacional
693 Sauza: El aperitivo nacional
694 Sauza: El tequila de México siempre el primero
695 Sauza: El paladar de México
696 Sauza: The bottled romance of Mexico
697 Sauza: El tequila nacido en Jalisco para poner su sabor en el paladar de México y en el del mundo del buen gusto
698 Sauza: La bebida que representa a México en el mundo es el tequila y Sauza es el tequila que simboliza la tradicional calidad de la más auténtica bebida mexicana
776 V.H.: El primer buen whisky mexicano
781 Victoria: Las cervezas de México en Puebla
785 Viejo Vergel:
   a) De las tierras de La Laguna, ... donde el esfuerzo del mexicano ha escrito una de sus grandes epopeyas
   b) El más noble y merecido regalo que hemos podido proporcionar a los paladares de México
   c) La madurez de mi juventud se sintió halagada en su primera y más exigente aceptación: la de los conocedores mexicanos
   d) En París recibí honores que nunca antes se habían otorgado a un brandy mexicano
   e) Una prueba de preferencia sin antecedentes en la historia de la vitivinicultura mexicana

Z 2. Líneas Aéreas

   10 Aeroméxico: La nueva realidad de aviación en México
   16 Aeronaves: Usted, el mexicano, es muy importante
   17 Aeronaves: Llévese un trocito de México adonde vaya
   18 Aeronaves: Crea en México, apoye a México, invierta en México
   19 Aeronaves: México primero
   20 Aeronaves: Invirtiendo en México, viaje por Aeronaves, la compañía nacional
   21 Aeronaves: *Aeronaves de México – Para México* (2 vuelos: *AM* y *PM*)

Z 3.   Automóviles

223

248　Duplex: Único en México
566　Olivetti: México exporta
590　Pelikan: Ya es mexicana la alta precisión de las tradicionales plumas
668　Romo: Organización mexicana que contribuye al desarrollo integral de México desde 1935
730　Steele: Nuestras metas son múltiples, nuestro propósito único: cumplir con México
731　Steele: Orgullosamente mexicanos
826　Xerox: „Civilización" – una aportación cultural de Xerox al gobierno de la República para el pueblo de México

Z 8.　Almacenes

66　Aurrerá: En la bodega los precios más bajos de México
101　Blanco:
　　a) Nuestra meta desde más de 20 años: hacer llegar al pueblo de México nuestras mercancías con máxima calidad al mínimo precio
　　b) Blanco ha cuidado siempre ofrecerle al Pueblo de México los precios más bajos del mercado
360　High Life:
　　a) Presenta el mes de México
　　b) Conozca el arte de México y vea como ese amoroso concepte se aplica a la producción industrial de trajes
　　c) Visite High Life... y admire el arte de México
621　Proveedora del Hogar: Artículos de cocina a los mejores precios de México
700　Sears: Sábanas a los precios más bajos de México
777　Viana: Garantizamos los precios más bajos de México
778　Viana: Con los precios más bajos de México

Z 9.　Aparatos del hogar

46　América: México duerme en colchones América
47　América: Colchones América, más de medio siglo sirviendo a México
207　Crolls Mexicana: Mi misión es servir a los hogares mexicanos con la reconocida calidad internacional
343　General Electric: 75 años unido al progreso de México
478　Majestic: Estado sólido – Majestic lo trajo a México
572　Osram: La más avanzada técnica alemana junto con la habilidad del obrero mexicano

599 Phoenix: La ciudad de Phoenix (Arizona) y la capital de
México tienen mucho en común. Las fuertes tradiciones
que tenemos en común le harán sentirse como en su propia casa

Z 14.   Enseñanza

105 Bodybuilding: La patria necesita de cada mexicano un atleta
217 Cursos Económicos: Conozca más para engrandecer a México,
para impulsar el progreso nacional
218 Cursos de Perfección: Estudiando, usted y México darán un
paso adelante
716 Sistema Nacional de Orientación Educativa: México requiere
una juventud mejor preparada – prepárala!

Z 15.   Industria

167 Citizen de México: Una industria mexicano-japonesa con
capital nacional mayoritario
194 Cordemex: Presencia de México en Latinoamérica
549 Newark: México exporta : en Sudamérica acaban de estrenar
nuestras resinas acrílicas y nuestros polímeros
704 Selmec: Una empresa mexicana con más de 30 años de experiencia

Z 16.   Petróleos

591 Pemex: Al servicio de la patria
592 Pemex: Al servicio de México
593 Pemex: El petróleo- una riqueza del pueblo mexicano

Z 17.   Restaurantes

352 Hacienda Ojo de Agua: La nueva línea arquitectónica 1971-
México moderno
364 Hostería del Convento: Con la mexicanísima comida
514 Misión del Campanario: El mejor y más original restaurante
de México

Z 18.   Alimentos

643 Regios: El helado más fino de México
765 Tres Estrellas de Lance:
a) Harina, orgullosamente mexicana, ha sido premiada con
Medalla de Oro

227

b) Esta distinción nos llena de profundo agradecimiento hacía el pueblo de México

c) Contribuyendo con nuestro más consciente esfuerzo a una mejor alimentación de todos los mexicanos

Z 19.   Cigarros

230   Delta: Más conocedores mexicanos fuman Delta
322   Fiesta: Ha echado raíces en el gusto mexicano

Z 20.   Joyería

355   Haste: La hora de México
600   Piaget: Empresa ciento por ciento mexicana

Z 21.   Espectáculos

166   Circo Attax: El circo favorito de México

B. MATERIALSAMMLUNG DER MARKEN- UND FIRMENNAMEN

4. EINLEITUNG

Das Material wird in einem alphabetischen und in einem nach Branchen geordneten Register aufgeführt.

Das alphabetische Register

a) Jeder Marken- und Firmenname hat eine eigene Nummer, die in dem Branchenregister für jeden Namen unter der betreffenden Branche wiederholt wird.

b) Die Branchenangaben entsprechen der Einteilung in insgesamt 61 verschiedene Branchen. Ein Verzeichnis der Branchenabkürzungen befindet sich auf S. 263–265.

c) Zeichenerklärung zu der Quellenangabe
   T = Telefonbuch des *Distrito Federal*
   T 62 = Telefonbuch aus dem Jahr 1962/63
   T 70 = Telefonbuch aus dem Jahr 1970/71
   P = Plakat (Datumsangabe: 3-II-71 = 3. Februar 1971)
   B = Brief (bezieht sich auf die Korrespondenz mit Frau Prof. Alatorre aus dem *Colegio de México*)
   E = Tageszeitung „Excélsior"
   U = Tageszeitung „El Universal"
   Heraldo = Tageszeitung „El Heraldo"
   S = Wochenzeitschrift „Siempre"
   G = „Gaceta Oficial"

In den Fällen, in denen mehrere zeitlich auseinanderliegende Quellen zu einem Namen gefunden wurden, werden diese aufgeführt. Sonst erscheint nur die erste Quelle.

Das Branchenregister

a) Die vorkommenden Branchen werden zuerst in alphabetischer Reihenfolge aufgeführt — mit einem Querverweis zu dem quantitativen Branchenregister.

b) Der quantitativen Branchenliste wird ein Verzeichnis vorangestellt, in dem die Anzahl der in dieser Branche auftretenden Namen vermerkt ist und zugleich auf die Seite verwiesen wird, auf der die Branchen im Register aufgeführt werden.

c) Die quantitative Reihenfolge erlaubt uns sowohl einen Überblick über die Verteilung der Marken- und Firmennamen in den verschiedenen Branchen als auch eine Einsicht in die verschiedenen Wortschöpfungen innerhalb derselben Branche.

Angaben zu dem Register:

a) Die Etymologie konnte in den meisten Fällen erschlüsselt werden
   — durch Angaben in der Anzeige
   — auf mündlichem Weg (Telefonanruf)
   — auf schriftlichem Weg (Rundschreiben)

b) Die verbleibenden Fälle wurden folgendermassen gekennzeichnet:
   — mit einem Fragezeichen hinter einer möglichen Etymologie
   — mit u = unbekannt (unter der Telefonnummer oder der Adresse
           nicht erreichbar)
     o = ohne Antwort
     v = verschwunden (die Firma existierte zur Zeit der Umfrage nicht
         mehr)
     b = Bedeutung unbekannt (der Besitzer oder die Angestellten können keine Auskunft über den Namen geben)

c) In den Fällen, in denen die Zeit der Namensschöpfung bekannt war, wird diese — in den meisten Fällen bleibt sie approximativ — aufgeführt.

d) Unter dem Stichnamen „Erschlüsselung" erscheint die Art und Weise der Erschlüsselung:
   B = Brief (Rundschreiben)
   T = Telefonanruf

5. ALPHABETISCHES REGISTER DER KOMMERZIELLEN BEZEICHNUNGEN

Nummer	Name	Branche	Quelle	Seite
1	Abamex	abastecedora de papeles (Pa)	T 70	103
2	Abarromex	abarrotes (A)	T 70	
3	Abemex	turismo (T)	P 5-IV-72	104
4	Acabalan-Mex	varios (V)	T 70	110
5	Acer Mex	bicicletas (Dp)	T 62+T 70	
6	Aceromex	aceros (M)	T 62+T 70	92, 92, 127
7	Acomex	agentes comerciales (Co)	T 62+T 70	92, 100, 127
8	Adamex	papel (Pa)	B 10-V-67 + E 6-IV-71	83, 107, 113, 132 97
9	Ademex	productos químicos (P)	G 46	
10	Adimex	hipotecas (B)	T 62 + T 70	
11	Adimex	aditivos de concreto (C)	T 70	107, 113, 126
12	Admex	resinas (P)	B 10-V-67 + T 70	126 106, 111
13	Aeromex	alquiler de aviones (Av)ı	T 62 + T 70 + U 5-IV-72	73, 94
14	Afinamex	afinación de motores (Au)	T 62	93, 101
15	Agamex	gases (G)	T 62 + T 70	
16	Agrimex	varios (V)	P 6-I-71	70, 97, 111
17	Agui-Mex	camas (Ca)	T 62 + T 70	
18	Aguimex	papelería (Pa)	G 40	109, 126
19	Airmex	concreto (C)	T 62	126
20	Albamex	alimentos (Al)	Heraldo 1-IV-71	92 89
21	Albamex	productos químicos (P)	G 38	118
22	Alcomex	aluminio (M)	T 62 + T 70	105, 113
23	Aldamex	representantes (Co)	T 62	110, 132
24	Alemex	empaquetadoras (Em)	T 70	112
25	Alfa Mex	distribuidora de perfumes (Ba)	T 62 + T 70	110, 126
26	Alfa Mex	aparatos cinemato-gráficos (Ci)	T 62	126
27	Alfa-Mex	eléctrica (E)	T 70	98, 109, 126, 128
28	Alfi Mex	cintas (Te)	T 70	110, 128
29	Alfomex	alfombras (H)	P 5-XII-70	83, 102, 128
30	Alga-Mex	varios (V)	T 47	
31	Al-Ge-Mex	vestuario (R)	G 41	

Nummer	Name	Branche	Quelle	Seite
32	Algo-Mex	algodón (Te)	T 62	
33	Alkamex	productos químicos (P)	T 62 + T 70	87, 105
34	Almex	metales (M)	T 62 + T 70	92, 102, 126, 130
35	Almex	ediciones (Im)	T 70	126
36	Almex	artículos del escritorio (U)	T 39	126
37	Almexsa	aluminio (M)	T 62	76, 106
38	Alpamex	varios (V)	T 70	105, 110
39	Alum-Mex	herrería (M)	T 62 + T 70	90, 92, 126, 130
40	Alumex	aluminio (M)	T 62 + T 70	83, 103, 126, 130,
41	Alvamex	pescados (Al)	B 10-V-67	112, 126
42	Alvamex	metales (M)	T 62	126
43	Alymex	motores (Au)	T 62 + T 70	88, 112
44	Amerimex	varios (V)	T 47	
45	Amex	construcciones (C)	T 62	126
46	Amex	representantes de empresas extranjeras (Co)	T 62	83, 106, 112, 126,
47	Amex	aparatos médicos (Me)	G 46	126, 128
48	Amexa	pinturas de automóviles (Pi)	T 62 + T 70	76, 106, 128
49	Amexa	varios (V)	T 47	
50	Amexder	importadores (Co)	T 62 + T 70	77
51	Amexica	productos químicos (P)	T 62	77, 112
52	Amexica	agencia de publicidad (Pu)	G 46	
53	Ammex	imprentas (Im)	T 62 + T 70	128
54	Ampolmex	ampolletas (F)	T 62 + T 70	92, 102
55	Andena-Mex	varios (V)	T 70	
56	Andromex	compañía comercial (Co)	T 70	91, 109, 132
57	Anglo Quimex	platería (J)	T 47	
58	Animex	anillos (J)	T 70	131
59	Anmex	parrillas (H)	G 39	
60	Anti-Hidromex	cemento (C)	G 46	90, 94, 108
61	Antomex	papel carbón (Pa)	T 62 + T 70	109
62	Anyl Mex	anilinas (P)	T 70	87
63	Aomex	varios (V)	T 70	
64	Aralmex	amortiguadores (Au)	T 70	112
65	Aramex	arados (Ma)	G 43	103
66	Argemex	laboratorios químicos (L)	T 70	112

nmer	Name	Branche	Quelle	Seite
	Argomex	impulsora (Co)	T 70	91, 110, 126, 128, 132
	Argo-Mex	taller (Au)	T 70	110, 126
	Argos-Mex	comisionistas (Co)	T 62	98, 128
	Aristomex	laboratorios quími- cos (L)	T 70	98
	Armex	sweaters (R)	T 62	112, 126, 127
	Armex	ropa niños (R)	T 70	127, 127
	Armex	impulsora de aire (Ma)	T 62	127
	Armex	refacciones (Au)	T 62	112, 113, 127
	Armex	compra-venta (Co)	G 44	127
	Artemex	marcos y molduras (Md)	T 62 + T 70	107, 127, 128
	Artemex	joyería (J)	T 70	127, 131
	Artemex	telas de seda (Te)	T 39	127
	Artimex	curiosidades (T)	T 62 + T 63	128
	Artmex	artículos de piel (Pl)	T 62 + T 70	117, 128, 102
	Artmex	productora cinema- tográfica (Ci)	T 47	127
	Artmex	tarjetas (Im)	G 45	127
	Artmex	guarniciones (J)	G 43	127
	Artmex	medias (R)	G 37	118, 127
	Artmex	hilos, telas (Te)	G 35	92, 118, 127
	Asbesto Mex	asbestos (C)	T 70	95
	Asomex	maquinaria para in- dustria alimenticia (Ma)	T 62 + T 70	103
	Atamex	timbres (Im)	T 62	106
	Atomex	artículos eléctricos (E)	T 62	83
	Audimex	audio corporation (Z)	T 70	
	Audio Mex	equipos electrónicos (E)	T 70	
	Auro-Mex	pinturas (Pi)	T 62 + T 70	99, 109
	Austromex	industrias metálicas (M)	T 62	93, 112
	Auto-Mex	refacciones (Au)	T 62	93, 94, 127
	Auto Mex	venta de automóviles (Au)	T 70	94, 98, 107, 127
	Auto Air Mex	aire acondicionado para coches (Au)	T 70	101
	Avanti-Mex	cortinas (H)	T 70	97, 109
	Avi-Mex	laboratorio (L)	T 70	
	Awamex	varios (V)	P 70	
	Azulmex	mosaicos (Pd)	G 42	94, 108

Nummer	Name	Branche	Quelle	Seite
102	Baleromex	baleros (Au)	T 62 + T 70	93, 95
103	Bal-Mex	fábrica de balatas (Au)	T 70	
104	Bamex	camisas (R)	T 70	
105	Banamex	banco (B)	P 20-X-70	104, 126
106	Banamex	harina de plátano (Al)	G 43	91, 126
107	Bancomex	banco (B)	E 7-XI-70	101, 129
108	Bankomex	banco (B)	P 3-I-71	87, 129
109	Bar-Mex	tlapalería (Tl)	T 70	
110	Barmex	esmaltes para uñas (Ba)	G 34	118
111	Barro Mex	refractarios (C)	T 70	
112	Batermex	baterías de cocina (H)	T 39	103
113	Belframex	varios (V)	T 70	105, 112
114	Bellmex	productos de belleza (Ba)	T 70	92, 103, 128
115	Bel-Lo-Mex	papelería (Pa)	T 70	90, 110, 128
116	Belmex	plásticos (Ps)	T 62 + T 70	92, 112, 128
117	Bemex	café (Be)	P 30-IV-71	
118	Ber-Mex	pintura de autos (Pi)	T 70	110
119	Bimex	cintas (Te)	T 62 + T 70	103
120	Bimex	bicicletas (Dp)	E 12-I-72	
121	Bimexilal	producto farmacéutico (F)	G 45	76
122	Bip-Mex	aditivos (P)	T 70	87, 110
123	Bisumex	varios (V)	T 62	
124	Bitumex	producto bituminoso (P)	G 11	83, 94, 114
125	Blomex	importación-exportación (Co)	T 62 + T 70	110, 132
126	Boatsmex	lanchas (Br)	T 62	95, 96
127	Bobimex	talleres de embobinado (Au)	T 62 + T 70	104
128	Bom-Mex	bomba de mano para agua (Ma)	G 43	93, 103, 128
129	Bon-Mex	boneterías (R)	T 39	128
130	Bordemex	varios (V)	P 3-IX-71	
131	Botimex	artículos de hogar (H)	P 15-V-71	
132	Bowmex	equipos gasolineras (Ma)	T 62 + T 70	70, 111
133	Bramex	ingeniería (In)	T 70	112, 128
134	Bri-Mex	materias para dulces (Al)	T 62	128
135	Brimex	joyería (J)	T 70	131
136	Britmex	acumuladores (E)	T 62	92

Nummer	Name	Branche	Quelle	Seite
137	Bromex	troquelados (Au)	T 70	83, 110, 128
138	Brumex	mesas de billar (Mu)	T 70	70, 111, 128
139	Bumex	bujías (Au)	T 62	108
140	Bumper-Mex	varios (V)	T 70	
141	Bungamex	agencia alquiladora de bungalows (Co)	P 8-V-71	
142	Burmex	plomerías (C)	T 62	92
143	Cable Mex	cables eléctricos (E)	T 62 + T 70	95
144	Cafe Mex	café (Be)	T 62 + T 70	112
145	Calefacto-Mex	calefacción (C)	G 46	91, 104
146	Calimex	cal hidrática (P)	T 62	87, 94
147	Calmex	sardinas (Al)	T 62 + T 70 G 28	92, 112, 118
148	Calmex	aceites (Al)	G 30	118
149	Calomex	preparado medicinal (Me)	G 21	
150	Calzamex	calzado (R)	T 62	
151	Camermex	maquinaria (Ma)	T 62 + T 70	106
152	Camesa	cables (E)	T 62	76, 106
153	Camex	chassis para camiones (Au)	G 39	
154	Camex	aparatos anunciadores (Pu)	G 24	114
155	Camex	canalizaciones (C)	P 21-III-72	
156	Caomex	material de construcción (C)	G 47	
157	Carbimex	varios (V)	T 62 + T 70	105
158	Carbomex	carburo (P)	B 29-IV-67 + T 70 G 36	118
159	Cargomex	cargos (Au)	T 62 + T 70	95
160	Carmex	carburo (P)	B 29-IV-67 + T 70	
161	Carolmex	galvanoplastía (P)	B 10-V-67 + T 70	109, 110
162	Carro-Mex	ruedas (Au)	T 62 + T 70	89, 100, 108
163	Casamex	inmobiliaria (Co)	T 70	109
164	Catalmex	abarrotes (A)	T 62 + T 70	112
165	Catomex	relojes (J)	T 62 + T 70	
166	Cedemex	cemento (C)	T 70	
167	Celamex	centro laboral (Co)	T 70	105, 132
168	Celfimex	papelerías (Pa)	T 62	

Nummer	Name	Branche	Quelle	Seite
169	Cello-Mex	papel celofán (Pa)	T 62	88, 97
170	Celtamex	cubiertos (H)	G 44	
171	Cemex	construcciones (C)	T 62	83
172	Cemex	cerraduras (M)	P 2-II-71	102
173	Cera-Mex	preparado para limpiar metales (Tl)	G 35	118
174	Certimex	productos metálicos (M)	E 4-VIII-72	
175	Cha-Mex	chamarras (R)	T 62 + T 70	
176	Chemomex	productos químicos (P)	T 62	87, 98
177	Ciclomex	bicicletas (Dp)	T 70	104
178	Cicte-Gum-Mex	chicle(Al)	G 44	96
179	Ciemex	marfil (Pd)	T 62 + T 70	
180	Cietmex	listones (Te)	T 62 + T 70	
181	Cimex	televisores (Ra)	T 62	98
182	Cimex	cinematográfica (Ci)	E 14-V-71	103, 131
183	Cimex	ingeniería (In)	T 70	
184	Ciemex	cierres (M)	G 45	108
185	Cimex	agencia comercial (Co)	T 36	
186	Cincomex	construcción (C)	T 70	95, 109
187	Cirumex	varios (V)	T 70	
188	Citrimex	jugos (Be)	G 43/44	
189	Citromex	aceites (Al)	T 62	94
190	Citromex	forraje (Ga)	G 43	
191	Citymex	ropa (R)	G 34	96, 118
192	Clinmex	tintorería (Ti)	T 70	88, 97, 131
193	Cloromex	ácidos (P)	T 62	98, 101
194	Coast Ful Mex	pinturas (Pi)	P 16-I-71	
195	Cocimex	aluminio (M)	T 62	109
196	Colchomex	colchones (Ca)	P 1-III-71 + T 70	
197	Colo-Mex	colores (Pi)	T 62	91, 93, 113
198	Color-Mex	maquinaria para industria marmolera (Ma)	T 62 + T 70	93, 101, 109
199	Colormex	teñido de alfombras y tapetes (Ti)	T 62 + T 70	85, 131
200	Comermex	banco comercial (B)	T 70	94, 103
201	Comesa	cocinas (H)	P 26-V-71	76, 106
202	Comex	pinturas (Pi)	T 62 + P 23-IV-71	129
203	Comex	listones (Te)	T 62 + T 70	129
204	Comex	exportadores (Co)	T 39	129

ummer	Name	Branche	Quelle	Seite
)5	Comex	productos de toca-dor (Ba)	G 47	129
)6	Comexa	automóviles (Au)	P 16-I-72	76, 83, 106, 109 129
)7	Comimex	varios (V)	T 70	
)8	Compumex	computadoras (U)	P 30-VI-72	
)9	Comsolmex	productos químicos (P)	T 62 + T 70	
0	Condumex	conductores eléctricos (E)	T 62 + T 70	102
1	Confa-mex	pulientes (Tl)	P 9-XII-70	
2	Consormex	inversiones (Co)	T 70	103
3	Conta-Mex	lentes (0)	T 62	108
4	Contelmex	construcciones tele-fónicas (E)	T 70	105
5	Contimex	artículos eléctricos (E)	T 62 + T 70	70, 111
6	Contimex	construcciones (C)	P 20-IX-71	
7	Coparmex	administración de proyectos (Co)	E 19-V-71	105, 132
8	Copiamex	copiadoras (U)	G 47	
9	Copy-Mex	duplicadoras (U)	T 62 + T 70	96
20	Cordemex	henequén (Fi)	T 62 + T 70	113
21	Coremex	comisiones (Co)	T 70	105, 132
22	Corfimex	cordones y fibras (Fi)	T 70	104
23	Cor Mex	cortadora de varilla de construcción (Ma)	T 70	102
24	Corolemex	varios (V)	P 27-I-71	
25	Corpomex	televisores (Ra)	P 30-IV-71	
26	Cortimex	cortinas (H)	P 10-III-71	103
27	Costalmex	costales de yute (Fi)	T 62	
28	Cotomex	varios (V)	T 70	
29	Craft Mex	curiosidades (T)	T 70	96, 101, 131
30	Crefimex	créditos (B)	E 7-V-72	104
31	Crimex	comisiones (Co)	T 62	113
32	Crimex	cubreasientos (Au)	T 70	
33	Crinamex	cristales (C)	T 62	104
34	Crinamex	seguros (S)	P 2-XI-70	
35	Crolls Mex	lavadoras (H)	E 25-II-72	70, 111
36	Cromex	varios (V)	P 12-II-71	
37	Cromexal	galvanoplastía (P)	T 62 + T 70	83, 110
38	Cromo Mex	muebles de acero (Mu)	T 62 + T 70	101, 128
39	Cronomex	relojes (J)	T 62 + T 70	98, 128, 131
40	Crumex	hule (Ps)	T 62 + T 70	110

237

Nummer	Name	Branche	Quelle	Seite
241	Cuamex	industrias (I)	T 70	101
242	Cubremex	cubreasientos (Au)	P 25-III-71	91, 110
243	Cuellamex	plásticos (Ps)	T 70	118
244	Cura-Mex	algodón (Te)	G 37	91, 108
245	Curvomex	madera (Md)	G 43	
246	Cyrmex	varios (V)	T 62	
				94, 112
247	Danmex	minerales industriales (Pd)	T 62	109
248	Datamex	computación electrónica (E)	T 70	
249	Davomex	asentadora de autos (Au)	T 70	
250	Decimex	revista (Im)	T 70	111
251	Deco Mex	decoradores (H)	T 62 + T 70	103, 113
252	Decormex	decoraciones (H)	T 62	113
253	Dekormex	papel decorativo (Pa)	E 2-VI-71	87
254	Delmex	pisos plásticos (Ps)	T 62	
255	Delmex	autoespecialidades (Au)	E 11-VI-72	
256	Deltamex	transformadores (E)	T 62 + T 70	98, 108
257	Demolmex	demoliciones (C)	T 62	113
258	Dentalmex	artículos de dentistas (Me)	T 62 + T 70	
259	Dentimex	laboratorios dentales (L)	T 70	
260	Depormex	deportes (Dp)	P 3-IX-71	
261	Despermex	varios (V)	P 6-XI-70	
262	Determex	tintorería (Ti)	T 62 + T 70	73, 107, 131
263	Diacromex	varios (V)	T 70	
264	Dialmex	artículos del hogar (H)	T 62 + T 70	
265	Diamex	pinturas (Pi)	T 62	73
266	Diamex	joyas (J)	T 62 + T 70	131
267	Diatomex	minerales industriales (Pd)	T 62 + T 70	83
268	Dicomex	baterías de cocina (H)	T 62 + T 70	83, 105
269	Diemex	harinas alimenticias (Al)	G 40	
270	Diesel-Mex	motores (Au)	T 62 + T 70	111, 130
271	Difamex	insecticidas (Tl)	T 62 + T 70	107, 113
272	Dimex	cortinas (H)	T 62	
273	Dimex	talleres mecánicos (Au)	T 62	130
274	Di-Mex	papel (Pa)	T 62	90
275	Dimex	propaganda (Pu)	T 70	
276	Dimexa	papelerías (Pa)	T 62	76
277	Dinamex	automóviles (Au)	T 62	111

Nummer	Name	Branche	Quelle	Seite
278	Dipromex	laboratorios químicos (L)	T 70	
279	Discomex	discos (Di)	T 62 + T 70	
280	Disimex	concreto (C)	T 62 + T 70	
281	Dis Mex	artículos para el hogar (H)	T 62 + T 70	
282	Distrimex	pilas y baterías (E)	T 70	103
283	Doctrimex	varios (V)	T 70	
284	Dolmex	inversiones (Co)	T 70	
285	Domex	material eléctrico (E)	T 62 + P 21-VII-72	
286	Domex	calzado (R)	G 42	
287	Donamex	donuts-pasteles (Al)	P 17-VI-71	88, 97
288	Dotramex	camiones de carga (Au)	T 62	113
289	Dromex	productos químicos (P)	T 62 + T 70	
290	Ductomex	instalaciones eléctricas (E)	T 62 + T 70	102, 104
291	Duelmex	ajustes de madera (Md)	G 39	
292	Dulcy-Mex	extractos para la industria de dulces (P)	G 39	88, 97
293	Dulmex	dulces (Al)	G 43	102
294	Dumex	Dunhill importación (Au)	T 62	92, 111
295	Dupley-Mex	imprenta (Im)	T 70	88, 97
296	Duplimex	accesorios para vestidos plásticos (Ps)	T 70	
297	Duply-Mex	varios (V)	P 6-XI-70	88, 97
298	Dura Mex	almohadas (H)	T 70	
299	Economex	revista (Im)	T 70	111
300	Edimex	editores (Im)	T 62 + T 70	101, 113, 130
301	Editormex	editorial (Im)	T 62 + T 70	113, 130
302	Edomex	constructora (C)	P 4-II-71	
303	Edo-Mex	cierres de plástico (Ps)	E 6-III-72	
304	Ei-Mex	varios (V)	T 70	
305	Electra-Mex	material eléctrico (E)	T 62	91
306	Electromex	material eléctrico (E)	T 70	94, 129
307	Elektromex	taller eléctrico (E)	P 9-VIII-71	87, 129
308	Elimex	varios (V)	T 70	
309	Empa-Mex	conservas (Al)	G 46	89, 91, 103
310	Emulmex	emulsiones asfálticas (C)	T 38/39	101
311	Enelmex	joyerías (J)	T 62	

Nummer	Name	Branche	Quelle	Seite
312	Equimex	maquinaria para construcción (Ma)	T 62	103, 109
313	Eramex	industrias petroleras (Pe)	T 70	110
314	Espumex	hule espuma (Ps)	P 29-IV-62	83
315	Esquimex	productos químicos (P)	E 7-IV-71	
316	Ess-Mex	maquinaria para la industria petrolera (Ma)	T 70	70, 111
317	Estaeromex	artículos de decoración (H)	T 70	
318	Eter Mex	maquinaria en general (Ma)	T 62 + T 70	110
319	Euromex	laboratorios químicos (L)	T 70	112
320	Evamex	motores eléctricos (E)	T 62 + T 70	109
321	Eximpomex	importadores y exportadores (Co)	T 62	70, 89, 113
322	Exinmex	varios (V)	T 70	89, 111
323	Exmex	Exposición Mexicana de Timbres (Im)	T 62	89, 105
324	Extromex	productos alimenticios (Al)	G 45	89
325	Fabril Mex	imprentas (Im)	T 62	94
326	Fabrimex	maquinaria para la industria petrolera (Ma)	T 62 + T 70	103
327	Fabrimex	artículos del hogar (H)	T 70	99
328	Fabromex	joyerías (J)	T 62 + T 70	99, 109
329	Famex	toallas sanitarias (F)	G 35	118
330	Famex	cortineros metálicos (M)	P 21-VI-71	
331	Fammex	fábrica de camas (Ca)	P 8-I-71	
332	Farmamex	productos farmacéuticos (F)	T 39	
333	Far-Mex	taxi-reloj (J)	P 16-VIII-72	
334	Farmex	productos medicinales (Me)	G 45	
335	Fegomex	accesorios de autos (Au)	P 11-XI-70	83, 110
336	Femmex	equipos médicos (Me)	T 62 + P 25-XII-70	113, 84
337	Fer-Mex	muebles para cocina (Mu)	T 62	107, 110
338	Fermex	fertilizantes (P)	G 40	
339	Ferremex	ferretería (M)	T 70	113

Nummer	Name	Branche	Quelle	Seite
340	Ferromex	transportadores (Au)	T 62	98
341	Ferro-Mex	ferretería (M)	T 62 + T 70	99
342	Fibra Mex	fábrica (I)	T 70	128
343	Fibramex	lámina (M)	G 42	95
344	Fierro-Mex	fundiciones (M)	T 39	
345	Filmex	fábrica de papel (Pa)	T 62	
346	Filmexsa	productos cinematográficos (Ci)	G 39	76, 106, 131
347	Finamex	pinturas (Pi)	T 62	
348	Finimex	varios (V)	T 70	
349	Firmex	silla industrial (Mu)	T 70	
350	Fitmex	ropa (R)	G 34	118
351	Flemex	flejes (M)	P 8-IV-71	102
352	Flexomex	flexómetros (Mc)	B 29-IV-67	
353	Floramex	laboratorios químicos (L)	T 62 + T 70	98
354	Florymex	varios (V)	T 70	
355	Fluimex	concreto (C)	T 62	
356	Fluormex	productos químicos (P)	T 62 + T 70	94
357	Foamex	muebles y tapicería (Mu)	G 36	
358	Fomex	exportaciones (Co)	E 8-III-72	83
359	Formex	vinos y licores (Be)	T 62 + T 70	
360	Formex	puertas y ventanas (C)	T 62 + T 70	
361	Formex	productos químicos (P)	T 62	83
362	Formex	alambres (M)	G 44	
363	Fortimex	varios (V)	T 70	111
364	Fotomex	artículos fotográficos (Fo)	T 62 + T 70	
365	Fotocinemex	laboratorio fotográfico (Fo)	P 21-VII-71	105
366	Fourmex	productos de tocador (Ba)	G 42	
367	Fra-Mex	automóviles (Au)	T 62	
368	Francimex	establecimientos (Co)	T 70	132
369	Francomex	pegamentos (Tl)	T 62	73, 94
370	Franco Mex	balatas (Au)	T 62	93
371	Fremex	frenos hidráulicos (Au)	B 7-IV-67 + T 70	108, 129
372	Frenomex	frenos (Au)	T 62 + T 70	100, 129
373	Frigormex	refrigeración (E)	T 70	103
374	Frimex	refrigeradores (H)	T 62 + T 70	104, 130

Nummer	Name	Branche	Quelle	Seite
375	Frumex	jugos de frutas (Be)	T 62	
376	Fulmex	pinturas (Pi)	E 12-IV-72	
377	Fumex	fumigaciones (P)	T 62	83
378	Fundimex	fundiciones (M)	T 70	103
379	Funmexa	fundidores (M)	G 39	76, 106
380	Galimex	maquinaria para dulces (Ma)	T 62 + T 70	
381	Ga-Mex	automóviles (Au)	P 17-II-71	
382	Gammexane	insecticidas (Tl)	P 16-IX-70	76
383	Gamomex	productos alimenticios (Al)	G 41	
384	Garcimex	papelería (Pa)	P 5-VII-71	110
385	Garsimex	laboratorios químicos (L)	T 70	
386	Gas Mex	gas (G)	T 62 + T 70	107
387	Gasolmex	gasolina (Pe)	B 5-XII-66 + P 1-VIII-71	102, 130, 130
388	Gaso-Mex	gasolina (Pe)	T 62 + T 70	90, 130
389	Gas-Omex	varios (V)	T 62	90, 92
390	Gasomex	gas derivado del petróleo (Pe)	G 31	118
391	Gax-Mex	varios (V)	T 70	
392	Gaznates Mex	pasteles (Al)	P 12-V-71	100
393	Gemex	joyerías (J)	T 62 + T 70 G33	118, 131
394	Gemex	hipotecas (B)	T 62	
395	Gemex	General Electric (H)	T 70	111
396	Genemex	laboratorios químicos (L)	T 70	
397	Gentlemex	camisas (R)	T 70	96
398	Germex	plásticos (Ps)	T 62 + T 70	94, 112
399	Germex	agencia mercantil (Co)	T 39	73, 75
400	Germex	productos químicos (P)	G 40	
401	Germmex	importación de relojes (J)	T 62 + T 70	84, 112
402	Geo-Mex	impresiones de revistas (Im)	G 41	111
403	Gilmex	pinturas (Pi)	G 34	118
404	Gimex	varios (V)	P 12-XII-70	110
405	Glifo-Mex	productos para tabaco (Ta)	G 38	119

Nummer	Name	Branche	Quelle	Seite
406	Gommex	pegamientos (Tl)	T 70	110
407	Gomex	líquido para frenos hidráulicos (Au)	G 43	
408	Grabamex	grabación de sonidos (Di)	T 62	113
409	Graf-Art-Mex	varios (V)	T 62	
410	Grafi-Mex	imprenta (Im)	B 10-V-67	
411	Grafimex-Mobil	pizarrones (Mu)	T 70	
412	Gra-Mex	maderas (Md)	T 70	110
413	Grefmex	varios (V)	T 70	
414	Grumex	varios (V)	T 70	
415	Guabamex	conservas de pulpa de guayaba (Al)	P 1-XII-70	96, 104
416	Guanomex	abonos químicos y naturales (P)	T 62 + T 70	107, 109
417	Guaymex	mariscos en conserva (Al)	G 38	119
418	Guermex	distribuidora de equipos de incendio (D)	T 70	110
419	Gumex	pegamientos (Tl)	G 42	
420	Gypomex	varios (V)	T 70	
421	Gypsomex	laboratorios químicos (L)	T 70	
422	Habimex	varios (V)	P 10-VIII-71	
423	Helio-Sensimex	papel heliográfico (Pa)	T 62 + T 70	90, 105
424	Henne Super Mex	jabón para pintar pelo (Ba)	G 40	
425	Hermamex	varios (V)	T 70	
426	Hermex	pisos de plástico (Ps)	T 70	
427	Hermex	papelería (Pa)	T 70	
428	Hidromex	productos hidráulicos (C)	T 70	94
429	Hierromex	cortinas de acero (M)	T 62 + T 70	
430	Hierro-Mex	construcciones metálicas (M)	G 41	99
431	Higueromex	productos médicos (Me)	G 40	
432	Hilmex	hilos y fibras sintéticas (Te)	T 70	
433	Himex	ceras, jabones (Tl)	T 70	

Nummer	Name	Branche	Quelle	Seite
434	Hipomex	preparados medicinales (Me)	G 45	
435	Hipodermex	agujas hipodérmicas (Me)	T 70	104
436	Hismex	vestuario (R)	G 44	
437	Hispamex	films (Ci)	B 29-X-66	107, 112
438	Hispa-Mex	calentadores (H)	G 40	
439	Hispa-Mex	máquinas para uso industrial (Ma)	G 40	73
440	Hispanomex	almacenistas (D)	T 62	94
441	Holmex	varios (V)	B 29-IV-67	94, 112
442	Hulera Mex	hule (Ps)	T 70	
443	Hulmex	industrias de hule (Ps)	T 70	92
444	Humex	cafeterías (Bo)	T 62	
445	Huacomex	bálsamo medicinal (Me)	P 8-XII-70	
446	Hylsamex	acero (M)	P 17-VIII-71	88
447	Iamex	barredoras (Ma)	T 62	106
448	Iastomex	comisionistas (Co)	T 62	
449	Ibermex	agencias de turismo (T)	T 62 + T 70	72
450	Ibero Mex	productos de carne (Al)	B 15-IV-67 + T 70	73, 94, 119
451	Ibero-Mex	cigarros (Ta)	G 41	94
452	Icamex	comisionistas (Co)	T 70	
453	Icomex	contratistas (Co)	T 62	107
454	Ilmex	zapatos (R)	T 62	
455	Ilmex	industria de Latex (H)	P 11-III-71	106
456	Imocomex	imprentas (Im)	T 62 + T 70	
457	Imex	refacciones (Au)	T 62 + G 38	106, 109, 119
458	Imex	agentes aduanales (Co)	P 26-VII-71	70, 83, 84
459	Imex	carga aérea (Av)	P 3-IV-71	
460	Imex	papelería (Pa)	T 70	106
461	Imexa	automóviles (Au)	T 62	76
462	Immex	imprentas (Im)	T 62 + T 70	84, 84, 113, 130
463	Immex	resistencias para planchas (E)	G 44	
464	Impermex	impermeabilización de techos (C)	T 62 + T 70	84, 92, 113
465	Importmex	joyerías (J)	T 62 + T 70	70
466	Impremex	imprenta (Im)	B 10-V-67 + T 70	130

Nummer	Name	Branche	Quelle	Seite
467	Imprimex	impresos (Im)	T 70	95
468	Inamex	corredores de seguros (S)	T 70	70, 107
469	Incomex	industria y co-mercio (Co)	T 62 + T 70	84, 105
470	Incomex	imprenta (Im)	T 39	
471	Indefor Mex	entretela para cuellos (Te)	G 41	
472	Inddiammex	diamantistas (J)	T 62	88, 105, 113
473	Indina-Mex	muelles (C)	P 9-X-70	
474	Inductomex	hornos de induc-ción (E)	T 70	71, 111
475	Indumex	industrias (I)	T 70	
476	Industrimex	industria (I)	T 62	
477	Inf Mex	vestuario (R)	G 46	
478	Informex	agencias de noticias (Pu)	T 62 + T 70	84, 130
479	Ingramex	industrias gráficas (Im)	T 62 + T 70	105, 113
480	Inmex	sweaters (R)	T 62 + T 70	
481	Inmex	jugueterías (Ju)	T 62	
482	Inmex	difusión del libro (Im)	G 47	
483	In-Pro-Mex	industrial promotora (Pu)	E 24-VII-71	90
484	Instrumex	instrumentos elec-trónicos (E)	T 70	84, 113
485	Intelmex	instalaciones de te-lecomunicaciones (E)	T 70	105
486	Intercomex	varios (V)	T 62	
487	Intermex	distribuidora de libros (Im)	T 70	94, 103
488	Intermex	ingeniería (In)	T 70	
489	Intermex	importación y ex-portación (Co)	G 44	
490	Invermex	inversiones (Co)	T 62	103
491	Inves Mex	varios (V)	T 70	
492	Iov-Mex	ropa (R)	T 62	
493	Irmex	artículos sanitarios (F)	T 62 + T 70	110
494	Isramex	importación y ex-portación (Co)	T 62	112, 132
495	Italmex	laboratorios químicos (L)	T 62	112
496	Italmex	joyerías (J)	T 62	
497	Italmex	sweaters (R)	T 62	112

Nummer	Name	Branche	Quelle	Seite
498	Italmex	industria de calzado (R)	T 70	112
499	Ital-Mex-Norte	proveedores de maquinaria (D)	E 5-VIII-72	90
500	Italmex	ampolletas (F)	G 42	112
501	Italomex	joyería (J)	T 70	94
502	Italo-Mex	mecánica (Mc)	T 39	94
503	Itmex	impermeabilizantes (C)	T 62 + T 70	106
504	Jalen-Mex	fábrica de cintas (Te)	T 62	
505	Jalmex	preparados anticépticos (Me)	G 39	
506	Jamex	cajas para basura (H)	T 62 + T 70	71, 111
507	Jamex	refacciones (Au)	P 10-IV-71	84
508	Jammex	jamones (Al)	G 39	84, 84
509	Jazamex	artículos del hogar (H)	T 70	105, 112
510	Jastomex	varios (V)	T 62 + T 70	
511	Jimex	editores (Im)	T 70	110
512	Jimex	encajes y tiras bordadas (Te)	T 62	
513	Jitomex	legumbres (Al)	T 70	96, 103, 108
514	Joyamex	joyerías (J)	T 62	131
515	Joy Art Mex	varios (V)	T 70	94
516	Jumex	jugos (Be)	P 21-XI-70	
517	Kal-Mex	autoarmones (Ma)	T 70	71, 111
518	Kamex	cacahuates (Al)	G 43	87
519	Kimex	tapetes (H)	T 70	
520	Kimex	textiles (Te)	T 70	
521	Kol-Mex	industrias de linternas (H)	T 70	110
522	Konmex	varios (V)	T 62 + T 70	
523	Koromex	jaleas y cremas dulces (Al)	G 47	
524	Kromex	artefactos de metal para la cocina (H)	G 45	
525	Labfarmex	laboratorio químico (L)	T 62	84, 94, 105, 1
526	Labimex	productos químicos (P)	G 35	118
527	Labmex	laboratorio químico (L)	G 46	
528	Lacamex	lámparas y candiles (H)	T 62 + T 70	105
529	Lamex	aluminio (M)	T 62 + T 70	102

Nummer	Name	Branche	Quelle	Seite
530	Lammex	representaciones (Co)	T 70	
531	Lampimex	varios (V)	T 70	
532	Lana Mex	fábrica de tejido (Te)	T 70	108
533	Lanmex	telas estampadas (Te)	G 45	
534	Lapi-Mex	lápices (U)	T 62	89
535	Lar-Mex	varios (V)	E 2-II-72	
536	Las Mex	vestidos (R)	G 46	
537	Latamex	ladrillos y tabiques (C)	T 62 + T 70	83, 89, 93, 105
538	Latimex	joyerías (J)	T 62	
539	Latinmex	laboratorios químicos (L)	T 70	
540	Laquimex	laboratorios (L)	T 62 + T 70	113
541	Lavamex	lavanderías (Ti)	T 62 + P 6-XI-70	93, 131
542	Lawsco Mex	filtros (Mc)	T 62 + T 70	71, 107
543	Lemex	bancos de resistencia (E)	T 70	106
544	Lent-Mex	lentes de contacto (O)	P 11-XI-70	
545	Leo-Mex	calzado (R)	G 36	118
546	Libro Mex	editores (Im)	T 62	95
547	Libros Mex	libros (Im)	P 30-VIII-71	95
548	Licormex	vinos (Be)	T 70	
549	Limex	detergente (Tl)	T 70	103
550	Limmex	jugo de limón (Be)	P 17-V-72	84
551	Limomex	laxantes (Me)	G 40	
552	Limpiamex	escobas (H)	G 44	95, 108
553	Lin Mex	linternas (H)	T 70	102, 108
554	Litomex	litografías (Im)	T 62, G 38	108, 113, 119
555	Lorimex	representantes (Co)	T 62 + T 70	
556	Lovemex	varios (V)	T 70	83, 89, 110
557	Lubrimex	refacciones (Au)	T 70, G 35	103, 118
558	Lufmex	varios (V)	T 62	
559	Lumi-Mex	equipos portátiles de oxígeno (Me)	E 3-VIII-71	
560	Lummex	puertas de aluminio (C)	T 62 + T 70	84, 88, 104, 108
561	Lummex	cortinas de aluminio (H)	T 39, G 38	119
562	Lunchmex	alimentos (Al)	G 35	96
563	Lurimex	varios (V)	T 62	
564	Luso-Mex	servilletas (Pa)	T 62 + T 70	94
565	Luxmex	discos (Di)	T 62 + T 70	98
566	Llanmex	llantas (Au)	P 13-III-71	
567	Mademex	madererías (Md)	T 62 + T 70	113

Nummer	Name	Branche	Quelle	Seite
568	Magamex	manufacturas gal-vanizadas (P)	T 62 + T 70	113
569	Mallamex	mallas de alambre (M)	T 62 + T 70	95
570	Mantemex	manteca (Al)	G 37 + T 39	103, 118
571	Maquimex	maquinaria (Ma)	G 62	113
572	M-Arcomex	manufacturas artísticas coloniales (Mu)	T 70	90, 107
573	Marinmex	mármoles industriales (Pd)	P 5-I-72	
574	Marli Mex	mesas de centro (Mu)	T 70	
575	Marmex	representantes (Co)	T 62 + T 70	
576	Marque-Mex	joyería de marquesitas (J)	B 10-V-67	
577	Martimex	trajes hechos (R)	T 62 + T 70	110
578	Maurimex	marmolerías (Pd)	T 62 + T 70	110
579	Mecamex	varios (V)	P 8-IV-71	
580	Meclamex	varios (V)	P 22-VII-71	
581	Medal Mex	fábrica de medallas (M)	G 47	102
582	Medimex	varios (V)	T 70	
583	Menemex	lavado de muebles (Ti)	Heraldo 25-IV-71	110
584	Menthomex	productos químicos (P)	G 41	
585	Merimex	varios (V)	P 12-I-71	
586	Metalmex	metales (M)	B 5-V-67 + T 70	
587	Metexico	camisas (R)	G 33	73, 118
588	Met-Mex	metalúrgica (M)	T 70	
589	Metro-Mex	promociones e in-versiones (Co)	T 62 + T 70	98
590	Metromex	utensilios de medida (Mc)	P 3-VI-71	
591	Metropolitano-Mex	vestuario (R)	G 46	94
592	Mex	alfileres (M)	T 62	73
593	Mex	ropa para obreros (R)	B-5V-67, G 32	73, 118
594	Mex	bombas (Ma)	T 62	73
595	Mex	farmacia (F)	T 62 + T 70	73
596	Mex	plomerías (C)	T 62	73
597	Mex	varios (V)	T 70	102
598	Mex	distribuidora (D)	T 70	
599	Mex	jabones en general (Ba)	G 33	73, 118
600	Mex	metales (M)	G 42	
601	Mex	tequila (Be)	G 42	
602	Mex	aguas gaseosas (Be)	G 39	
603	Mex	refrigeración (E)	G 23	114

Nummer	Name	Branche	Quelle	Seite
604	Mex	mantequilla (Al)	G 44	
605	Mex-Abril	editorial (Im)	T 70	75
606	Mex-Agro	varios (V)	T 70	
607	Mexairco	lubricantes (Au)	T 62 + T 70	75
608	Mexal	representantes (Co)	T 62	73, 75
609	Mexalco	locomotoras (Ma)	T 62 + T 70	71, 75, 106
610	Mexalit	láminas (M)	T 62 + T 70	
611	Mexam	productos químicos (P)	G 43	75
612	Mexama	productos químicos (P)	T 62	106, 112
613	Mex-Ama	taller de pinturas (Pi)	G 45	
614	Mex-Amer	exportación (Co)	G 46	112, 132
615	Mex-América	laboratorios químicos (L)	T 70	75, 112
616	Mexamérica	agencia de turismo (T)	T 62 + T 70	75
617	Mexamigo	pieles (Pl)	G 44	75
618	Mexa Motors	automóviles (Au)	T 62 + T 70	
619	Mex-Anáhuac	varios (V)	T 36	89, 112
620	Mexanol	productos médicos (Me)	G 40	105
621	Mexar	servicios temporales (Z)	T 62	
622	Mexargo	comisiones (Co)	T 36	
623	Mex Art	curiosidades (T)	B 29-IV-67	75, 75, 131
624	Mex-Asbestos	asbestos (C)	B 29-IV-67	75, 95, 100
625	Mexatlan	varios (V)	B 10-V-67 + E 15-III-72	101
626	Mexatlantica	agencia de viajes	B 25-IV-67 + T 70	
627	Mexatours	agencia de viajes (T)	T 70	96, 131
628	Mexaviol	aceite para aviones (Av)	G 39	
629	Mex-Bestos	balatas (Au)	T 62 + T 70	89, 95
630	Mexcanela	productos alimenticios (Al)	G 46	100
631	Mex Catalá	sastrería (R)	P 17-V-72	93
632	Mexceite	aceites y lubricantes (Au)	G 39	104
633	Mex-Clareol	minas (U)	T 62 + T 70	75, 101
634	Mex Closets	closets (C)	P 5-VIII-71	95, 100
635	Mexcolor	telas (Te)	T 62 + T 70	75
636	Mex Curios	curiosidades (T)	T 62 + B 29-IV-67	75, 131
637	Mexes	artículos para la cocina (H)	T 62 + T 70	
638	Mexfibra	fibras (Fi)	T 62	75, 128
639	Mexform	fajas y corsés (R)	T 62 + T 70	109

Nummer	Name	Branche	Quelle	Seite
640	Mexfotocolor	tarjetas postales (Im)	T 62	101
641	Mex-Fru	bebidas de frutas (Be)	G 43	75, 103
642	Mex-Ger	pisos (C)	T 62	75
643	Mexgo	varios (V)	B 10-V-67 + T 70	101, 110
644	Mexhogar	artículos eléctricos para el hogar (E)	T 62 + T 70	75, 100
645	Mexi	varios (V)	T 70	74
646	Mexiac	varios (V)	T 70	
647	Mexiberia	artículos de regalo (T)	T 47	
648	Mexi-Bras	importadores de hule (Ps)	B 15-IV-67 + T 70	74, 112
649	Mexi-Cola	bebida (Be)	G 19 + G 26	74, 114
650	Mexicolor	servicio revelado de Kodak (Fo)	T 62 + T 70	74, 100, 108
651	Mexicrafts	curiosidades (T)	T 70	74, 96, 101
652	Mexicreto	varios (V)	T 70	74
653	Mexi-Cue	periódicos y revistas (Im)	T 62 + T 70	74
654	Mexifrance	perfumería (Ba)	G 24	74, 97, 112, 114
655	Mexi-Freeze	licuados (Be)	P 8-III-72	74
656	Mexillium	amalgamas (Me)	G 42	105
657	Mexi-Lux	candiles (H)	T 70	74, 98
658	Mexim	importación de textiles (Te)	T 70	105
659	Meximex	importadores y exportadores (Co)	T 62	70, 113
660	Meximex	máquinas de calcular (U)	T 62	89, 105
661	Meximont	productos químicos (P)	T 62 + T 70	74, 107, 112
662	Mexi-Moto	motocicletas (Dp)	B 29-IV-67	74
663	Mexinema	varios (V)	T 39	
664	Mexinol	revestimientos (Au)	T 70	
665	Mexinter	inversiones (Co)	T 62	
666	Mexinvest	„investments" (Co)	B 29-IV-67 + T 70	96, 113
667	Mexipica	salsas picantes (Al)	G 36	74, 89, 94, 118
668	Mexiplast	varios (V)	T 70	74, 108
669	Mexitek	varios (V)	T 70	
670	Mexjet	compañía de aviación (Av)	B 7-IV-67	96
671	Mexletter	revista (Im)	T 70	96
672	Mexlibris	varios (V)	T 29 + T 30	
673	Mex Mial	radios (Ra)	T 62 + T 70	111

Nummer	Name	Branche	Quelle	Seite
574	Mexmint	chicles (Al)	G 43	96
575	Mexocrema	jugo de vegetales (Be)	G 43	91
576	Mexofina	refinación de petróleo (Pe)	T 70	91, 104
577	Mexoil	aceite lubricante (Au)	G 24	96, 114
578	Mex Ohm	electrónica (E)	T 70	108
579	Mexoleche	jugos vegetales (Be)	G 43	91
580	Mexoleo	aceite lubricante (Au)	G 24	100, 114
581	Mexolina	gasolina (Pe)	B 5-XII-66	104, 130
582	Mexoline	gasolina (Pe)	G 24	96, 104, 114, 130
583	Mexolub	lubricantes (Au)	T 62	91
584	Mexolux	linternas (H)	G 38	98, 119
585	Mexor	ropa para señoras (R)	T 62 + T 70	73, 105, 112
586	Mex-Orquestas	orquestas (Or)	T 62 + T 70	95, 101, 113
587	Mex-Pal	varios (V)	T 70	
588	Mexpan	levaduras (Al)	G 42	100, 108, 128
589	Mex-Papel	papelerías (Pa)	T 62 + T 70	
590	Mex Par	balatas (Au)	T 62	
591	Mexphalte	asfalto (C)	G 31	97, 104, 118
592	Mex-Plomería	plomería (C)	T 62 + T 70	113
593	Mexport	válvulas (Au)	T 62 + T 70	104
594	Mexsana	productos químicos (P)	G 44	94
595	Mexsuiza	telas (Te)	T 62 + T 70	112
596	Mextea	té (Be)	G 42	96
597	Mextel	distribuidora de radios (Ra)	T 70	128
598	Mexther	calzado (R)	G 38	119
599	Mex-Tono	pinturas (Pi)	G 45	
700	Mex-Toy	juguetes (Ju)	G 42	96
701	Mextrac	tractores y maquinaria (Ma)	T 62	102
702	Mextract	derivación del café (Be)	G 43	104
703	Mextrasa	transportadores (Au)	T 62 + T 70	106
704	Mexúbeda	fábrica de tapetes (H)	P 6-IV-71	112
705	Mex-Usa	importación y exportación (Co)	T 47	88, 112, 128
706	Mex-Vil	fábrica de portafolios (Pl)	T 70	
707	Michelmex	ópticas (O)	T 62 + T 70 + E 4-V-71	110
708	Mielmex	bebida de aguamiel (Be)	G 43	101
709	Milimex	armas (Am)	G 38	119

251

Nummer	Name	Branche	Quelle	Seite
710	Mimex	mármoles (Pd)	P 6-XI-70	
711	Miromex	plásticos (Ps)	T 62 + T 70	104, 110
712	Mocromex	aparatos telefónicos (E)	G 36	118
713	Modelmex	sastrería (R)	G 44	92
714	Moldu-Mex	refacciones (Au)	T 62 + T 70	
715	Molimex	varios (V)	T 62	
716	Mon-Mex	acumuladores (E)	G 43	
717	Moto Mex	talleres mecánicos (Mc)	T 62 T 70	
718	Motormexa	distribuidora de automóviles (Au)	E 11-VII-71	76, 106
719	Motumex	agencia de viajes (T)	T 70	105
720	Mueblemex	muebles (Mu)	T 70	95
721	Mundomex	agencia de viajes (T)	T 70	101, 131
722	Muni Mex	munición (Am)	T 62 + T 70	
723	Negromex	negro de humo (P)	T 62 + T 70	
724	Nipmex	representantes (Co)	T 62	
724 a	Nippon-Mex	televisión (Ra)	E 12-IV-72	112
725	Nitromex	productos químicos (P)	T 62 + T 70	98, 100
726	Nivemex	crema Nivea (Ba)	B 29-V-67	111
727	Noamex	importación (Co)	B 29-IV-67	
728	Nolumex	lámparas (H)	P 6-XI-70	
729	Normex	harinas alimenticias (Al)	G 40	
730	Normex	preparados anti-sépticos (Me)	G 37	118
731	Normex	pantalones (R)	G 47	
732	Norse-Mex	vapores (Br)	T 62 + T 70	96, 112
733	Notimex	agencia de noticias (Pu)	T 70	131
734	Novamex	compresoras (Ma)	T 62 + P 8-IX-71	
735	Novelmex	ropa (R)	G 34	118
736	Novo Mex	varios (V)	T 70	87
737	Nucomex	aceites (Al)	G 40	
738	Nuto Mex	aspiradora (H)	P 3-VIII-71	111
739	Ofimex	laboratorios químicos (L)	T 70	
740	Oka-Mex	medias (R)	T 62	
741	Olbamex	rollos, cámaras (Fo)	P 1-VII-72	
742	Oleomex	gasas y aceites (Me)	G 45	
743	Ommex	productos químicos (P)	G 45	
744	Onimex	criptas (Pd)	P 7-VIII-71	91

252

Nummer	Name	Branche	Quelle	Seite
745	Onyxmex	productos químicos (P)	T 62 + T 70	98
746	Ormex	artículos de plata (J)	T 62	113, 131
747	Oronmex	maquinaria industrial (Ma)	T 62	92, 110
748	Oticmex	varios (V)	T 70	
749	Ovarmex	preparados médicos (Me)	G 45	
750	Ovmex	Organización Volks-wagen (Au)	B 29-IV-67	106, 111
751	Oxalmex	varios (V)	T 70	
752	Oximex	oxígeno (P)	P 12-III-71	
753	Oxymex	varios (V)	E 5-VIII-72	
754	Paceno-Mex	calzado (R)	G 36	118
755	Padmex	productos químicos (P)	T 62 + T 70	111
756	Pall-Corp-Servo Mex	varios (V)	T 62	90, 111
757	Palmex	papelerías (Pa)	T 62 + T 70	106
758	Pal-Mex	bolsas de polietileno (Ps)	T 62 + T 70	
759	Palmex	aceite combustible (Al)	G 39	
760	Panamex	refrescos (Be)	T 62	
761	Pan Mex	panaderías (Al)	T 62 + T 70	128
762	Panoramex	autobuses de turismo (T)	P 21-VII-71	104, 131
763	Pantamex	ropa íntima de señoras (R)	T 70	
764	Pantimex	productos médicos (Me)	G 47	
765	Papel Mex	maquinaria para artes gráficas (Im)	T 62	101
766	Parmex	perfumes (Ba)	T 62 + T 70	112
767	Paromex	laboratorios químicos (L)	T 70	112
768	Pastamex	pasta (Al)	G 42	100
769	Pedemex	peinados (Ba)	T 62 + T 70	85, 104
770	Peli-Mex	distribuidora de películas (Ci)	T 62 + E 14-V-71	131
771	Pemex	petróleos (Pe)	T 62 + T 70	72, 75, 119ff.
772	Pemex-Penn	aceite de lubricación (Au)	G 39	119
773	Pemex-Sol	aceite de lubricación (Au)	G 47	
774	Pemex	ropa (R)	G 39	123
775	Pencomex	insecticidas (Tl)	T 62	
776	Penna-Mex	agencia de viajes (T)	P 3-V-71	
777	Perla Mex	laboratorios químicos (L)	T 70	
778	Perlimex	máquinas de escribir (U)	T 62	110
779	Permamex	aluminio (M)	T 70	105

Nummer	Name	Branche	Quelle	Seite
780	Permex	parches para cámaras neumáticas de auto- móviles (Au)	G 40	
781	Permex	pasta para tinta para escribir (U)	G 26	
782	Persimex	persianas (H)	T 62 + T 70	103
783	Petro-Mex	nombre de lugar (Lu)	P 12-XII-70	90
784	Petromex	petróleo (Pe)	G 35 + T 36/37	90, 118, 124
785	Pharmex	productos médicos (Me)	G 35	87, 97, 118
786	Piel-Mex	tenería (Pl)	T 70	
787	Pimex	pinturas (Pi)	T 62	
788	Pinomex	detergente (Tl)	P 10-XI-70	
789	Pintromex	color para techos (Pi)	P 28-XII-70	87
790	Pisomex	pisos de materiales plásticos (Ps)	T 62 + T 70	
791	Pisomex	alfombras (H)	T 62	100, 108
792	Pira-Mex	pinturas y barnices (Pi)	T 39	
793	Pizamex	pizarras (Mu)	T 62	
794	Plamex	planta industrial (I)	E 5-V-72	
795	Planimex	ingenieros consultores (Co)	T 70	109
796	Plas-Mex	productos de plástico (Ps)	B 10-V-67	
797	Plasticmex	botones (R)	T 62	
798	Plasti-Formex	plásticos (Ps)	T 70	105
799	Platemex	cristales para automóviles (Au)	T 62	
800	Plat-Mex	piezas de plata (J)	T 62 + T 70	113, 131
801	Plumex	cojines de pluma (H)	T 70	84, 108
802	Polimex	industria (I)	P 25-VI-72	
803	Polvrimex	varios (V)	T 70	
804	Polymex	ingenieros consultores (Co)	T 62	98
805	Pomex	adobes de cemento y arena (C)	G 34	118
806	Pomexpo	arena para limpiar bujías (Au)	G 43	77
807	Posta Mex	tarjetas postales (Im)	G 40	91
808	Premex	muebles y tapicería (Mu)	G 28	118
809	Procinemex	promotora cinema- tográfica (Ci)	E 4-V-72	105, 131
810	Prodemex	tubos de acero (C)	T 62	104

Nummer	Name	Branche	Quelle	Seite
811	Prodemex	representantes (Co)	T 62	
812	Prodimex	varios (V)	P 21-VII-72	
813	Proformex	programa forestal (Pr)	E 6-II-71	
814	Programex	arte radiofónico (Ra)	S 14-VII-71	
815	Promex	productos alimenticios (Al)	T 62 + T 70	
816	Promex	productos de laboratorio (L)	T 70	103
817	Pro-Mex	películas cinemato-gráficas (Ci)	G 40	131
818	Promex	fibras (Fi)	G 46	
819	Promex	generadores para automóviles (Au)	G 46	
820	Promex	conservas (Al)	G 35	118
821	Promex	peines (Ba)	G 34	
822	Promex	pinturas impermea-bilizantes (Pi)	G 33	118
823	Promexa	automóviles (Au)	T 62	76
824	Promexport	equipo eléctrico (E)	T 70	77
825	Prodomex	representantes (Co)	T 62	
826	Propumex	varios (V)	P 20-I-71	
827	Proquimex	laboratorio químico (L)	T 70	94
828	Protamex	varios (V)	T 70	
829	Provimex	agencia de viajes (T)	P 30-XII-70	105
830	Publi-Mex	publicidad (Pu)	T 62 + T 70	108, 113, 131
831	Publimex	galvanoplastia (P)	T 62 + T 70	
832	Pulimex	camas (Ca)	T 62	
833	Pulmex	pulquería (Bo)	B 10-V-67	
834	Pylmex	pisos de madera (Md)	T 62 + T 70	
				88, 107
835	Quemex	varios (V)	P 21-I-71	
836	Quiformex	varios (V)	E 24-X-70	
837	Quimex	artículos para es-critorio (U)	T 62	
838	Quimex	productos químicos (P)	G 26 + T 30 + T 39	84, 94
839	Quimex	cera para pisos (Tl)	G 36	
840	Quimmex	varios (V)	T 70	
841	Quintamex	promotora (Pu)	T 70	110
842	Radiomex	radios y televisores (Ra)	T 62 + T 70	

Nummer	Name	Branche	Quelle	Seite
843	Radiomex	telégrafos nacionales (E)	T 70	101
844	Rafmex	materia prima alimenticia (Al)	T 62 + T 70	71, 111
845	Recimex	industria (I)	E 7-I-72	
846	Refacmex	varios (V)	T 70	
847	Refa-Mex	refacciones (Au)	T 62	107
848	Refre-Mex	refrescos (Be)	T 62 + T 70	102
849	Regal-Mex	regalos (T)	G 38	
850	Rehmex	maquinaria para panaderías (Ma)	T 62 + T 70	110
851	Relamex	publicidad (Pu)	T 62 + T 70	131
852	Relimex	artículos religiosos (Re)	T 62 + T 70	108
853	Remesa	remolques (Au)	T 62	76, 106
854	Remex	refrigeradores (H)	T 62	102, 130
855	Remex	aluminio (M)	T 62	102
856	Remex	productos químicos (P)	T 62 + T 70	
857	Remex	ferreterías (M)	G 39	
858	Remex	aparatos eléctricos (E)	G 38	119
859	Remmex	recámaras, muebles (Mu)	P 18-IV-71	84, 107
860	Reptimex	curtidos de pieles (Pl)	T 70	
861	Resimex	resinas sintéticas (P)	T 70	94
862	Richmex	aparatos eléctricos (E)	T 62 + T 70	110
863	Rio-Mex	camiones de transportes (Au)	T 62 + T 70	
864	Riz Mex	varios (V)	T 62	110
865	Roamex	transportes (Au)	T 70	
866	Rocamex	abonos químicos (P)	T 62	100, 109
867	Rodamex	rodamientos (Au)	T 70	
868	Rodmex	radios (Ra)	T 62	110
869	Rodimex	rodillos de hule (Ps)	T 70	
870	Roll Mex	papel engomado en rollos (Pa)	T 62	92, 103
871	Ropmex	ropones (R)	T 62 + T 70	
872	Rosmex	varios (V)	T 70	
873	Rostimex	varios (V)	T 70	
874	Rotersamex	películas documentales (Ci)	P 1-VII-72	
875	Royalmex	ropa interior (R)	G 34	118
876	Rubmex	varios (V)	T 70	
877	Salmex	productos alimenticios(Al)G 39		

Nummer	Name	Branche	Quelle	Seite
878	Samex	sanitaria (F)	T 70	102, 130
879	Sanformex	vestuario (R)	G 47	
880	Sanimex	instalaciones sani- tarias (F)	T 62 + T 70, G 35	94, 118, 130
881	Sanimex	fosas sépticas (F)	T 70	
882	Sanmex	protectores sanita- tarios (F)	G 38	94, 119, 130
883	Satinmex	colores (Pi)	P 9-VIII-71	
884	Saunamex	fábrica de baños (C)	E 17-XII-72	100
885	Scamex	control ambiental (Pr)	T 70	107
886	Scandia-Mex	representantes (Co)	T 62 + T 70	106, 112, 132
887	Schaarmex	refacciones (Au)	T 70	110
888	Scheramex	laboratorios químicos (L)	T 62 + T 70	71, 91, 97, 111
889	Schulmex	refrigeración (E)	T 62	71, 111
890	Scodimex	maquinaria (Ma)	T 62 + T 70	
891	Selcomex	mantenimiento de edificios (C)	T 62	105
892	Senomex	varios (V)	T 70	
893	Sermexa	varios (V)	T 70	76, 106, 109
894	Servi-Mex	máquinas de escribir (U)	T 62 + T 70	109, 129
895	Servimex	refrigeración (E)	T 62	109, 129
896	Servimex	gasolina y lubri- cantes (Au)	T 62 + T 70	109, 129
897	Servimex	lavado de tapetes (Ti)	T 70	109, 129
898	Servirmex	máquinas de escribir (U)	T 62 + T 70	90, 95, 109, 129
899	Servmex	limpiadora de alfom- bras (Ti)	B 10-V-67	109, 129
900	Servomex	instrumentos de me- dición (Mc)	T 62 + T 70	111, 129
901	Settermex	sobres de papel (Pa)	T 70	
902	Sharmex	explotación de pozos petroleros (Pe)	T 62 + T 70	71, 111
903	Shell-Mex	petróleo (Pe)	B 15-IV-67	111
904	Sibramex	varios (V)	T 70	
905	Sieg Mex	alfileres (M)	T 62	
906	Sigue Mex	avicultura (Ga)	T 62	
907	Silmex	platería (J)	B 29-IV-67	96, 131
908	Silumex	relojes (J)	T 62	
909	Simex	productos químicos (P)	T 62	110
910	Simex	litografías (Im)	T 70	103
911	Simmex	colchones (Ca)	H 38	110

Nummer	Name	Branche	Quelle	Seite
912	Simpormex	regaderas (H)	T 62 + T 70	
913	Sintermex	metales sinterizados (M)	B 10-V-67 + T 70	94, 108
914	Sistemex	editorial (Im)	P 7-XI-70	91, 103
915	Skomex	automóviles (Au)	T 62 + T 70	
916	Socomex	parafinas (Pe)	T 62 + T 70	105
917	Sodimex	cajas y envases de cartón (Pa)	T 62	
918	Sofimex	sociedad financiera (B)	P 15-IX-70	105
919	Sol-Mex	joyerías (J)	T 62 + P 29-X-71	89, 131
920	Somex	sociedad de crédito (B)	T 62 + T 70	103
921	Somex	sombreros (R)	T 39	84
922	So-Mex-Pal	sombreros de palma (R)	G 46	77
923	Somy-Mex	fotograbadoras (Fo)	T 62 + T 70	87, 107
924	Sonmex	insecticidas (Tl)	T 62	112
925	Sonomex	doblaje de películas (Ci)	R 14-VII-71	131
926	Spramex	asfalto (C)	G 31	118
927	Steamex	fabricantes de quemadores (Ma)	E 5-VI-72	96
928	Suemex	soldaduras (Mc)	T 62	
929	Suemex	cuchillería (H)	G 47	
930	Sulmex	zapatos (R)	G 37 + G 39	118
931	Sumex	productos químicos (P)	B 10-V-67	
932	Super Mex	plásticos (Ps)	T 62 + T 70	105
933	Supermex	cristales para automóviles (Au)	T 62	105
934	Super Mexolina	gasolina (Au)	G 46	
935	Sutimex	abarrotes (A)	T 62 + T 70	105
936	Sweamex	varios (V)	B 29-IV-67	
937	Sweatermex	sweaters (R)	T 62 + T 70	96, 100
938	Swecomex	maquinaria (Ma)	T 62 + T 70	106
939	Sylvamex	electrónica (E)	T 62 + T 70	111
940	Tadmex	minas (U)	T 62	71, 107
941	Tamex	artículos de escritorio (U)	G 46	
942	Tamex	refrescos (Be)	G 29	118
943	Tam-Mex	camas (Ca)	T 62 + T 70	
944	Tammex	papelería (Pa)	G 47	
945	Tampimex	betún para manufacturas (C)	G 38	119

Nummer	Name	Branche	Quelle	Seite
946	Tapemex	tapetes (H)	T 70	103
947	Tapimex	tapicería en general (H)	T 62 + T 70	103, 113
948	Taxi-Mex	sitio de taxis (Au)	T 62 + T 70	98, 100, 108, 113
949	Taxi-Radio-Mex	radios (Ra)	T 70	101
950	Techados-Mex	techados (C)	T 70	95, 100
951	Techo-Mex	impermeabilizantes (C)	T 62 + T 70	95
952	Técnicos Mex	técnicos (In)	T 70	101
953	Tecnimex	ingenieros eléctricos (In)	T 62 + T 70	
954	Tecnomex	servicio técnico (In)	T 70	106
955	Tejimex	tejidos (Te)	T 70	
956	Telamex	telas de lana (Te)	G 36	95, 118
957	Tele-Mex-Servicio	varios (V)	T 70	
958	Tel-Mex	Teléfonos de México (E)	P 13-XI-70	85, 103
959	Telmex	telas (Te)	T 70	128
960	Televimex	primer sistema de televisión (Ra)	G 47	104
961	Temex	cerrajerías (M)	T 62	
962	Temex	colchas, toallas (Te)	G 47	
963	Temexcolor	técnicos (In)	B 29-IV-67 + T 70	77, 101
964	Tenmex	zapatería (R)	T 38 + T 39	
965	Teñimex	teñido de alfombras (Ti)	E 7-VI-72	131
966	Tepemex	varios (V)	T 70	
967	Termex	termómetros (F)	T 62 + T 70	84
968	Termex	artículos de fantasía (T)	G 41	
969	Term-Mex	mascarilla de lodos (Ba)	G 39	90
970	Terramex	terrasphere (Z)	B 29-IV-67 + T 70	
971	Tetramex	laminados de papel (Pa)	T 26 + T 70	98
972	Texlamex	textiles laminados (Te)	T 70	89, 105
973	Tex-Mex	textiles (Te)	T 62	89
974	Textil-Mex	hilos de nylon (Te)	T 62	
975	Tico-Mex	óptica (O)	T 70	
976	Tico Mex	estufas (H)	P 16-IV-71	
977	Tico-Mex	aditivos (P)	T 70	
978	Timex	artículos de hule (Ps)	T 36	
979	Tinmex	tinta (U)	G 42	
980	Tinta Mex	varios (V)	T 70	100, 108
981	Tipo-Mex	impresora (Im)	T 70	103
982	Tisamex	textiles (Te)	P 3-VI-71	

Nummer	Name	Branche	Quelle	Seite
983	Titramex	subtítulos de cine (Ci)	T 70	
984	Tlalmex	colonia en el D.F. (Lu)	P 15-IX-70	
985	Tomex	puré de tomate (Al)	P 9-XI-70	103
986	Tormex	tornillos (M)	T 62 + T 70	102
987	Tox-Mex	insecticidas (Tl)	G 32	118
988	Tracto-Mex	tractores (Ma)	T 70	
989	Tractormex	combustible para tractores (Pe)	G 39	109
990	Traffic Mex	varios (V)	T 70	
991	Tramex	varios (V)	T 70	
992	Transformex	transformadores (E)	T 62 + T 70	84, 103
993	Transmexvalor	varios (V)	T 70	77
994	Tras-Mex Line	transportación marítima (Br)	E 3-V-71	77, 97
995	Tremex	refrigeración (E)	P 19-IV-71	
996	Triamex	varios (V)	T 70	
997	Tricomex	géneros de punta (Te)	E 4-VI-71 + T 70	97
998	Trimex	importadores (Co)	T 62	
999	Tritumex	trituradoras (Ma)	P 9-VIII-71	
1000	Troquelmex	compuestos de troquelado (Au)	T 70	
1001	Tubermex	plásticos (Ps)	T 70	
1002	Tunmex	irrigadores de vidrio (C)	G 46	
1003	Turbimex	varios (V)	P 12-I-72	
1004	Turimex	ropa interior (R)	G 34	118
1005	Turmex	talleres (Au)	T 70	110
1006	Turmex	imprenta (Im)	P 3-VII-71	110
1007	Ucramex	productos químicos (P)	G 41	
1008	Ufarmex	laboratorios químicos (L)	T 70	
1009	Ulmex	telas impermeables de hule (Te)	G 47	
1010	Unamex	representación de libros de la UNAM (Im)	E 16-II-72	111
1011	Uniformex	uniformes (R)	T 70	84
1012	Unimex	depósito dental (Me)	T 70	
1013	Uniomex	vestiduras para coches (Au)	T 70	

Nummer	Name	Branche	Quelle	Seite
1014	Uremex	importación, exportación (Co)	T 70	
1015	Usamex	deportes (Dp)	T 70	
1016	Usamex	maquinaria industrial (Ma)	T 62	112
1017	Usamex	importadores y exportadores (Co)	T 62	112, 128, 132
1018	Utemex	herramientas de acero (M)	T 70	97
1019	Vainimex	importadores y exportadores (Co)	T 62	
1020	Vallemex	distribuidora medicinal (Me)	T 70	112
1021	Valmex	rosticería (Bo)	T 70	110
1022	Valmex	productos químicos (P)	T 62 + T 70	
1023	Varmex	pinturas y barnices (Pi)	T 62	
1024	Varomex	fotografías (Fo)	T 62	
1025	Vegamex	papel carbón (Pa)	T 70	110
1026	Velamex	velas (Re)	G 45	
1027	Velmex	velas (Re)	T 62 + T 70	
1028	Velmex	peleterías (Pl)	T 62	110
1029	Velmex	camisas (R)	G 44 + T 47	
1030	Velomex	bicicletas (Dp)	T 62	
1031	Vend-O-Mex	cigarros (Ta)	T 62	92, 95
1032	Ven-Mex	varios (V)	Caracas T 71	89, 102, 112
1033	Ventamex	puertas, ventanas (C)	T 62 + T 70	
1034	Veramex	productos químicos (P)	T 62 + T 70	
1035	Veramex	importaciones y exportaciones (Co)	T 62 + T 70	
1036	Veramex	auto-express (Au)	T 47	109
1037	Vermex	empacadora de conservas (Em)	G 44	
1038	Versamex	convencionistas (Co)	P 13-IV-71	
1039	Viamex	agencia de viajes (T)	T 62 + T 70	131
1040	Viamex	veterinaria (Me)	P 16-V-71	
1041	Vimex	vidrios (C)	T 70	
1042	Vimex	productos químicos (P)	G 40	
1043	Vimex	vinagre (Al)	G 34 + T 39	102, 118
1044	Vinimex	pintura vinílica (Pi)	B 5-V-67	
1045	Vinmex	laboratorios químicos (L)	T 70	

Nummer	Name	Branche	Quelle	Seit
1046	Virmex	varios (V)	T 62	109
1047	Vita Mex	laboratorios químicos (L)	T 70	87,
1048	Vitrimex	aislantes (C)	T 70	99
1049	Vitro-Mex	vidrios y cristales (C)	T 62 + T 70	98
1050	Vivamex	bebidas gaseosas (Be)	G 39	95
1051	Welmex	industrias (I)	T 70	
1052	Weston-Servo-Mex	control automático (E)	T 62	111
1053	Wilmex	material eléctrico (E)	T 62 + T 70	110
1054	Wilmex	trajes de caballeros (R)	T 62 + T 70	
1055	Ximex	distribuidora de radios (Ra)	T 39	
1056	Y-Mex	hielo (P)	T 62	88,
1057	Yumex	pinturas (Pi)	T 62 + T 70	112
1058	Yutemex	lavado de alfombras (Ti)	E 12-XI-70	101
1059	Zamex	varios (V)	T 70	
1060	Zincamex	minas (M)	T 62 + T 70	91

262

6. BRANCHENREGISTER DER KOMMERZIELLEN BEZEICHNUNGEN

Branchenliste – alphabetisch geordnet

Branche			Korrespondenz im quantitativen Branchenregister
A	:	Abarrotes	46
Al	:	Alimentos	10
Am	:	Armas	53
Au	:	Automóviles	2
Av	:	Aviones	43
B	:	Bancos	30
Ba	:	Artículos de belleza	24
Be	:	Bebidas	17
Bo	:	Bodegas y restaurantes	47
Br	:	Barcos	48
C	:	Construcciones	6
Ca	:	Camas	38
Ci	:	Cinema	28
Co	:	Comercio e industria	3
D	:	Distribuidoras en general	44
Di	:	Discos	49
Dp	:	Deportes	35
E	:	Instalaciones y aparatos eléctricos	8
Em	:	Empacadoras	54
F	:	Artículos y productos farmacéuticos	26
Fi	:	Fibras	42
Fo	:	Artículos fotográficos	39
G	:	Gases	55
Ga	:	Ganadería	56
H	:	Artículos del hogar	7
I	:	Industrias en general	33
Im	:	Imprentas y editoriales	11

Branche			Korrespondenz im quantitativen Branchenregister
In	:	Ingeniería	36
J	:	Joyerías	14
Ju	:	Jugueterías	57
L	:	Laboratorios	15
Lu	:	Nombres de lugares	58
M	:	Metales	9
Ma	:	Maquinarias	12
Mc	:	Mecánica	37
Md	:	Madera	40
Me	:	Medicina	18
Mu	:	Muebles	27
O	:	Ópticas	45
Or	:	Orquestas	61
P	:	Productos químicos	4
Pa	:	Papelerías y productos de papel	16
Pd	:	Piedras	34
Pe	:	Industria petrolera	25
Pi	:	Pinturas	20
Pl	:	Pieles	41
Pr	:	Programas estatales	59
Ps	:	Plásticos y hule	19
Pu	:	Publicidad	31
R	:	Ropa y tiendas	5
Ra	:	Radios y televisores	29
Re	:	Artículos religiosos	50
S	:	Seguros	60
T	:	Turismo	21
Ta	:	Tabaco	51
Te	:	Telas e hilos	13
Ti	:	Tintorerías y lavanderías	32
Tl	:	Tlapalerías y sus productos	22

Branche	Korrespondenz im quantitativen Branchenregister
U : Utensilios de oficina	23
V : Varios	1
Z : Ramos no identificados	52

Branchenliste – quantitativ geordnet

Reihenfolge	Branche	Anzahl der Slogans	Seite
1	Varios (V)	100	266
2	Automóviles (Au)	75	269
3	Comercio e industria (Co)	55	272
4	Productos químicos (P)	51	274
5	Ropa y tiendas (R)	49	276
6	Construcciones (C)	46	277
7	Artículos del hogar (H)	46	279
8	Instalaciones y aparatos eléctricos (E)	41	281
9	Metales (M)	41	282
10	Alimentos (Al)	40	284
11	Imprentas y editoriales (Im)	36	285
12	Maquinarias (Ma)	29	286
13	Telas e hilos (Te)	28	287
14	Joyerías (J)	25	288
15	Laboratorios (L)	25	289
16	Papelerías y productos de papel (Pa)	24	290
17	Bebidas (Be)	22	291
18	Medicina (Me)	22	292
19	Plásticos y hule (Ps)	22	292
20	Pinturas (Pi)	20	293
21	Turismo (T)	19	294
22	Tlapalerías y sus productos (Tl)	15	295
23	Utensilios de oficina (U)	15	295
24	Artículos de belleza (Ba)	13	296
25	Industria petrolera (Pe)	13	296
26	Artículos y productos farmacéuticos (F)	12	297
27	Muebles (Mu)	12	298
28	Cinema (Ci)	11	298
29	Radios y televisores (Ra)	11	298

Nummer	Name	Zusammensetzung	Gründung	Erschlüsselung

1. *Varios*

4	Acabalan-Mex		u	1 B + 4 T
16	Agrimex	*agri*cultura ?		
30	Alga-Mex		u	

266

Nummer	Name	Zusammensetzung	Gründung	Erschlüsselung
38	Alpamex	2 Nachnamen: *Al*arcón+*Pa*rra	1970	2 T
44	Amerimex	*Améri*ca ?		
49	Amexa		u	
55	Andena-Mex		o	1 B + 1 T
63	Aomex		o	1 B + 2 T
100	Awamex		u	
113	Belframex	*Bél*gica-*Fra*ncia-*Méx*ico		1 T
123	Bisumex		u	
130	Bordemex		u	
140	Bumper-Mex		u	1 B + 1 T
157	Carbimex	Nachnamen der frühe- ren Besitzer: *Car*rere + *Bir*e	1940	
187	Cirumex		o	1 B + 1 T
207	Comimex		o	1 B + 1 T
224	Corolemex		u	
228	Cotomex		o	1 B + 2 T
236	Cromex	*cro*mo ?		
246	Cyrmex		o	2 T
261	Despermex		u	
263	Diacromex		u	2 B + 4 T
283	Doctrimex		o	1 B + 1 T
297	Duply-Mex		u	
304	Ei-Mex		o	1 B + 4 T
308	Elimex		o	2 T
322	Exinmex	Landrover „*Exin*"		
348	Finimex		o	1 B + 2 T
354	Florymex		o	1 B + 1 T
363	Fortimex	Milchprodukt „*Forti*llac" (USA)	1969	1 B
389	Gas-Omex	*gaso*linera		
391	Gax-Mex		o	1 B + 1 T
404	Gimex	„*Gim*bel"		
409	Graf-Art-Mex	*artes gráfi*cas?		
413	Grefmex		o	1 B + 1 T
414	Grumex		o	1 B + 2 T
420	Gypomex		o	1 B + 1 T
422	Habimex		u	
425	Hermamex		o	1 B + 1 T

Nummer	Name	Zusammensetzung	Gründung	Erschlüsselung
441	Holmex	*Hol*anda-*Méx*ico		
486	Intercomex	*inter*cambio *co*mercial ?		
491	Inves Mex	*inves*tment ?		1 B + 2 T
510	Jastomex		o	1 B + 1 T
515	Joy Art Mex	*joy*ería *art*ística: heisst heute „Marce-lo Rodríguez"		1 B + 1 T
522	Konmex		v	1 B + 2 T
531	Lampimex		o	1 B + 2 T
535	Larmex	französisch-mexika-nische Gesellschaft	b	1 T
556	Lovemex	Nachnamen zweier Teilhaber: *Ló*pez+*Ve*rástegui		1 B + 2 T 1 B + 2 T
558	Lufmex		o	1 T
563	Lurimex		o	1 T
579	Mecamex	*mecá*nica *mex*icana ?		
580	Meclamex		u	
582	Medimex	*medi*cina ?		1 B + 2 T
585	Merimex		u	
597	Mex	*Méx*ico		1 B + 2 T
606	Mex-Agro		u	1 B + 1 T
619	Mex-Anáhuac	„El Valle de *Anáhuac"*		
625	Mexatlan	eine Zweigstelle heisst „*Atlan*tis"		
643	Mexgo	Nachname des Besitzers: *Gó*mez		
645	Mexi	*Méx*ico ?		1 B + 2 T
646	Mexiac		v	1 B + 1 T
652	Mexicreto	*con*creto ?		1 B
663	Mexinema	*cinema* ?		
668	Mexiplast	*plás*ticos por inyec-ción		1 B
669	Mexitek	*tex*tiles ?		1 B + 1 T
672	Mexlibris	lateinisch: *libris* ?		
687	Mex-Pal		o	1 B + 1 T
715	Molimex		u	
736	Novo Mex	nuevo ?	u	2 T
748	Oticmex		o	1 B + 1 T
751	Oxalmex		o	1 B + 1 T

Nummer	Name	Zusammensetzung	Gründung	Erschlüsselung
753	Oxymex		u	
756	Pall Corp-Servo Mex	*„Pall Corp*oration", amerikanische Firma		
803	Polvrimex		v	1 B + 1 T
812	Prodimex	*pro*ductos *mex*icanos ?		
826	Propumex		u	
828	Protamex		o	1 B + 2 T
835	Quemex	*que*madores ?	1942	
836	Quiformex		u	
840	Quimmex		v	1 B + 1 T
846	Refacmex	*refac*ciones ?		
864	Riz Mex	Compañía *„Riz"* de *México*		
872	Rosmex		v	1 B + 1 T
873	Rostimex	*rosti*cería ?		1 B + 1 T
876	Rubmex		u	
892	Senomex		o	1 B + 2 T
893	Sermexa	*Ser*vicio *Mex*icano, S. *A.*	1967	1 B + 2 T
904	Sibramex		o	1 B + 1 T
936	Sweamex	*swea*ters ?		
957	Tele-Mex-Servicio	*tele*visión ?		1 B + 1 T
966	Tepemex		v	1 B + 1 T
980	Tinta Mex	*tinta*		1 B + 1 T
990	Traffic Mex	englisch: *traffic* ?	v	1 B + 1 T
991	Tramex		o	1 B + 1 T
993	Transmexvalor		o	1 B + 1 T
996	Triamex		o	1 B + 1 T
1003	Turbimex	*turbi*nas ?		
1032	Ven-Mex	*Ven*ezuela		
1046	Virmex	Vorname: *Vir*gilio		
1059	Zamex		o	1 B + 1 T

2. *Automóviles*

14	Afinamex	*afina*ción		
43	Alymex	zwei Ländernamen: *Al*emania *y Méx*ico		1 T

Nummer	Name	Zusammensetzung	Gründung	Erschlüsselung
64	Aralmex	ein argentinischer und ein mexikanischer Teilhaber. Die Marke ist deutsch: *Ar*gentina+*Al*emania+ *Méx*ico	1962	1 T
68	Argo-Mex	Nachnamen der beiden Teilhaber: *Ar*iano + *Gó*mez	1962	3 T
74	Armex	die Besitzer sind 4 Brüder: 2 wurden in Armenien und 2 in Mexiko geboren: *Ar*menia-*Méx*ico		2 T
94	Auto-Mex	*auto*móviles		
95	Auto-Mex	*auto*móviles	1936	1 T
96	Auto-Air Mex	*air*e acondicionado en *auto*móviles		1 T
102	Baleromex	*balero*s		
103	Bal-Mex	*bal*atas		
127	Bobimex	talleres de em*bobi*nado		
137	Bromex	Name des früheren Besitzers: *Brom*	1961	1 B + 2 T
139	Bumex	*bu*jías		
153	Camex	*cam*iones ?		
159	Cargomex	*cargo*s		
162	Carro-Mex	*carro*s		
206	Comexa	*Co*mpañía *Mex*icana de Automóviles, S. *A.*		
232	Crimex		o	1 B + 1 T
242	Cubremex	*cubre*asientos		
249	Davomex		v	1 B + 1 T
255	Delmex		u	
270	Diesel-Mex	motores *Diesel*		
273	Dimex	*Di*esel		
277	Dinamex	„*Dina*" PKW		1 T
288	Dotramex		o	2 T
294	Dumex	„*Du*nhill" PKW		
335	Fegomex	Name des Besitzers: *Fe*lipe *Gó*mez		

Nummer	Name	Zusammensetzung	Gründung	Erschlüsselung
340	Ferromex	transportaciones de hierro (*ferro-*)		1 T
367	Fra-Mex		o	2 T
370	Franco Mex	de Francia (*franco-*) ?		
371	Fremex	*fre*nos		
372	Frenomex	*freno*s		1 B
381	Ga-Mex		u	
407	Gomex		u	
457	Imex	*i*ndustrias *mex*icanas	1938	
461	Imexa	*i*ndustria *mex*icana ?		1 T
507	Jamex		u	
557	Lubrimex	*lubri*cantes		
566	Llanmex	*llan*tas		
607	Mexairco		b	1 B + 3 T
618	Mexa Motors	englisch: *motors* ?	1938	
629	Mex-Bestos	as*bestos* ?		2 B
632	Mexceite	*aceite*		
664	Mexinol	*México* + *nol* – Suffix ?		1 B + 1 T
677	Mexoil	englisch: *oil*		
680	Mexoleo	*óleo*		
683	Mexolub	*lub*ricantes	1939	
690	Mex Par	Manufacturera *Mexi*-cana de *Par*tes de Automóviles, S.A.		1 T
693	Mexport	*México*+e*xport*ación oder: *México*+*expor*-tación		1 B + 4 T
703	Mextrasa	*Mex*icana de *Tr*anspor-tadores, *S. A.*		
714	Moldu-Mex	*moldu*ras		
718	Motormexa	*Motor*es *Méx*icanos, *S.A.*		
750	Ovmex	*o*rganización „*V*olks-wagen"		
772	Pemex-Penn	*Penn*sylvania ?		
773	Pemex-Sol	*sol* ?		
780	Permex		u	
799	Platemex	*plate*ar ?		
806	Pomexpo	*p*roduct*os mex*icanos de e*xpo*rtación ?		

Nummer	Name	Zusammensetzung	Gründung	Erschlüsselung
819	Promex	*pro*ducto *mex*icano ?		
823	Promexa	*Pro*ducciones *Mexi-* *canas, S. A.* ?		1 T
847	Refa-Mex	*refa*cciones		
853	Remesa	*Re*molques *Mexi-* *canos, S. A.*		
863	Rio-Mex		o	1 T
865	Roamex		u	
867	Rodamex	*roda*mientos		1 B
887	Schaarmex	holländischer Nachname: *Schaar*	1954	1 B + 1 T
896	Servimex	*servi*cio *mex*icano		
915	Skomex	*Sko*da ?		1 B + 1 T
933	Supermex	*super*		
934	Super Mexo-lina	*Super-México-* *gasolina*		
948	Taxi-Mex	sitio de *taxi*		
1000	Troquelmex	*troquel*ado		
1005	Turmex	Nachname des Grün-ders: *Tur*pin		1 B + 1 T
1013	Uniomex	*unió*n *mex*icana ?		1 B + 2 T
1036	Veramex	Vorname der Frau des Besitzers: *Vera*		

3. *Comercio e industria*

Nummer	Name	Zusammensetzung	Gründung	Erschlüsselung
7	Acomex	*a*gentes *com*erciales		
23	Aldamex	Nachname des Gründers: *Alda*ve		1 T
46	Amex	Namen zweier Länder: *A*mérica y *Méx*ico		1 T 1 T
50	Amexder		o	1 B + 2 T
56	Andromex	Vorname des Gründers: *Andr*és		1 T
67	Argomex	Nachname einer der 3 Besitzer: *Argo*s		2 T
69	Argos-Mex		o	2 T
75	Armex		v	
125	Blomex	Name des Gründers: Jacobo *Blo*ch	1945	1 B + 1 T

Nummer	Name	Zusammensetzung	Gründung	Erschlüsselung
141	Bungamex	Immobilienbüro: *bunga*lows		
163	Casamex	*casa*s		
167	Celamex	*C*entro *L*a*b*oral de *Méx*ico		1 B + 1 T
185	Cimex		u	
204	Comex	*co*mpañía *mex*icana ?		
212	Consormex	*Consor*cios *Mex*icanos de Empresas, S. A.	1968	1 B + 1 T
217	Coparmex	*Co*nfederación *P*atro-nal de la *R*epública *Mex*icana	1929	
221	Coremex	*co*misiones y *re*presen-taciones de marcas ame-ricanas en *Méx*ico	1967	1 B + 3 T
231	Crimex		o	1 B + 2 T
284	Dolmex		o	1 B + 2 T
321	Eximpomex	*ex*portación e *impo*r-tación *mex*icana		1 B + 1 T
358	Fomex	*fo*mento		
368	Francimex	*Franci*a+*Méx*ico ?		1 B + 1 T
399	Germex		u	
448	Iastomex		o	2 T
452	Icamex		b	1 B + 1 T
453	Icomex	*i*nstalaciones y *co*ns-trucciones		1 T
458	Imex		u	
469	Incomex	*i*ndustria y *co*mercio		
489	Intermex		u	
490	Invermex	*inver*siones		
494	Isramex	*Isra*el-*Méx*ico		
530	Lammex		v	1 B + 2 T
555	Lorimex		bis 1968	1 B + 1 T
575	Marmex		b	1 B + 1 T
589	Metro-Mex	*metro*politano ?	1938	
608	Mexal		o	1 T
614	Mex-Amer	*Amér*ica		
622	Mexargo		u 1936	
659	Meximex	*Méx*ico + *im*portación y *ex*portación		

Nummer	Name	Zusammensetzung	Gründung	Erschlüsselung
665	Mexinter	*inter*nacional ?		1 B + 1 T
666	Mexinvest	englisch: *invest*ment		
705	Mex-Usa	Importation aus *USA*		
724	Nipmex	*Nip*ón?	v	1 T
727	Noamex	*No*ruega-*Méx*ico?		
795	Planimex	*plani*ficación		
804	Polymex	*Poly*técnico ? (Politécnico)		
811	Prodemex	*pro*ductos *de Méx*ico ?		1 T
825	Prodomex	*prod*ucto *mex*icano ?		
886	Scandia—Mex	E*scandi*navia-*Méx*ico?		
998	Trimex		o	1 B + 1 T
1014	Uremex		o	1 B + 1 T
1017	Usamex	*USA*		
1019	Vainimex		u	
1035	Veramex	*Vera*cruz ?		
1038	Versamex	in*vers*iones ?		

4. *Productos químicos y productos primarios*

9	Ademex		u	
12	Admex	„*A*rcher-*D*aniels" de *Méx*ico		1 T
21	Albamex		u	
33	Alkamex	„*Al*uminium und *Kal*ium" de *Méx*ico		1 T
51	Amexica	Namen zweier Länder: *A*mér*ica* y *Méx*ico	1946/47	1 T
62	Anyl Mex		u	
122	Bip-Mex	Name des Besitzers: *I*sabelo *B*arriopedro *P*eña	1964	1 B + 1 T
124	Bitumex	producto *bitu*minoso		
146	Calimex	*Cal* hidrática	1946	1 T
158	Carbomex	*carb*uro	1936	1 B + 1 T
160	Carmex	*car*buro		
161	Carolmex	Vorname: *Carol*ina		
176	Chemomex	productos químicos		
193	Cloromex	*cloro*formo		

Nummer	Name	Zusammensetzung	Gründung	Erschlüsselung
209	Comsolmex	„*Com*ercial *Sol*vents Corporation of *Méx*ico"		
237	Cromexal	*cro*madora *mex*icana + Name des früheren Besitzers: *Ál*varez	1961	1 B
289	Dromex	*dro*gas	1944	1 B + 1 T
292	Dulcy-Mex	*dulc*e		
315	Esquimex		u	
338	Fermex	*fer*tilizantes		
356	Fluormex	ácido *fluor*idizante	u	
361	Formex	fabricación de *form*aldéhido	1954	1 B
377	Fumex	*fum*igaciones		
400	Germex		u	
416	Guanomex	*guano*s		
526	Labimex	*lab*oratorios industriales ?		
568	Magamex	*ma*nufacturas *galva*nizadas		
584	Menthomex	*ment*ol ?		
611	Mexam	*México-Am*érica ?		
612	Mexama	*México-Am*érica zwei der Aktionäre sind Mexikaner		
661	Meximont	Hauptsitz ist Italien: *Mont*ecatini		1 B
694	Mexsana	*san*o, *a*		
723	Negromex	*negro* de humo		
725	Nitromex	*nitro*		
743	Ommex		v	
745	Onyxmex		o	1 B + 4 T
752	Oximex	*oxí*geno		
755	Padmex	amerikanische Firma: „*Pad*dock"		1 B
831	Pulimex	*puli*dores *mex*icanos		
838	Quimex	productos *quí*micos		
856	Remex		o	1 B + 1 T
861	Resimex	*res*inas *sint*éticas	1966	1 B + 1 T
866	Rocamex	Düngemittel: *roca*		

Nummer	Name	Zusammensetzung	Gründung	Erschlüsselung
909	Simex	Nachname des Besitzers: *Simón*		
931	Sumex		v	1 T
977	Tico-Mex		o	1 B + 1 T
1007	Ucramex		u	
1022	Valmex		v	1 T
1034	Veramex	*Vera*cruz ?	1947	1 B + 1 T
1042	Vimex		u	
1056	Y-Mex	Eis „*York*"		

5. *Ropa y tiendas*

Nummer	Name	Zusammensetzung	Gründung	Erschlüsselung
31	Al-Ge-Mex		u	
71	Armex	*Argentina-Méx*ico	1947	1 T
72	Armex		v	2 B + 2 T
84	Artmex	*artí*culos *mex*icanos?		
104	Bamex		b	1 T
129	Bon-Mex	*bon*etería		
150	Calzamex	*calza*dos		
175	Cha-Mex	*cha*marras		
191	Citymex	englisch: *city*		
286	Domex		u	
350	Fitmex	englisch: *fit* ?		
397	Gentlemex	englisch: *gentle*man		
436	Hismex		u	
454	Ilmex		o	2 T
477	Inf Mex		u	
480	Inmex		o	1 B + 1 T
492	Iov-Mex		b	1 T
497	Italmex	*Ital*ia-*Méx*ico		
498	Italmex	*Ital*ia-*Méx*ico		
536	Las Mex		u	
545	Leo-Mex		u	
577	Martimex	Nachname eines Teilhabers: *Martí*nez	1950	1 B + 1 T
587	Metexico	*México*	u	
591	Metropolitano-Mex	*metropolitano*		
593	Mex	*Méx*ico	1938	

276

Nummer	Name	Zusammensetzung	Gründung	Erschlüsselung
631	Mex Catala	einer der beiden Teilhaber war Katalane, der andere Mexikaner	1945	
639	Mexform	*form*a		
685	Mexor	*Méx*ico +*Ori*ente die Stoffe sind teilweise aus dem Orient importiert	1946	1 B
698	Mexther		u	
713	Modelmex	*model*o		
731	Normex	*nor*ma?		
735	Novelmex		u	2 T
740	Oka-Mex		v	1 B + 1 T
754	Paceno-Mex		u	
763	Pantamex	*panta*letas		1 B + 1 T
774	Pemex		u	
797	Plasticmex	botones de *plástic*o		
871	Ropmex	*rop*ones	1944	
875	Royalmex	*royal* ?		
879	Sanformex		u	
921	Somex	*som*breros		
922	So-Mex-Pal	*so*mbreros *mex*icanos de *pal*ma		
930	Sulmex		u	
937	Sweatermex	englisch: *sweater*		
964	Tenmex		u	
1004	Turimex		u	
1011	Uniformex	*unifor*mes		
1029	Velmex		u	
1054	Wilmex		o	1 B + 1 T

6. *Construcciones*

Nummer	Name	Zusammensetzung	Gründung	Erschlüsselung
11	Adimex	*adit*ivos de concreto		
19	Airmex	impulsores de *air*e		
45	Amex		o	3 T
60	Anti-Hidromex	cemento impermeable: *anti* + *hidró*filo		
86	Asbesto Mex	*asbesto*s		

Nummer	Name	Zusammensetzung	Gründung	Erschlüsselung
111	Barro Mex	*barro*		
142	Burmex	Nachname des Besitzers:		
		*Bur*gunder		1 T
145	Calefacto-Mex	*calefacto*res		
155	Camex	*ca*nalizaciones		
156	Caomex		u	
166	Cedemex	*ce*mento *de*corativo		
		*mex*icano		
171	Cemex	*ce*mento		
186	Cincomex	hat 5 mexikanische		
		Teilhaber: *cinco*		1 B + 1 T
216	Contimex		u	
233	Crinamex	*cri*stales i*na*stilla-		
		bles de *Méx*ico		
257	Demolmex	*demol*iciones		
280	Disimex	*Di*stribuidora *Si*ka		
		*Mex*icana	1970	1 B + 2 T
302	Edomex		u	
310	Emulmex	*emul*siones		
355	Fluimex	*flui*dizante para		
		concreto		
360	Formex		u	1 B
428	Hidromex	productos hidráuli-		
		cos (*hidro-*)		1 B
464	Impermex	*imper*meabilización		
473	Indian-Mex		u	
503	Itmex	*i*mpermeabilizacio-		
		nes *té*cnicas		1 T
537	Latamex	*la*drillos y *ta*biques		
560	Lummex	*alum*inio		
596	Mex	*Méx*ico	1947	1 B + 2 T
624	Mex-Asbestos	*asbestos*		
634	Mex Closets	*closets*		
642	Mex-Ger	*Méx*ico - *Ger*mania		
		einige der Aktionäre		
		sind deutsch		
691	Mexphalte	as*falto*		
692	Mex-Plomería	*plomería*		
805	Pomex		u	
810	Prodemex	*pro*ducto *de Méx*ico?		1 T

Nummer	Name	Zusammensetzung	Gründung	Erschlüsselung
864	Saunamex	*sauna*		
891	Selcomex	*selección con*table		
926	Spramex		u	
945	Tampimex	*Tampi*co ?		
950	Techados-Mex	*techados*		
951	Techo-Mex	impermeabilizantes de *techo*s		
1002	Tunmex		u	
1033	Ventamex	*venta*nas		
1041	Vimex	*vi*drios		
1048	Vitrimex	*vi*drio		1 B + 1 T
1049	Vitro-Mex	*vitro-*		

7. *Artículos del hogar*

Nummer	Name	Zusammensetzung	Gründung	Erschlüsselung
29	Alfomex	*alfo*mbras		
59	Anmex		u	
98	Avanti-Mex	italienisch: *avanti* Parole des Besitzers: „adelante y trabajar"		
112	Batermex	*bater*ía		
131	Botimex	*boti*jas ?		
170	Celtamex		u	
201	Comesa	*Co*cinas *Me*xicanas, *S. A.*		
226	Cortimex	*corti*nas		
235	Crolls Mex	amerikanische Firma: *Crolls*		
251	Deco Mex	*deco*radores		
252	Decormex	*decor*aciones		
264	Dialmex		v	
268	Dicomex	*di*stribuidora *co*mer-mercial *mexi*cana		1 B + 1 T
272	Dimex	*di*stribuidora *mexi*cana ?		1 T
281	Dis Mex	*di*stribuidora *mexi*cana		1 T
298	Dura Mex	*dura*r ?		1 B + 1 T
317	Estaeromex		o	1 B + 1 T
327	Fabrimex	*fabri*cantes *mexi*ca-nos	1960	1 B + 1 T

Nummer	Name	Zusammensetzung	Gründung	Erschlüsselung
374	Frimex	re*fri*geradores		
395	Gemex	„*Ge*neral *E*lectric"		
438	Hispa-Mex	*Hispa*nia ?		
506	Jamex	amerikanische Firma: „*Ja*hn"		3 T
509	Jazmex	der Besitzer ist aus *Ja*lisco, seine Frau aus *Z*acatecas, die Kinder aus der Hauptstadt *Mex*iko	1963	1 B + 1 T
519	Kimex		o	1 B + 2 T
521	Kol-Mex	industrias „*Kol*lemann", der alte Besitzer war Kanadier		1 B + 2 T
524	Kromex		u	
528	Lacamex	*lá*mparas y *ca*ndiles		
552	Limpiamex	*limpia*r		
553	Lin Mex	*lin*ternas		1 B + 1 T
561	Lummex	*alum*inio		
637	Mexes		o	1 B + 1 T
657	Mexi-Lux	lateinisch: *lux*		
684	Mexolux	lateinisch: *lux*		
704	Mexubeda	Sitz der Fabrik ist die Stadt *Úbeda*		
728	Nolumex		u	
738	Nuto Mex	Reinigungsgerät: „*Nuto*ne"		
782	Persimex	*persi*anas		
791	Pisomex	alfombras para el *piso*		
801	Plumex	cojines de *plu*mas		
854	Remex	*re*frigeradores		
912	Simpormex		o	1 B + 1 T
929	Suemex		u	
946	Tapemex	*tape*tes		
947	Tapimex	*tapi*cería	1960	1 B + 1 T
976	Ticomex		u	

280

Nummer	Name	Zusammensetzung	Gründung	Erschlüsselung

8. *Instalaciones y aparatos eléctricos*

Nummer	Name	Zusammensetzung	Gründung	Erschlüsselung
27	Alfa-Mex	erstklassige Qualität- deswegen der erste Buchstabe des griechischen Alphabets: *alfa*	1963	1 T
89	Atomex	*áto*mo		2 T
91	Audio Mex	Geräuschaufnahmegerät (*audio-*)	1968	2 T
136	Britmex		v	1 T
143	Cable Mex	*cable*s eléctricos		
152	Camesa	*Ca*bles *Me*xicanos, S. A.		
210	Condumex	*condu*ctores	1960	2 B + 3 T
214	Contelmex	*con*strucciones *tel*efónicas		
215	Contimex	die belgische Firma „*Conti*meter" war anfangs Teilhaber	1960	1 B + 1 T
248	Datamex	computación de *data*s		
256	Deltamex	technische Bezeichnung: *Delta*		1 B + 1 T
282	Distrimex	*distri*buidora *mex*icana		1 B
285	Domex		o	2 T
290	Ductomex	con*ducto*s		1 B
305	Electra-Mex	*eléctri*ca		
306	Electromex	*electro-*		
307	Elektromex	deutsch: *Elektro-* ?		
320	Evamex	Vorname: *Eva*		
373	Frigormex	*frigorí*fico		
463	Immex		u	
474	Inductomex	die Firma assoziierte sich mit: „*Inducto*therm Western Ltd"	1969	1 B + 2 T
484	Instrumex	*instru*mentos		
485	Intelmex	es handelt sich um eine Filiale von „Condumex": *I*nstalaciones		

Nummer	Name	Zusammensetzung	Gründung	Erschlüsselung
		y *Tel*ecomunicaciones de *Méx*ico	1967	1 B + 2 T
543	Lemex	*l*aboratorios *e*lectróni-cos	1961	1 B + 1 T
603	Mex	*Méx*ico		
644	Mexhogar	*hogar*		
678	Mex Ohm	Elektromass: *Ohm*		1 B + 2 T
712	Mocromex		u	
716	Mon-Mex		u	
824	Promexport	*pro*ductos *mex*icanos para la ex*port*ación		2 T
843	Radiomex	*radio*grama		
858	Remex		u	
862	Richmex	Nachname: *Rich*		
889	Schulmex	Name eines deutschen Produktes: „*Schul*tz"		1 B
895	Servimex	*servi*cio *mex*icano		
939	Sylvamex	Firmenname: „*Sylva*-nia"		1 B + 1 T
958	Tel Mex	*Tel*éfonos de *Méx*ico		
992	Transformex	*transfor*madores		
995	Tremex		u	
1052	Weston-Servo-Mex	Markenname: „*Weston*"		
1053	Wilmex	Nachname: *Wil*k		

9. *Metales*

6	Aceromex	*acero*		
22	Alcomex	„*Al*uminium *C*ompany of América"	1946	1 T
34	Almex	*al*uminio	1939	1 T
37·	Almexsa	*Al*uminio *Mex*icano, S. A.		1 T
39	Alum-Mex	*alum*inio		1 T
40	Alumex	*alu*minio		1 T
42	Alvamex		u	
93	Austromex	die Firma hat sich mit „Tirolit Schleifmittel-werke" in Österreich assoziiert (*austro-*)	1962	2 T

Nummer	Name	Zusammensetzung	Gründung	Erschlüsselung
172	Cemex	*ce*rraduras		
174	Certimex		u	
184	Cimex	*ci*erres		
195	Cocimex	artículos de alumi-nio para la *coci*na	1947	
330	Famex	*fá*brica ?		
339	Ferremex	*ferre*tería		
341	Ferro-Mex	ferretería (*ferro*-)		
343	Fibramex	*fibra*s de metal		1 B
344	Fierro-Mex	fundiciones de hie-rro (*fierro*)		
351	Flemex	*fle*jes		
362	Formex		u	
378	Fundimex	*fundi*ciones		
379	Fumexa	*Fu*ndidores *Mex*icanos, S. *A.*		
429	Hierromex	*hierro*		
430	Hierro-Mex	*hierro*		
446	Hylsamex	Ho*jalata y Lá*mina, *S.A.*		
529	Lamex	*lá*minas		
569	Mallamex	*malla*s de alambre		1 B + 2 T
581	Medal Mex	*medal*las		
586	Metalmex	*metal*es	1939	
588	Met-Mex	*met*alurgia	1968	1 B + 3 T
592	Mex	*Méx*ico		
600	Mex	*Méx*ico		
610	Mexalit		o	1 B + 1 T
779	Permamex	*per*files *m*anufactu-rados		1 B + 1 T
855	Remex	*re*chazadora		
857	Remex		u	
905	Sieg Mex	Eigenname ?		1 T
913	Sintermex	metales *sinter*izados		
961	Temex		o	1 B + 1 T
986	Tormex	*tor*nillos		
1018	Utemex	die Teilhaber sind Italiener (italie-nisch: *ute*nsile)	1964	1 B + 1 T
1060	Zincamex	*zinc*		

Nummer	Name	Zusammensetzung	Gründung	Erschlüsselung

10. *Alimentos*

Nummer	Name	Zusammensetzung	Gründung	Erschlüsselung
20	Albamex	*al*imentos *ba*lancea-dos		
41	Alvamex	aus *Alva*rado		
106	Banamex	*bana*nas		
134	Bri-Mex	*bri*llol		
147	Calmex	Baja *Cal*ifornia y *Méx*ico	1928	1 T
148	Calmex		u	
178	Cicte-Gum-Mex	englisch: *gum* ?		
189	Citromex	aceites *cítr*icos (citro-)		
269	Diemex		u	
287	Donamex	*dona*s (englisch: donuts)		
293	Dulmex	*dul*ces		
309	Empa-Mex	*empa*cadora		
324	Extromex		u	
383	Gamomex		u	
392	Gaznates Mex	*gaznates*		
415	Guabamex	Fruchtkonserven (*Guayaba*nafrucht)		
417	Guaymex		u	
450	Ibero Mex	*ibero-*	1938	1 B
508	Jammex	*jam*ones		
513	Jitomex	*jito*mates		
518	Kamex	*ca*cahuates		
523	Koromex		u	
562	Lunchmex	englisch: *lunch*		
570	Mantemex	*mante*ca		
604	Mex	*Méx*ico		
630	Mexcanela	*canela*		
667	Mexipica	*Méx*ico + salsa *pica*nte		
674	Mexmint	englisch: *mint*		
688	Mexpan	levaduras para el *pan*		
729	Normex		u	
737	Nucomex		u	

284

Nummer	Name	Zusammensetzung	Gründung	Erschlüsselung
759	Palmex	aceite de coco (*palma* ?)		
761	Pan Mex	*pan*adería		
768	Pastamex	*pasta*		
815	Promex	*pro*ducto *mex*icano	1956	
820	Promex	*pro*ducto *mex*icano ?		
844	Rafmex	amerikanische Firma: „*Raf*felson"	1941	1 B + 1 T
877	Salmex	*sal*chichonería ?		
985	Tomex	*to*mate		
1043	Vimex	*vi*nagre		

11. *Imprentas y editoriales*

Nummer	Name	Zusammensetzung	Gründung	Erschlüsselung
35	Almex		v	1 B + 1 T
53	Ammex	*A*mericanos y *Mex*icanos Asociados		4 T
82	Artmex	*art*e *mex*icano ?		
88	Atamex	Briefmarkensammlung: *A*sociación *T*emátic*a* *Mex*icana		
250	Decimex	Name der Zeitschrift: „*Deci*sión"		1 B
295	Dupley-Mex	*dupl*icadores	1963	1 B + 1 T
299	Economex	Name der Zeitschrift: „The *Econo*mist"		1 B
300	Edimex	*edi*tores		
301	Editormex	*editor*ial		
323	Exmex	*ex*posición *mex*icana		
325	Fabril Mex	industria *fabril* *mex*icana		
402	Geo-Mex	Name der Zeitschrift: „*Geo*grafía Económica"		
410	Grafi-Mex	*gráfi*ca		
456	Imcomex	*im*prenta *co*mercial		
462	Immex	*im*prenta		
466	Impremex	*impre*nta		
467	Imprimex	*impri*mir		
470	Incomex		u	
479	Ingramex	*in*dustrias *gráf*icas		

Nummer	Name	Zusammensetzung	Gründung	Erschlüsselung
482	Inmex	*In*stituto *Mex*icano de Difusión del Libro		
487	Intermex	*inter*nacional		1 B + 2 T
511	Jimex	Name des Besitzers: *Ji*ménez		
546	Libro Mex	*libro*s		
547	Libros Mex	*libros*		
554	Litomex	*lito*grafías		
605	Mex-Abril	*abril* ?		1 B + 1 T
640	Mexfotocolor	*foto*s de *color*		
653	Mexi-Cue		v	1 B + 2 T
671	Mexletter	englischsprachige Zeitschrift (englisch: *letter*)	1961	1 B + 1 T
765	Papel Mex	*papel*		
807	Posta Mex	tarjetas *posta*les		
910	Simex	*si*gnos de *Méx*ico	1954	1 B + 2 T
914	Sistemex	*siste*ma		1 B
981	Tipo-Mex	*tipo*grafía		
1006	Turmex	Nachname: *Tur*ock		
1010	Unamex	Vertretung der Bücher der *UNAM*		

12. *Maquinaria*

Nummer	Name	Zusammensetzung	Gründung	Erschlüsselung
65	Aramex	*ara*dos		
73	Armex		v	1 B + 1 T
87	Asomex	„*Aso*ciación *Mex*icana"		1 B + 2 T
128	Bom-Mex	*bom*bas de mano		
132	Bowmex	amerikanische Firma: „*Bow*ser"		
151	Camermex	„*Ca*mpañía *A*uxiliar *Mer*cantil *Mex*icana"		
198	Color-Mex	mármol de *color*		
223	Cor Mex	*cor*tadora		
312	Equimex	*equi*pos de maquinarias		2 T
316	Ess-Mex	war ursprünglich eine amerikanische Firma: „*Essex* Corporation"		1 B + 2 T

Nummer	Name	Zusammensetzung	Gründung	Erschlüsselung
318	Eter Mex	Nachname des Besitzers: *Eter*lin		
326	Fabrimex	*fabri*caciones *mex*icanas	1956	1 B
380	Galimex	Nachname des Gründers: *Gal*embert und zusätzlich: *industria mex*icana		2 B + 3 T
439	Hispa-Mex	*Hispa*nia ?		
447	Iamex	*i*mplementos *a*grícolas		
517	Kal-Mex	Patentname der amerikanischen Firma: „*Kala*mazoo"	1968	1 B + 2 T
571	Maquimex	*maqui*naria		
594	Mex	*Méx*ico		
609	Mexalco	Vertretung von: „*A*merican *L*ocomotive *Co*mpany"		
701	Mextrac	*trac*tores		
734	Novamex		u	2 T
747	Oronmex	italienischer Nachname: *Oron*ico; in anderen Ländern gibt es Filialen, deren Namen sich ebenfalls mit *Oron*zusammensetzen		
850	Rehmex	Nachname des Präsidenten der Gesellschaft: *Reh*m		
890	Scodimex		v	1 B + 1 T
927	Steamex	„*Steam*"		
938	Swecomex	„*S*outh *W*estern *E*ngineering *Co*mpany"		
988	Tracto-Mex	*tracto*res		1 B + 1 T
999	Tritumex	*tritu*rador		
1016	Usamex	*USA*	1943	1 T

13. *Telas e hilos*

28	Alfi Mex	Name des Besitzers: Isaac *Alfi*	1951	1 T
32	Algo-Mex	*algo*dón		
78	Artemex	*arte me*xicano ?		
85	Artmex	*art*ículos *me*xicanos ?		
119	Bimex	*bí*es de *Mé*xico		

Nummer	Name	Zusammensetzung	Gründung	Erschlüsselung
180	Cietmex		o	1 B + 3 T
203	Comex	„*Co*mercial *Mex*icana"		1 B
244	Cura-Mex	*cura*r ?		
432	Hilmex	*hil*os	1943	1 B + 2 T
472	Indefor Mex		u	
504	Jalen-Mex		o	1 T
512	Jimex		u	1 T
520	Kimex		u	
532	Lana Mex	tejido de puntos de *lana* y poliester		1 B + 1 T
533	Lanmex	*lan*a ?		
635	Mexcolor	*color*es		
658	Mexim	*im*portación		
695	Mexsuiza	*Suiza* ?		1 B
955	Tejimex	*teji*dos		1 B + 1 T
956	Telamex	*tela*s		
959	Telmex	*tel*as		
962	Temex	*tel*as ?		
972	Texlamex	*tex*tiles *la*minados	1961	1 B
973	Tex-Mex	*tex*tiles	1936	
974	Textil-Mex	*textil*es		
982	Tisamex		o	1 T
997	Tricomex	französisch: *trico*t	1967	1 B + 1 T
1009	Ulmex	*hu*le		

14. *Joyerías*

Nummer	Name	Zusammensetzung	Gründung	Erschlüsselung
57	Anglo Quimex		u	
58	Animex	*ani*llos		1 T
77	Artemex	*arte mex*icano		
83	Artmex	*arte mex*icano?		
135	Brimex	*bri*llante	1968	1 B + 1 T
165	Catomex	*cáto*do		
239	Cronomex	griechisch: *cronos*	1947	1 T
266	Diamex	*dia*mantes		1 B + 1 T
311	Enelmex		o	2 T
328	Fabromex	*fáb*rica de joyerías (*fabro*-)		1 B + 1 T
333	Far-Mex		u	
393	Gemex	*gem*a	1933	1 B + 1 T

288

Nummer	Name	Zusammensetzung	Gründung	Erschlüsselung
401	Germmex	*Germ*ania - *Méx*ico		1 B
465	Importmex	*import*ación		
472	Inddiammex	*ind*ustria de *diam*antes		
496	Italmex	*Ital*ia - *Méx*ico		
501	Italomex	*italo-*		1 B
514	Joyamex	*joya*s		
538	Latimex	*Lati*noamérica ?		2 T
576	Marque-Mex	joyería de *marque*sitas		
746	Ormex	*or*febrería		
800	Plat-Mex	*plat*a		
907	Silmex	englisch: *silver*		
908	Silumex		u	1 T
919	Sol-Mex	*sol*		

15. *Laboratorios*

Nummer	Name	Zusammensetzung	Gründung	Erschlüsselung
66	Argemex	der Besitzer ist aus *Arge*ntinien; dort existiert eine Filiale mit demselben Namen	1966	1 B + 5 T
70	Aristomex	griechisch: *aristo*n	1963	2 T
99	Avi-Mex	laboratorio de medicinas para *ave*s (*avi-*)		
259	Dentimex	productos para *dentis*tas		
278	Dipromex	*di*stribuidora de *pro*ductos farmacéuticos?		1 B + 1 T
319	Euromex	die Maschinen kommen aus Europa: *Euro*pa - *Méx*ico		2 B + 3 T
353	Floramex	*flora*		1 B + 2 T
385	Garsimex		o	1 B 3 1 T
396	Genemex	*gené*ricos *mex*icanos		1 B
421	Gypsomex		o	1 B + 1 T
495	Italmex	*Ital*ia - *Méx*ico	1946	1 T
525	Labfarmex	*lab*oratorios *farma*céuticos		
527	Labmex	*lab*oratorio		
539	Latinmex	*Latin*oamérica		1 B + 1 T
540	Laquimex	*la*boratorio *quí*mico		

Nummer	Name	Zusammensetzung	Gründung	Erschlüsselung
615	Mex-América	sie arbeiten zusammen mit einer amerikanischen Firma: *América - Méxi*co		1 T
739	Ofimex		o	1 B + 2 T
767	Paromex	Herstellung von Parfüms und Duftessenzen: *París - Ro*ma	1961	1 B + 1 T
777	Perla Mex	*perla*s y cápsulas medicinales		1 B + 1 T
816	Promex	*pro*veedora *mexi*cana	1968	1 B
827	Proquimex	*pro*ductos *quí*micos		
888	Scheramex	Arzneimittelfabrik: „*Scher*inger"		
1008	Ufarmex		o	2 T
1045	Vinmex		o	1 B + 2 T
1047	Vita Mex	lateinisch: *vita*		1 B + 2 T

16. *Papelerías y productos de papel*

Nummer	Name	Zusammensetzung	Gründung	Erschlüsselung
1	Abamex	*aba*stecodora de papeles		
8	Adamex	italienisch: *ada*mas; bis 1969 war die Firma italienisch		1 T
18	Aguimex		u	
61	Antomex	Name des Besitzers: *Anto*nio Martínez		
115	Bel-Lo-Mex	Name des Besitzers: *Bel*trán *Ló*pez	1951	1 B + 2 T
168	Celfimex	*cel*ulosas de *fi*bras *mex*icanas		
169	Cello-Mex	französich: *cello*phane		
253	Dekormex	papel *decor*ativo		
274	Di-Mex	Archive: „*Dime*"		1 T
276	Dimexa	*Di*stribuidora *Mexi*cana, S. *A.* ?		2 T
345	Filmex		o	2 T
384	Garcimex	Nachname des Besitzers: *García*		

Nummer	Name	Zusammensetzung	Gründung	Erschlüsselung
423	Helio-Sensimex	papel *helio*gráfico y *sensi*bilizado		1 T
427	Hermex		o	1 B + 1 T
460	Imex	*industria mex*icana		1 B + 1 T
564	Luso-Mex	zwei Gründer sind Portugiesen (*luso*-), der dritte ist *Mex*ikaner	1958	
689	Mex-Papel	*papel*		
757	Palmex	*pa*pe*lería*		
870	Roll Mex	*roll*os de papel		
901	Settermex		b	1 B + 3 T
917	Sodimex		o	1 T
944	Tammex		u	
971	Tetramex	vierkantige Form des Behälters: *tetra*		
1025	Vegamex	Nachname des Besitzers: *Vega*	1964	1 B + 1 T

17. Bebidas

Nummer	Name	Zusammensetzung	Gründung	Erschlüsselung
117	Bemex	*b*eneficios *mex*icanos de café		
144	Café Mex	„*Café* de *Méx*ico"		
188	Citrimex	jugos *cítric*os		
359	Formex		o	1 B
375	Frumex	jugos de *fru*ta		
516	Jumex	*ju*gos		
548	Licormex	*licor mex*icano		
550	Limmex	*lim*ón		
601	Mex	*Méx*ico		
602	Mex	*Méx*ico		
641	Mex-Fru	*fru*tas		
649	Mexi-Cola	„Coca *Cola* de México"		
655	Mexi-Freeze	englisch: *freeze*		
675	Mexocrema	*Méx*ico + *crema*		
679	Mexoleche	*Méx*ico + *leche*		
696	Mextea	englisch: *tea*		
702	Mextract	*ex*tract*o*s		
708	Mielmex	agua*miel*		
760	Panamex	*Pana*má ?		
848	Refre-Mex	*refre*scos		

291

Nummer	Name	Zusammensetzung	Gründung	Erschlüsselung
942	Tamex		u	
1050	Vivamex	Verbform:„*viva*"		

18. *Medicina*

Nummer	Name	Zusammensetzung	Gründung	Erschlüsselung
47	Amex		u	
149	Calomex	*calo*r ?		
258	Dentalmex	*dental*		
334	Farmex	*far*macia ?		
336	Femmex		b	2 T
431	Higueromex		u	
434	Hipomex	*hipo*dermis ?		
435	Hipodermex	agujas *hipodér*micas	1969	1 B + 1 T
445	Huacomex	náhuatl: *huaco*		
505	Jalmex		u	
551	Limomex	*limó*n ?		
559	Lumi-Mex		u	
620	Mexanol	*-anol* (Suffix)		
656	Mexillium	*-illium* (Suffix)		
730	Normex		u	
742	Oleomex	*óleo*		
749	Ovarmex		u	
764	Pantimex		u	
785	Pharmex	*far*macéutico (*phar*ma-)		
1012	Unimex	von dem jetzigen und dritten Besitzer vorgeschlagene Lösung: *uni*ón *mex*icana	1964	1 B + 1 T
1020	Vallemex	*Valle* de *Méx*ico	1956	1 B + 2 T
1040	Viamex		u	

19. *Plásticos y hule*

Nummer	Name	Zusammensetzung	Gründung	Erschlüsselung
116	Belmex	die Maschinen kommen aus *Bel*gien	1961	1 B + 2 T
240	Crumex	Nachname des Besitzers: *Cru*z		1 T
243	Cuellamex	Name des Besitzers: Mario *Cuell*as		

Nummer	Name	Zusammensetzung	Gründung	Erschlüsselung
254	Delmex		o	2 T
296	Duplimex	*dupli*cación		
303	Edo-Mex		u	
314	Espumex	hule *espu*ma		
398	Germex	das Plastikmaterial ist deutscher Herkunft: *ger*mano-*mex*icano		1 B + 3 T
426	Hermex		o	1 B + 1 T
442	Hulera Mex	fabricación *hulera*	1963	1 B + 2 T
443	Hulmex	empaques de *hule*	1967	1 T
455	Ilmex	*i*ndustria de *L*atex		
648	Mexi-Bras	*México - Bras*il		
711	Miromex	Vorname des Besitzers: Ra*miro*		
758	Pal-Mex	inspirierten sich an „Palmex" aus der Papierbranche		1 T
790	Pisomex	*piso*s plásticos		
796	Plas-Mex	productos de *plás*tico		
798	Plasti-Formex	„*Plásti*cos *For*mados *Mex*icanos"	1968	1 B + 1 T
869	Rodimex	*rodi*llos	1965	1 B + 1 T
932	Super Mex	*super-*		
978	Timex		u	
1001	Tubermex		b 1965	1 B + 1 T

20. *Pinturas*

Nummer	Name	Zusammensetzung	Gründung	Erschlüsselung
48	Amexa	„*A*utomóviles *Mexi*canos, S. *A.*"	1947	2 T
92	Auro-Mex	früher war das Symbol der Firma ein „Chacmol", da die Besitzerin aus Yucatán ist; 1969 wurde der Name in „*Auro-Mex*" umgeändert		1 B + 1 T
118	Ber-Mex	Name des Besitzers: *Ber*nardo Ruiz Rosa	1968	1 B + 1 T
194	Coast Ful Mex		o	1 B + 1 T
197	Colo-Mex	*colo*res		

Nummer	Name	Zusammensetzung	Gründung	Erschlüsselung
202	Comex	*co*lores		
265	Diamex	*diá*fano		
347	Finamex	pinturas *fina*s		1 T
376	Fulmex		o	2 T
403	Gilmex		u	
613	Mex-Ama		u	
699	Mex-Tono	*tono*		
787	Pimex	*pin*tura		
789	Pintromex	eventuell statt: *pin*tor		
792	Pira-Mex		u	
822	Promex	*pro*ducto *mex*icano ?		
883	Satinmex	*satin*adura		
1023	Varmex		o	2 T
1044	Vinimex	*viní*lica		
1057	Yumex	der frühere Besitzer war aus *Yu*catán		1 B + 1 T

21. *Turismo*

Nummer	Name	Zusammensetzung	Gründung	Erschlüsselung
3	Abemex	Nachname eines Teilhabers: *Abe*drop	1969	1 T
79	Artimex	*artí*culos *mex*icanos		1 B + 2 T
229	Craft Mex	englisch: hand*craft*		
449	Ibermex	*Iber*ia		1 B
616	Mexamérica	*América*		1 B
623	Mex Art	*art*esanías		
626	Mexatlántica	*Atlántico*		
627	Mexatours	englisch: *tours*		
636	Mex Curios	*curio*sidades	vor 1940	
647	Mexiberia	*Iberia*		
651	Mexicrafts	englisch: hand*crafts*		
719	Motumex	*mo*vimiento *tu*rístico		
721	Mundomex	*mundo*		
762	Panoramex	autobuses con vista *panorá*mica		
776	Penna-Mex		b	1 B + 1 T
829	Provimex	*pro*motora de *vi*ajes		1 T
849	Regal-Mex	*regalo*s		
968	Termex		u	
1039	Viamex	*via*jes		

22. Tlapalerías y sus productos

Nummer	Name	Zusammensetzung	Gründung	Erschlüsselung
109	Bar-Mex	der neue Besitzer weiss nichts über den Namen, behält ihn aber bei	b	1 B + 1 T
173	Cera-Mex	*cera*s		
211	Confa-Mex		u	
271	Difamex	*d*istribuidora de *in*secticidas y *f*ertilizantes *a*grícolas	1959	1 B + 1 T
369	Francomex	das Produkt war ursprünglich französich (*franco-*)		
382	Gammexane		u	
406	Gommex	Nachname des Besitzers: *Góm*ez		
419	Gumex	englisch: *gum* ?		
433	Himex		b 1944	1 B + 3 T
549	Limex	olor a *lim*ón		
775	Pencomex		v	1 T
788	Pinomex	olor a *pino*		
839	Quimex		u	
924	Sonmex	*Son*ora - *Méx*ico		
987	Tox-Mex	*tóx*ico		

23. Utensilios de oficina

Nummer	Name	Zusammensetzung	Gründung	Erschlüsselung
36	Almex		u	
208	Compumex	*compu*tadoras		
218	Copiamex	*copia*doras		
219	Copy-Mex	englisch: *copy*		
534	Lapi-Mex	*lápi*ces		
633	Mex-Clareol	producto para *cla*rificar: *Clareol*		
660	Meximex	*im*portación y *ex*portación		
778	Perlimex	Name des früheren Besitzers: *Pérez Li*as		
781	Permex		u	

Nummer	Name	Zusammensetzung	Gründung	Erschlüsselung
837	Quimex		b 1942	2 T
894	Servi-Mex	*servi*cio *mex*icano		1 T
898	Servirmex	*servir*		
940	Tadmex	„*T*aylor *and D*e Bastiani" de *Méx*ico		
941	Tamex		u	
979	Tinmex	*tin*ta		

24. *Artículos de belleza*

Nummer	Name	Zusammensetzung	Gründung	Erschlüsselung
25	Alfa Mex	Vornamen der beiden Hauptteilhaber: *Al*fonso+*Fa*ustino	1956	2 T
110	Barmex		u	
114	Bellmex	*bell*eza		
205	Comex		u	
366	Fourmex		u	
424	Henne Super Mex		u	
599	Mex	*Méx*ico		
654	Mexifrance	französich: *France*		
726	Nivemex	„*Nive*a de *Méx*ico"		
766	Parmex	*Par*ís - *Méx*ico		
769	Pedemex	„*Pe*inados *de Méx*ico"		
821	Promex	*pro*ducto *mex*icano ?		
969	Term-Mex		u	

25. *Industria petrolera*

Nummer	Name	Zusammensetzung	Gründung	Erschlüsselung
313	Eramex	die Gründer arbeiteten bei „Pemex" und inspirierten sich an diesem Namen; ihre Nachnamen sind: *E*squivel+*R*uiz + *A*renzana		1 B + 1 T
387	Gasolmex	*gasol*ina		
388	Gaso-Mex	*gaso*lina		
390	Gasomex	*gaso*lina		

Nummer	Name	Zusammensetzung	Gründung	Erschlüsselung
676	Mexofina	die ursprünglich belgische Firma hiess „Petrofina": 1962 änderte die mexikanische Firma den Namen in „Mexicofina" (refinación) um		1 B + 2 T
681	Mexolina	gasolina	1940	
682	Mexoline	englisch: gasoline		
771	Pemex	„Petróleos Mexicanos"		
784	Petromex	petróleo		
902	Sharmex	amerikanische Firma: „Shar"		
903	Shell-Mex	„Shell de Mexico"		
916	Socomex	„Sociedad Anónima Comercial Mexicana"	1949	1 B + 1 T
989	Tractormex	combustible para tractores		

26. Artículos y productos farmacéuticos

Nummer	Name	Zusammensetzung	Gründung	Erschlüsselung
54	Ampolmex	ampolletas	1947	1 T
121	Bimexilal		u	
329	Famex	artículos farmacéuticos		
332	Farmamex	productos farmacéuticos		
493	Irmex	Nachnamen der beiden Teilhaber: Iglesias + Ruiz	1945	1 B + 2 T
500	Italmex	Italia - México		
595	Mex	México		
878	Samex	sanitaria		
880	Sanimex	instalaciones sanitarias		
881	Sanimex	sanitaria		
882	Sanmex	protectores sanitarios		
967	Termex	termómetros	1953	1 B + 1 T

Nummer	Name	Zusammensetzung	Gründung	Erschlüsselung

27. *Muebles*

Nummer	Name	Zusammensetzung	Gründung	Erschlüsselung
138	Brumex	„*Bru*nswick de *México*"		
238	Cromo Mex	*cromo*	1939	1 B + 1 T
337	Fer-Mex	Nachname des Besitzers: *Fer*nández		
349	Firmex	*fir*ma		
357	Foamex		u	
411	Grafimex-Mobil	*graf*í*a* ?		1 B + 1 T
572	M-Arcomex	*m*anufacturas *art*ísticas *col*oniales		1 B + 2 T
574	Marli Mex		u	1 B + 1 T
720	Mueblemex	*mueble*s		
793	Pizamex	*piza*rra		
808	Premex		u	
859	Remmex	*re*cámaras y *m*uebles		

28. *Cinema*

Nummer	Name	Zusammensetzung	Gründung	Erschlüsselung
26	Alfa Mex		u	1 T
81	Artmex	*art*e cinematográfico ?		
182	Cimex	*ci*nematográfica		
346	Filmexsa	*Fil*maciones *Mexi*canas, *S. A.*		
437	Hispamex	*Hispa*nia - *México*		
770	Peli-Mex	*pelí*culas		
809	Procinemex	*pro*motora *cine*matográfica		
817	Pro-Mex	*pro*ducciones *mexi*canas ?		
874	Rotersamex		u	
925	Sonomex	*sono*ridad		
983	Titramex		u	2 B + 5 T

29. *Radios y televisores*

Nummer	Name	Zusammensetzung	Gründung	Erschlüsselung
181	Cimex	*ci*nescopios *mexi*canos		

Nummer	Name	Zusammensetzung	Gründung	Erschlüsselung
225	Corpomex	*corpo*ración *mex*ica-na ?		1 T
673	Mex Mial	Name der italieni-schen Firma: „*Mial*"		
697	Mextel	*tele*visores		1 B + 1 T
724 a	Nippon-Mex	*Nippon*		
814	Programex	*progra*ma		
842	Radiomex	*radio*s	1939	
868	Rodmex	Nachname des Besit-zers: *Rod*ríguez		
949	Taxi-Radio-Mex	*radio* en *taxi*s		
960	Televimex	*tele*visión		
1055	Ximex		u	

30. *Bancos*

Nummer	Name	Zusammensetzung	Gründung	Erschlüsselung
10	Adimex	*ad*ministración e *in*-versiones		1 T
105	Banamex	„*Ba*nco *Na*cional *Mexi*-cano"		
107	Bancomex	„*Banco Mexi*cano"		
108	Bankomex	„*Bank* of *Mex*ico" ?		
200	Comermex	„Banco *Comer*cial *Mex*icano"		
230	Crefimex	„*Cré*dito *Fi*nanciero de *México*"		
394	Gemex		o	2 T
918	Sofimex	„*So*ciedad *Fi*nanciera *Mex*icana"		
920	Somex	„*So*ciedad de Crédito"		

31. *Publicidad*

Nummer	Name	Zusammensetzung	Gründung	Erschlüsselung
52	Amexa		u	
154	Camex		u	
275	Dimex		o	1 B + 1 T
478	Informex	*infor*mación		
483	In-Pro-Mex	*in*dustrial *pro*motora		
733	Notimex	*noti*cias		
830	Publi-Mex	*publi*cidad		

Nummer	Name	Zusammensetzung	Gründung	Erschlüsselung
841	Quintamex	es handelt sich um fünf Teilhaber; der Name eines Teilhabers ist: *Quinta*nilla	1966	1 B
851	Relamex	*rela*ciones públicas		

32. *Tintorería*

Nummer	Name	Zusammensetzung	Gründung	Erschlüsselung
192	Clinmex	englisch: *clean*		
199	Colormex	*color*es		
262	Determex	*deter*gentes		
541	Lavamex	*lava*ndería		
583	Menemex	Nachname des Besitzers: *Mene*ses	1969	1 B + 1 T
897	Servimex	*servi*cio *mex*icano		
899	Servmex	*serv*icio *mex*icano		
965	Teñimex	*teñi*do de alfombras		
1058	Yutemex	alfombras de *yute*	1969	1 T

33. *Industrias en general*

Nummer	Name	Zusammensetzung	Gründung	Erschlüsselung
241	Cuamex	*cua*jo	1947	1 B + 1 T
342	Fibra Mex	*fibra*s		1 B
475	Indumex	*indu*stria		2 B + 2 T
476	Industrimex	*industri*a		
794	Plamex	*pla*nta industrial		
802	Polimex	*poli*ester ?		
845	Recimex		u	
1051	Welmex		o	1 B + 2 T

34. *Piedras*

Nummer	Name	Zusammensetzung	Gründung	Erschlüsselung
101	Azulmex	color „*azul*"		
179	Ciemex		o	1 B + 1 T
247	Danmex	ursprünglich dänischer Besitzer *(danés-)*		1 T
267	Diatomex	Substanz: *diato*mita	1944	1 B + 1 T
573	Marinmex	*már*moles *in*dustriales		
578	Maurimex	Vorname des Sohnes des Besitzers: *Mauricio*		

Nummer	Name	Zusammensetzung	Gründung	Erschlüsselung
710	Mimex		u	
744	Onimex	*óni*x		

35. *Deportes*

Nummer	Name	Zusammensetzung	Gründung	Erschlüsselung
5	Acer Mex	*acer*o		
120	Bimex	*bi*cicletas		
177	Ciclomex	moto*ciclos*		1 B + 1 T
260	Depormex	*depor*tes		
662	Mexi-Moto	*moto*cicletas		
1015	Usamex	*USA* ?	v	1 B + 1 T
1030	Velomex	*velo*cípedo		

36. *Ingeniería*

Nummer	Name	Zusammensetzung	Gründung	Erschlüsselung
133	Bramex	einer der Mitbegrün-der war Brasilianer *(Bra*sil-*Méx*ico)	1963	1 B + 1 T
183	Cimex		o	1 B + 1 T
488	Intermex		v	1 B + 1 T
952	Técnicos Mex	*técnicos*		
953	Tecnimex	*técni*cos		
954	Tecnomex	servicio *técn*ico *(tecno-)*		1 B + 1 T
963	Temexcolor	*téc*nicos *mex*icanos en *color*es		

37. *Mecánica*

Nummer	Name	Zusammensetzung	Gründung	Erschlüsselung
352	Flexomex	*flexó*metros		
502	Italo-Mex	*italo-*		
542	Lawsco Mex	ursprünglich Filiale von: „*L*os *A*ngeles *W*ater *S*oftener *Com*pany"		
590	Metromex	cintas métricas (el *metro)*	1940	
717	Moto Mex	*moto*res		
900	Servomex	control automático: „*Servo*"		
928	Suemex		u	

Nummer	Name	Zusammensetzung	Gründung	Erschlüsselung

38. Camas

Nummer	Name	Zusammensetzung	Gründung	Erschlüsselung
17	Agui-Mex	da es sich bei diesem Produkt um erstklassige Qualität handelt, kommt es zu dem Vergleich mit dem König der Vögel und mexikanischen Wappentier el *águi*la	1950	1 T
196	Colchomex	*colcho*nes		
331	Fammex		u	
832	Pulimex		u	
911	Simmex	Nachname des Besitzers: *Sim*mons		
943	Tam-Mex	„*Tam*bores de *Méx*ico"		

39. Artículos fotográficos

Nummer	Name	Zusammensetzung	Gründung	Erschlüsselung
364	Fotomex	artículos *foto*gráficos		
365	Fotocinemex	*foto*grafía *cine*matográfica		
650	Mexicolor	fotos en *color*		
741	Olbamex		u	
923	Somy-Mex	servicio de *o*ffset-*m*áquina de *i*mprenta		1 B
1024	Varomex		o	2 T

40. Madera

Nummer	Name	Zusammensetzung	Gründung	Erschlüsselung
76	Artemex	*arte*sanía *mex*icana		
245	Curvomex	madera *curv*ada		
291	Duelmex		u	
412	Gra-Mex	Nachname des italienischen Teilhabers: *Gra*setto		1 B + 2 T
567	Mademex	*made*ra - seit 1964 heisst die Firma „Madimex" (*ma*deras *di*mensionales)		1 B + 3 T
834	Pylmex	*pi*sos *y l*ambrines *me*xicanos		

Nummer	Name	Zusammensetzung	Gründung	Erschlüsselung

41. *Pieles*

80	Artmex	*arte mex*icano ?		1 T
617	Mexamigo	*amigo* ?		
706	Mex-Vil		b	1 B + 5 T
786	Piel-Mex	*piel*es		
860	Reptimex	*repti*les		1 B + 1 T
1028	Velmex	Nachname des Besit-zers: *Vel*azco		

42. *Fibras*

220	Cordemex	*cord*eleros de *Méx*ico		3 B
222	Corfimex	*cor*dones y *fi*bras		
227	Costalmex	*costal*es		
638	Mexfibra	*fibra*s		
818	Promex	*pro*ducto *mex*icano ?		

43. *Aviones*

13	Aeromex	Flugzeugverleih *(aero-)*		
459	Imex		u	
628	Mexaviol	Getriebeöl für Flugzeuge *(avi*ón+ Suffix *-ol)*		
670	Mexjet	englisch: *jet*		

44. *Distribuidoras en general*

418	Guermex	Name der Besit-zerin: Carmen *Guer*rero	1969	1 B + 1 T
440	Hispanomex	*hispano - mex*icano		
499	Ital-Mex-Norte	*Ital*ia-*Méx*ico-*Norte*		
598	Mex	*Méx*ico		

45. *Ópticas*

213	Conta-Mex	lentes de *conta*cto		1 B + 1 T
544	Lent-Mex	*lent*es		

Nummer	Name	Zusammensetzung	Gründung	Erschlüsselung
707	Michelmex	Nachname des Besitzers: *Michel*		
975	Tico-Mex	artículos óp*ticos*?		1 B + 2 T

46. *Abarrotes*

2	Abarromex	*abarro*tes		
164	Catalmex	die Frau des Besitzers ist Katalanin (*catal*ana)		
935	Sutimex	*su*per-*ti*enda		

47. *Bodegas y restaurantes*

444	Humex		u	1 T
833	Pulmex	*pul*quería		
1021	Valmex	Name des Gründers: *V*icente *A*ddiego *L*agada		1 B

48. *Barcos*

126	Boatsmex	englisch: *boat*		
732	Norse-Mex	*Norse*		
994	Tras-Mex Line	*tra*nsportación marítima + englisch: *line*		

49. *Discos*

279	Discomex	*disco*s		
408	Grabamex	*graba*ciones		
565	Luxmex		v	1 B + 1 T

50. *Artículos religiosos*

852	Relimex	artículos *reli*giosos		
1026	Velamex	*vela*s		
1027	Velmex	*vel*as		

51. *Tabaco*

405	Glifo-Mex		u	
451	Ibero-Mex	*ibero-*		
1031	Vend-O-Mex	Verbform: *vendo*		1 T

52. *Ramos no identificados*

90	Audomex	*audio* corporation		3 T
621	Mexar		v	1 T
970	Terramex	*terra*sphere		

53. *Armas*

709	Milimex	*mili*tar
722	Muni Mex	*muni*ción

54. *Empacadoras*

24	Alemex	es handelt sich um drei Gründer aus drei verschiedenen Ländern: *Al*emania - *E*spaña - *Méx*ico	1960	2 T
1037	Vermex	*Ver*acruz ?		

55. *Gases*

15	Agamex	Name einer schwedischen Firma: „*Aga*"		
386	Gas Mex	*gas*es		

56. *Ganadería*

190	Citromex		u	
906	Sigue Mex		b	1 T

57. *Jugueterías*

481	Inmex		o	1 T
700	Mex-Toy	englisch: *toy*		

Nummer	Name	Zusammensetzung	Gründung	Erschlüsselung

58. *Nombres de lugares*

Nummer	Name	Zusammensetzung	Gründung	Erschlüsselung
783	Petro-Mex	*petró*leo		
984	Tlalmex	Tláloc		

59. *Programas estatales*

Nummer	Name	Zusammensetzung	Gründung	Erschlüsselung
813	Proformex	*pro*grama *fo*restal		
885	Scamex	*s*ervicios de *c*ontrol *a*mbiental	1967	1 B + 1 T

60. *Seguros*

Nummer	Name	Zusammensetzung	Gründung	Erschlüsselung
234	Crinamex		u	
468	Inamex	„*I*nsurance Company of *N*orth *A*merica" en *Mé*xico		1 B + 1 T

61. *Orquestas*

Nummer	Name	Zusammensetzung	Gründung	Erschlüsselung
686	Mex-Orquestas	*orquestas*		

Errata

S. 233	Nr. 82a	Art-Mex	curiosidades	: fehlt in der Listenaufstellung
S. 235	Nr. 151	Camermex	compañía mercantil	: Branche ist Co, nicht Ma
S. 236	Nr. 197a	Colomex	producto medicinal	: fehlt in der Listenaufstellung
S. 240	Nr. 322	Exinmex	tractores	: Branche ist Au, nicht V
S. 242	Nr. 389	Gas-Omex	gasolina	: Branche ist Pe, nicht V
S. 244	Nr. 453	Icomex	instalaciones	: Branche ist C, nicht Co
S. 246	Nr. 515	Joy-Art Mex	joyeria	: Branche ist J, nicht V
S. 250	Nr. 668	Mexiplast	plásticos	: Branche ist Ps, nicht V
S. 253	Nr. 774a	Pemex	cartón impermeable	: fehlt in der Listenaufstellung
S. 253	Nr. 776a	Penn-Mex	petroleo	: fehlt in der Listenaufstellung
S. 255	Nr. 827	Proquimex	productos químicos	: Branche ist P, nicht L
S. 258	Nr. 914a	Skodamex	varios	: fehlt in der Listenaufstellung
S. 258	Nr. 939a	Tabamex	tabacos	: fehlt in der Listenaufstellung
S. 259	Nr. 980	Tinta Mex	tintas	: Branche ist U, nicht V
S. 262	Nr. 1058	Yutemex	costales de yute	: Branche ist Fi, nicht Ti
S. 270	Nr. 74	Armex		: als weitere Etymologie wurde vorgeschlagen: *a*ccesorios y *r*efacciones